禪——悟前與悟後

《改版上冊》

平實導師講述
張鈴音居士等整理

ISBN 957-98597-9-5

作者小傳

蕭平實，西元一九四四（甲申）年生於台灣中部小鎮。世代務農，父祖皆為三寶弟子。十三歲喪母，初識無常。少時即好打坐及方外之術，亦習金石拳術古文針灸等。自小厭惡迷信，每斥神造世間之說，不信神能造人。

兵役期滿後辭父離鄉，於台北市覓職。五年後成立事務所，執行業務；雖遊世務，而樂於暗助弱小。

歷練世間法十八年後，於一九八五年歸依三寶，鼎力護法，勤種福田。始修持名念佛，自成無相念佛功夫。一九八九年初，轉修體究念佛—參禪。十月前往印度朝聖，多有感應。返國立即結束事務所業務，專心護法及參禪。次年十一月於家中閉關，摒絕一切外緣，苦參十九天後破參。

嗣即深入藏經，以三乘法義印証無訛。乃於一九九一年仲夏出而弘法度眾，於中央信託局佛學社等三處主持佛法講座及共修，六年不輟，同修漸眾。一九九七年二月與諸同修成立佛教正覺講堂，六月成立台北市佛教正覺同修會，繼續演示《楞伽經、成唯識論、真實如來藏》，八月成立正智出版社，散播大乘宗門正法之種子。著有《無相念佛、念佛三昧修學次第、禪—悟前與悟後（上下冊）、正法眼藏—護法集、生命實相之辨正、真假開悟之簡易辨正法、禪淨圓融、宗門正眼—公案拈提（第一輯）、真實如來藏、宗門法眼—公案拈提（第二輯）、楞伽經詳解（十輯）、宗門道眼—公案拈提（第三輯）、狂密與真密（四輯）、心經密意……》等書問世。

執著離念靈知心爲實相心而不肯捨棄者，即是畏懼解脱境界者，即是畏懼無我境界者，即是凡夫之人。謂離念靈知心正是意識心故，若離**俱有依**（意根、法塵、五色根），即不能現起故；若離**因緣**（如來藏所執持之覺知心種子），即不能現起故；復於眠熟位、滅盡定位、無想定位（含無想天中）、正死位、悶絕位等五位中，必定斷滅故。夜夜眠熟斷滅已，必須依於**因緣**、**俱有依**緣等法，方能再於次晨重新現起故；夜夜斷滅後，已無離念靈知心存在，成爲無法，無法則不能再自己現起故；由是故言**離念靈知心是緣起法**、**是生滅法**。不能現觀離念靈知心是緣起法者，即是未斷我見之凡夫；不願斷除**離念靈知心常住不壞之見解**者，即是恐懼解脱無我境界者，當知即是凡夫。

——平實導師——

一切誤計**意識心為常**者，皆是佛門中之常見外道，皆是凡夫之屬。意識心境界，依層次高低，可略分爲十：一、處於欲界中，常與五欲相觸之離念靈知；二、未到初禪地之未到地定中，暗無覺知而不與欲界五塵相觸之離念靈知，常處於不明白一切境界之暗昧狀態中之離念靈知；三、住於初禪等至定境中，不與香塵、味塵相觸之離念靈知；四、住於二禪等至定境中，不與五塵相觸之離念靈知；五、住於三禪等至定境中，不與五塵相觸之離念靈知；六、住於四禪等至定境中，不與五塵相觸之離念靈知；七、住於空無邊處等至定境中，不與五塵相觸之離念靈知；八、住於識無邊處等至定境中，不與五塵相觸之離念靈知；九、住於無所有處等至定境中，不與五塵相觸之離念靈知；十、住於非想非非想處等至定境中，不與五塵相觸之離念靈知。如是十種境界相中之覺知心，皆是意識心，計此爲常者，皆屬常見外道所知所見，名爲佛門中之常見外道，不因出家、在家而有不同。

——平實導師——

如聖教所言，成佛之道以親證阿賴耶識心體（如來藏）爲因，《華嚴經》亦說**證得阿賴耶識者獲得本覺智**，則可證實：證得阿賴耶識者方是大乘宗門之開悟者，方是大乘佛菩提之眞見道者。經中、論中又說：證得阿賴耶識而轉依**識上所顯真實性**、**如如性**，能安忍而不退失者即是**證真如**、即是大乘賢聖，在二乘法解脫道中至少爲初果聖人。由此聖教，當知親證阿賴耶識而確認不疑時即是開悟眞見道也；除此以外，別無大乘宗門之眞見道。若別以他法作爲大乘見道者，或堅執**離念靈知**亦是實相心者（堅持意識覺知心離念時亦可作爲明心見道者），則成爲實相般若之見道內涵有多種，則成爲實相有多種，則違實相絕待之聖教也！故知宗門之悟唯有一種：親證第八識如來藏而轉依如來藏所顯眞如性，除此別無悟處。此理正眞，放諸往世、後世亦皆準，無人能否定之，則堅持離念靈知意識心是眞心者，其言誠屬妄語也。

——**平實導師**——

自序

像末之世修學佛法正道甚難，故余常勸人念佛求生極樂。所以者何？一者末法之世多有外道及佛門法師，遇人輒言：「末法之世，去聖日遙，正法難修難證，勿唐費工夫也。」此言亦無大錯。蓋一般佛子信根不足，聞說此言便失信心。設遇真知識，亦不信受，不敢求無上道，此一難也。

二者知見不足，不知從何處入手，亦不知應如何鍛鍊功夫，此二難也。

三者雖具知見，亦知應鍛鍊功夫，然不知應往何方訪求教導功夫之善知識，此三難也。

四者像末之世，真善知識難求。所遇之師皆自稱禪宗正統，亦有顯赫傳承，然觀其禪法：或以定為禪，或以無念為禪，或以見聞覺知之靈覺心為禪，或以聲聞禪為禪，皆非菩薩正法。此際真善知識難求是第四難也。

五者末法佛子，世智聰辯，慢心深重者甚多，苟無顯赫傳承及大名聲；雖有方便善巧及真實修證亦不被信受。為有此五難，故余多年以來，凡遇學佛人，多勸其念佛，求生極樂。

《央掘摩羅經》云：「更有第一難事，謂於未來正法住世餘八十年，安慰說此摩訶衍經、常恒不變如來之藏，是為甚難。若有眾生持諸同類是亦甚難。若有眾生聞說如來常恒不變如來之藏，隨順如實，是亦甚難。」

六祖大師曰：「汝慎勿錯解經義。見他道開示悟入，自是佛之知見，我輩無分。若作此解、乃是謗經毀佛也。」此事古今多有，而於今為烈。積非成是，深入禪子心中，難轉難移。我無名氣，復無師承，難以移風易俗，故以往甚少說禪。

而今說禪法之因緣有三：

（一）不忍佛子輪轉生死，不得開悟見性。世尊云：「一切眾生不見佛性，是故常為煩惱繫縛，流轉生死。見佛性故，諸結煩惱所不能繫，解脫生死、得大涅槃。」（大般涅槃經卷二十八）

（二）我諸同修，慢心甚微。不迷信大師，遠離學術崇拜、權威崇拜心態，深修一念相續法門，成就無相念佛及看話頭功夫、信心已立，是因緣成熟。

（三）禪宗第二十七祖般若多羅尊者在西天吩咐第二十八祖菩提達摩（中土初祖）曰：「汝往震旦（中國），設大法藥，直接上根。汝所化之方，獲菩提者不可勝數。」即付囑菩提達摩往中國度人，以禪—無上大法藥，接引上根之人，且預計所度化而獲菩提者不計其數。達摩大師付法傳衣予二祖慧可大師時，曾預記中國地區末法時代修禪者曰：「說理者多，通理者少。潛符密證，千萬有餘。汝當闡揚，勿輕未悟。」意即末法時代，在中國地區，說真如佛性者多，而能參究通達真如佛性者少。但私下與真如佛性相符密證，而不為外界所知者，數逾千萬人，所以交待慧可大師闡揚禪法，不可輕視未悟者。是故，我雖不敏，又無威德，且無師承，敢發大願：願於此生助一〇八人見性。故先說念佛法門，度念佛人入實相念佛門。今以因緣成熟，復說禪法。所謂禪法，即是蓮宗所謂「參禪念佛三昧究竟法門」。

修學佛法應有目標。訂下目標後，即應依所訂次第目標，全力以赴。不應漫無目標、到處湊熱鬧，浪費寶貴生命。精進學佛者，目標大約有二：一為求生諸佛淨土。二為求明心見性、解脱生死。若不訂下目標，戮力以赴，即非精進。

求生極樂淨土或諸佛淨土者，請閱《如何契入念佛法門》、《念佛三昧修學次第》、《無相念佛》等書。此書則是對一切發大心度眾而求明心見性之有信心禪子而説。

發大心之禪子為自度度他，故應修道。為修道故，應先求見道。菩薩見道即是開悟，開悟則是明心，所謂明心即明我真心、明一切有情之真心，明三世十方諸佛之真心，明心之後便能見性。明心見性則斷三縛結，永不入三惡道。復於見性後求破牢關，或先深入教典學四悉檀。以四悉檀為方便，將自心所悟所學接引後學。則腳跟穩，心篤定，説法無礙。信者往往因之精進修學，終能斷結而得度。此後即以所悟見地廣度有緣眾生，不致以盲引盲，自他皆能得度，此方名真菩薩行。

然而，求開悟乃至見性，非小根小器及諸聰明尚慢者所能得，求者應先除慢，除慢之法莫如三歸五戒，修菩薩六度行，心存謙恭，不輕慢一切人。此外亦需摒除權威崇拜、學術崇拜之心態，深入教典，建立知見。並尋求鍛鍊參禪功夫之善巧方便法門。功夫已成，信心便足，即是大根器也。

已有功夫，應攝取參禪之知見。功夫知見具足，應求善知識指戳，得個入處。若所遇是真善知識，應虔恭奉事、殷勤求法。故達摩大師云：「諸佛無上妙道，曠劫精勤、難行能行，非忍而忍。豈以小德小智，輕心慢心、欲冀真乘，徒勞勤苦。」既得入處，潛心參究；若不見性而入實相，絕不終止。於虔恭奉事，親近參究之中，真善知識觀察因緣許可時，三言兩語，一戳一棒，便可決了。此即見道，或曰見道跡、見諦、法眼淨。

此後便發大心，開始自度度人之修道行。不捨精進，深入禪定及教典，修諸百千三昧，邁向薄貪瞋癡，斷五下分結、五上分結之路。永離隔陰之迷，生生世世不離此界，與諸同參一起荷擔如來家業，廣益有情，即是實義菩薩、真釋迦世尊之子也。

本書所說乃為建立佛子見道之信心及知見，並指陳修道之路及參禪中微細淆訛之處，期佛子真實明自真心，見自本性。所說禪法是指月之指，非禪非月，佛子莫道末學所說即是禪。雖然禪法非禪，欲會禪者復不得離禪法而求禪，猶如欲見月者，須循指始見，伏維有心人細會之。

佛子於書中所說之禪法，若有所疑，請於經藏探索可解。若經論中未述及者，請佛子戮力參究，見道後自然釋疑。若於此書所說，歡喜信受，如法修持，後必有緣相會。若因此書而生煩惱，為文質疑者，末學悉皆默然領納而不答辯。蓋末學無名氣、無傳承、乃竟說此了義之法，眾生疑謗事屬平常，故隨緣最好。至於定境本不可說，說者獲罪非輕。然欲於佛子信心有所建立之故，不得不說；乃於書中略示初禪境界之少分，以建立佛子信心，導正末法學者修定之方向。初禪若得，則無覺有觀、無覺無觀三昧，漸漸可得。期待末法佛子建立大信心、發大願心，除疑慢心，修精進行。則進道迅速，此生必不空過也。

謹此普願

一切佛子，現前當來，必定心開，皆見佛性。

皈命

本師釋迦牟尼世尊

皈命

大慈大悲觀世音菩薩

菩薩戒子　蕭平實　謹識

中華民國八十三年十一月八日

再版序

本書原係一九九三至一九九四年共修時開示之錄音彙集後整理成書，先以贈閱版流通，計初版六千冊，初版再刷一萬冊。後因書局之建議，改為書局版，於一九九七年底印行初版，分為上下冊。

茲以書局版即將再版，乃重新檢閱，修改初版中之語病及部份細節；並修正以往對藏密不解而生之不當推崇，刪除初版中對於密勒日巴修證上之不當讚歎。於其尊師重道之美德，雖然依舊敬仰，然而既已發覺其修證上之謬誤，即不應於修證上再作錯誤之讚美，故予一併修正。

往年弘法時每存鄉愿式之善念：「寧可高估他人，不應稍存貶抑之心」，故早期開示及著作中，屢於他人有溢美之詞。後來有緣檢視彼等諸人所述第一義著作，發覺皆是過度讚美，致生弊端，以不如實故。凡此皆應重新檢點，依道種智而作修正，令諸褒貶悉皆如實，方能裨益今生後世佛子。因此親自檢閱修正，重新排版印刷。

復次，初版下冊第一四三頁因排版之疏忽而倒印，亦應改正（歡迎初版購閱者寄回下冊，免費更換再版下冊）；復有許多標點符號使用不當之處，應併改正。末因本書出版多年，既已改版，乘便抽換二篇見道報告，示新血輪，以饗讀者。以此諸緣，不宜以初版二刷流通，乃以修正之再版流通於人間。謹此略述再版緣由，以之為序。

娑婆大乘末法孤子蕭平實　謹識

西元一九九九年季夏　序於台北喧囂居

目錄

上冊：

第一篇　悟前

第一章　前方便

第一節　聞法閱經，建立知見……一
第二節　聞時記憶，聞後思惟……二
第三節　培植福德，廣結善緣……三
第四節　受持佛戒，發菩提心……七
第五節　減除世間五欲之貪著……八
第六節　懺悔業障，深信因果……九
第七節　消除慢心……一二
第八節　發大願心……一七

第二章　正修行

第一節　謹慎選擇教禪的善知識……一九
第二節　正修功夫：看話頭、參話頭、參公案、思惟觀……二九
第三節　深解第一義經典……三六
第四節　參究的方法
第一目　簡介話頭……三九
第二目　簡介公案……四一
第三目　參究的方法……四五
第五節　禪法知見四十則
第一則　建立信心……五〇
第二則　要有求悟的企圖心……五四
第三則　要有精進心……五六
第四則　要有長遠心……五九
第五則　要除掉私心和諍勝心……六七

第六則　除聰明伶俐心……七〇
第七則　要遠離妄心……七二
第八則　要遠離生死心……七五
第九則　應發大願心……七九
第十則　隨時隨地不離參禪……八一
第十一則　注意安全，因時因地制宜……八三
第十二則　睡眠要充足……八五
第十三則　要注意飲食營養……八七
第十四則　暫離一切外務的攀緣……九〇
第十五則　常念生死無常……九四
第十六則　參禪應依善知識……一〇三
第十七則　勿與人諍論禪法……一〇九
第十八則　參禪中不可怕喧求靜……一一四
第十九則　要放鬆身心……一一七

第二十則　參加精進共修要有嬰兒行心態……………………一二一
第二一則　功夫須綿密……………………………………………一二六
第二二則　不可求多聞……………………………………………一三一
第二三則　不可廣閱公案…………………………………………一三四
第二四則　修定非禪………………………………………………一三九
第二五則　參禪前應明三乘入道初門差別………………………一四七
第二六則　佛法在世間，不離世間覺……………………………一五三
第二七則　離心意識參……………………………………………一五八
第二八則　不可在光影門頭認識神………………………………一六七
第二九則　不可將心待悟，亦不可作無事會……………………一七一
第三十則　不可死守坐禪怕做事…………………………………一七三
第三一則　不可揣摩悟境…………………………………………一七九
第三二則　定境非悟………………………………………………一八一
第三三則　感應非悟………………………………………………一八七

第三四則　鬼神示境非悟……………………………一八九
第三五則　神通與鬼神通不是悟……………………一九一
第三六則　一念不生之心是定心，不是真如………一九五
第三七則　放下與提起………………………………一九八
第三八則　禪學非禪…………………………………二〇三
第三九則　具參學眼目，方識善知識………………二〇八
第四十則　佛法非禪，禪法非禪……………………二一九
第六節　疑情
第一目　疑情不能發生的緣故………………………二二三
第二目　疑情五階……………………………………二二六
第三目　忽略現實階段不一定要經歷………………二三二
第四目　疑情的忽略現實狀態與一念不生的入定不同……二三三
第五目　參究必須有念—疑念相續，方能開悟……二三四
第七節　略談幻覺與魔擾

第一目　幻覺與幻境……………………二三七
第二目　魔擾與魔境……………………二四四
第三目　如何避免魔擾…………………二四七
第四目　求悟必須要有因緣……………二四八
第五目　勸人修福應觀因緣……………二五〇

第二篇　悟時與悟後

第一章　悟之表象與種類

第一節　悟之表象………………………二五一
第二節　悟之實質………………………二五五
第三節　漸悟與頓悟……………………二五七
第四節　開悟不可以說嗎？……………二六〇
第五節　悟之種類與正受
第一目　解悟三關：破本參、破重關、破牢關……二六五

第二目　證悟三關……二七一
第一則　破本參……二七三
第二則　破重關……二八〇
第三則　破牢關……二九七

第二章　禪悟正受及諸功德

第一節　禪悅正受
第一目　覺明現前……三〇〇
第二目　定慧等持……三〇五
第二節　見地正受
第一目　戒的見地……三〇九
第二目　定的見地……三一一
第三目　慧的見地……三一七
第三節　解脫正受及諸功德正受

第一目　斷三縛結……………………………………三二四
第二目　五欲執著之滅除……………………………三五四
第三目　捨棄忿惱……………………………………三五九
第四目　離諂媚心……………………………………三六一
第五目　消除慢心……………………………………三六三
第六目　修定迅速……………………………………三六五
第七目　日用能知……………………………………三六七
第八目　能生他受用功德……………………………三六八
第九目　功德正受非於悟後一時具足………………三六九

下冊

第四節　禪悟之證空與楞嚴定之證空不同
第一目　參禪是般若、智慧、不是禪定………………一
第二目　楞嚴經開示之修道次第………………………三
第三目　五陰盡相非屬禪悟所得境界…………………三

第五節　禪—非僅禪宗有之
第一目　淨土宗之禪……………………一〇
第二目　密宗之禪……………………一二
第三目　禪—非僅禪宗有之……………一五
第六節　證果
第一目　菩薩初果—須陀洹……………一六
第二目　菩薩二果—斯陀含……………一九
第三目　菩薩三果—阿那含……………二一
第四目　菩薩四果—阿羅漢……………二八
第五目　初禪非初果……………………四〇
第六目　初果非初地……………………四二
第七目　深觀後始得判果………………四六
第八目　菩薩證果不同於聲聞的證果……四七
第九目　大乘亦有四沙門果……………四八
第十目　果是施設……………………五一

第三篇　悟後起修　自度度他

第一章　修除習氣　增益見地　深入禪定

第一節　增益見地　斷思惟惑

第一目　解悟者應求證悟……五九
第二目　證悟明心者應求見性……六三
第三目　閱經印證　學四悉檀……六九
第四目　思惟修……七三

第二節　修除煩惱　改變習氣

第一目　有疑速須問……八一
第二目　開放心胸……八二
第三目　除諍勝習……八三
第四目　掃除慢心……九五
第五目　勿急度人……一〇三
第六目　心存感恩……一〇六

第七目　嚴防陰魔……一一二
第八目　深入思惟　增益見地……一一五
第九目　自悟者須見真知識……一一八
第十目　習氣煩惱非因悟一時俱除……一二一

第二章　自度：修學三昧

第一節　進修禪定三昧　永離隔陰之迷
第一目　修學禪定三昧……一二五
第二目　悟後修定乃是正行……一三二
第三目　修學禪定　除障為先……一三五
第四目　欲求見性非必四禪……一四五
第二節　一切大心佛子應修四禪八定
第一目　一切佛子應修四禪八定……一五〇
第二目　諸佛菩薩以四禪為根本……一五三
第三目　坐脫立亡非參禪究理之極則……一六五

第三章　度眾——為眾說法

第一節　度眾應知
第一目　隨緣度人……一七一
第二目　續佛慧命……一七三
第三目　行四攝法……一七五
第四目　度眾即修行……一七八
第五目　應受菩薩戒　修六度萬行……一八三
第六目　不得濫用神通度人……一八九
第二節　欲為禪師當自勘驗　差別智足方可為人
第一目　開悟明心公案三則……一九一
第二目　見性公案二則……一九四
第三目　智權密意公案三則……一九六
第四目　現代公案一則……一九八
第五目　牢關公案七則……一九八

第六目　南堂勘驗綱要十門……二〇九
第三節　荷擔正法—教禪
第一目　平時自參自悟為主　定期精進共修為輔……二三八
第二目　定期傳授佛法知見……二五四
第三目　深勘學人　免負因果……二五七
第四節　傳承慧命　燃無盡燈
第一目　授差別智　令透綱宗……二九二
第二目　師友弟恭　弘佛遺教……二九六
第三目　當勸學子泯除宗派門戶之見……三〇〇
第四目　觀察解行遺子弘法……三〇一
公案代跋……三〇三
附錄一：禪門摩尼寶聚—公案拈提六則……三〇七
附錄二：明心之見道報告數則……三一四
附錄三：眼見佛性之見道報告一則……三一四

第一篇 悟前

第一章 前方便

第一節 聞法閱經建立知見

聞法閱經建立知見，應先親近善知識。所謂善知識是指過去現在諸佛、三藏十二部經、大乘菩薩僧。另須請閱善知識著作解說佛法之書籍，以瞭解根本佛法，譬如五陰、六根、六塵、六識、十八界、四聖諦、七覺支、八正道、五根、五力、十二因緣、因緣果報、緣起性空、三法印、四念處、四依等等，此皆屬於基礎佛法，身為佛子欲求參禪見道，應先瞭解基礎佛法之道理。瞭解後再研讀大乘了義經典，譬如《大般若經》、或其中之《金剛經、心經》。《圓覺經、法華經、首楞嚴經、大般涅槃經》乃至《楞伽經、菩薩處胎經》等，又如《鴦掘魔羅經、不退轉法輪經》等等，這些經典亦是善知識。

除了研讀上述經典外也應聽聞善知識說法。善知識說法有許多種：有說定、說禪、說念佛法門、講法相唯識、說真正密意、說真正之金剛乘等，說法無量。但參禪人應有所揀擇、對於求明心見性有益之善知識說法，應攝取聽受，對於求明心見性用不著者，譬如為人悉檀、對治悉檀、世界悉檀等，應作選擇性的聽取。

第二節　聞時記憶聞後思惟

所謂聞是指聽聞、閱讀及課誦。聽聞是直接聽善知識說法。閱讀是自己閱讀經典或善知識之著作。課誦是直接以經典一直唱誦，作每日之固定功課。在聞法時，應用心記錄憶念，然後在靜中思惟、在四威儀一切境界現前時思惟。

閱經之思惟建議有三：

一、第一遍：全經概略閱讀，可瞭解整部經概略意旨。

二、第二遍：一段段閱讀思惟，每讀一段即思惟。

三、第三遍：全經前、中、後段互相對照思惟。

誦經閱讀，如未思惟，雖然多聞，只是知識而已，無法運用它。聞時記憶，聞後思惟，可因解知經典意旨而產生信仰，堅定信心，即正信前之仰信和解信。

第三節　培植福德廣結善緣

欲培植福德及廣結善緣者，首先莫如歸命三寶、供養三寶。所謂三寶，即是佛法僧三寶。又分為三種：

一、住持三寶：

(一)泥塑木彫，種種莊嚴之佛像，名為佛寶。

(二)黃卷赤軸，三藏十二部經，名為法寶。

(三)剃髮染衣，住於寺院自修度他之出家人，名為僧寶。

二、出世三寶：

(一)報化應身，隨類應現，名為佛寶。

(二)四諦緣生，六度詮旨，名為法寶。

(三)四向五果，十地菩薩，名為僧寶。

有首偈云：「十方薄伽梵，圓滿修多羅，大乘菩薩僧，功德難思議。」菩薩僧以在家者居多，遍及法界六道之中。在人間亦多示現在家相，不住於寺廟，不近佛而住。聲聞僧多示現出家相，為近佛故，住於寺院。

三、自性三寶：

㈠真如之理，自性開解，名為佛寶。

㈡自性正真，德用軌則，名為法寶。

㈢自性清淨，動無違諍，名為僧寶。

一切三寶皆由自性三寶所含攝，所以歸命自性三寶，不僅是歸命自己的自性三寶而已，同時也歸命宇宙一切自性三寶。

第二、培植福德廣結善緣所應做之事為：孝養父母，奉事師長，慈心不殺，行十善業，行三種布施。

不能孝養父母者，如對父母苛求虐待或瞞騙欺詐父母所有財物，而想求解脫者，學佛必不相應。對於師長不能奉事者，則學法不得力；因信心不足，不能奉事而有慢心，師長雖有傳授，不能如法修學。

慈心不殺是為斷後有之種子。真如佛性是菩薩所修所證，菩薩從大悲中生，故菩薩見道後，生生世世在此世間乃至十方一切世間自度度他，免不了有五陰在世間活動。既然有五陰在世間活動，而今生多行殺業，將來五陰難免受果報。而且不能做到慈心不殺者，其慈悲心不夠，即無法修學禪法，欲證得真如佛性，則非常困難，故應慈心不殺。

菩薩既然證得真如佛性，將來生生世世不畏生死，在世間與諸同修共度眾生，在世間與有情眾生在一起，才能究竟佛道。惟其必須有許多助緣，故應修十善業，所謂十善業即十惡業之相反。十惡業為：

身三業：殺、盜、邪淫（在家是指邪淫，出家是指行淫）。

口四業：妄語、兩舌、綺語、惡口。

意三業：貪、瞋、無明（愚癡）。

若於此十惡業不犯，反而積極護生，修正自己各種行為而利益眾生者，即為修十善業。

行三種布施為：

一、財物布施：斟酌自己的財力，隨分、隨緣、隨力做一些財物布施。

二、無畏布施：隨因緣力量施予某些眾生無畏、無有恐懼。遇到有緣眾生須要幫助時，給予幫助。

三、佛法布施：自己雖尚未悟，仍應將已知之佛法隨緣接引有情眾生中之有緣者。

以上述方式廣結善緣，能遇真善知識而增益知見，以此作為修禪之助緣。但不可執著福德，避免被福德耽誤而不能獲得解脫。

六祖大師云：「迷人修福不修道，只言修福便是道；擬將修福欲滅罪，後世得福罪還在。」所以福德因緣既然已經具備，應暫時放下修福之行而專修禪之慧業。

普賢十大願王有偈云：「三世一切諸如來，最勝菩提諸行願，我皆供養圓滿行，以普賢行悟菩提。」意即三世一切如來最殊勝的各種菩提行願，普賢菩薩皆全部供養，並圓滿修行而成就，以此圓滿供養成就之菩提行而得證悟菩提。

所以廣結善緣培植福德非常重要。因此菩薩應常攝取十善業道並全部迴向道種智及一切智。當我們福德因緣足夠，善緣也充分時，即可獲得真善知識，而幫助我們走向禪法修行之正確道路，今生必定可以剋期取證，不虛此行。

第四節　受持佛戒，發菩提心

三歸依後，應當受持五戒，乃至受菩薩戒。在三歸依時，發四宏誓願，應當要以至誠心而發，不要只是在嘴上虛應故事，隨著人家念。因為見性是菩薩修行之首要，既求見性，當發菩薩大願。

菩薩入道的正途，即是明心見性；聲聞入道的正途，是斷煩惱修四念處觀；緣覺入道的正途是因緣觀、無常觀。菩薩入道的正途既然是明心見性，可知見性不是小事。既是求見性這樣的大事，就應當發菩薩大願，要持佛子所應當持的最基本之五戒。

按理說，求明心見性是要入菩薩位，入菩薩位應當要受菩薩戒。禪門通常不要求先受菩薩戒，是因為菩薩戒每一次受戒都是盡未來際受，除了《菩薩優婆塞戒經》所講的菩薩戒以外，都是盡未來際受。由此可以認為，和我們一起共修，聽聞到無相的修行法門，而心裡不會畏懼者，乃是過去生已經發過大願，已經受過菩薩戒了，知道要修學無相而至實相。所以我們通常只要求受持五戒和發菩薩的大願。

發菩薩的大願，就是發四宏誓願，以及發「明心見性」和幫助眾生明心見性的願。若是欲求自修自了的人，即是聲聞心態，要求見性就很困難。菩薩戒固然不必當時即受，但是，那是由於因緣受限，所以沒有辦法立即受持。而既然已經有持菩薩戒的願、發菩薩心，亦可通權達變，自已先在佛的形像前，誦持戒本，自誓受戒，並且要期約正受，屆期前往寺院去正受菩薩戒。惟若因緣不足，不能在明心見性之前取相受持菩薩戒，而已經先見性了，亦可在佛的形像前先自誓受戒，以後再尋找受戒的因緣。

第五節　減除世間五欲之貪著

所謂五欲，佛家講的是色、聲、香、味、觸，一般世間人講的是財、色、名、食、睡。對初學佛的人而言，要離五欲的執著，非常困難，但對於一個想要追求解脫、想要出離生死的人，對於五欲的貪著，必須在求見性之前，自已就先要設法去減除。

五欲是世間的有，大部份屬於欲界中的有。有的部份屬於色界中的有，有的部份屬於無色界中的有。但不管是哪一個層次的五欲，全部都是屬於世間的有。既然在有上面去執著，那就背離了求明心見性、求解脫的心願和方向，所以對五欲的貪著應當降低，因為貪著世間的五欲，會障礙我們修證菩提空性。

如果對世間五欲的覺受著迷，念念不能捨去，念念生起貪愛，在參禪的前方便練習參禪功夫之階段，這個功夫就不易修學成就；功夫修學不成，參禪就無希望。貪著五欲會障礙我們修學參禪的功夫。因此，對五欲的執著，應該盡量減除，亦即要減低或設法去除。

第六節　懺悔業障，深信因果

由於我們要求解脫的緣故，那麼累生累劫的怨家債主，以及過去生的父母、親屬，都會來遮障我們。有的是怕我們解脫以後要不到債，有的是對我們有貪愛、有執著，希望生生世世都能看見我們。因此，當我們想要求取解脫時，他們就害怕，會來遮障我們。

如果是眷屬的貪愛，遮障就小，但如果是怨家債主，那遮障就很嚴重。所以有的人一天到晚修行、修福，都沒有問題，而當他的修行方向一轉進為修慧、修解脫之道時，障礙馬上就來。那就是怨家債主害怕這個人會進入解脫的境界，從此不能相見，要不到債了。因此，他會不停的遮障這個人修學解脫道的各個過程。

所以在求取明心見性之前、鍛鍊功夫的階段，應當要常常在佛菩薩的形像前，懺悔往昔多劫的無量罪業，並且將一切的修行所得的福德功德，迴向所有的怨家債主，也迴向同得見性解脫。這個迴向應當具體，不要含糊籠統。譬如有的人喜歡在迴向時，以一句「迴向法界」，就認為是一了百了。但是這樣的迴向實在不夠具體，我們應具體的說：「迴向我〇〇〇的怨家債主」，而且要具體的迴向見性和解脫，然後也邀請遮障我們的怨家債主，一同走向見性解脫之道。我們並邀請他們在未來的生生世世之中，成為我們的同修道友，一起互相扶持走向解脫。

同時還要深信因果。有的人並不相信因果，不信因果之人，大多是斷滅論者，稱為斷見。這種人不相信有過去生，也不相信有未來生，他只相信當下這一生。因為沒有過去生、沒有未來生，所以他認為：如果今生放棄享樂來修行，若萬一不能明心見性，那放棄一切享樂來吃苦修行不是太冤枉了嗎？就會產生這樣的懷疑。而這樣的懷疑，即是斷滅論者。這是心裡面懷疑有沒有過去生、未來生的人，所會產生的必然現象。

我們說，一切有情眾生必定有過去生、有未來生。如果沒有過去生，那麼從世間有人類開始，就應當每一個人都是一樣的莊嚴、一樣的健康、一樣的有福報，也不可能兩個人有不同的性別。應當猶如產品的製造一樣，沒有差異性。但為什麼人會有性別與種別的不同？此即說明了每一個人因為過去生造業之不同，今生會有所不同。

有的宗教講有今生、有未來生，但是卻沒有過去生。因其認為人是神所創造出來的，故沒有過去生。惟若以此來看，人可以從今生到未來生，當然人的今生也一定從過去世到今生來。

也有的宗教說人有過去生、有今生，卻沒有未來生。惟人若能從過去生到今生，就必定可以從今生到未來生，一定如此。那麼人有三生——即過去生無量無數，未來生無量無數，所以修行即使無所證，亦不致白費力氣。今生不悟，可以成為來生修學的資糧，來生猶可再修。

此外，我們還要相信：透過修學佛法求取解脫之因，和修學佛法過程中各種的助緣，將來必定可以得到解脫的果報。修行必定可以解脫，只是遲早的差別。有的人今生解脫，有的人來生解脫，有的人未來無數劫解脫，乃不一定，當視過去生其修學因緣而定。所以我們必須深信因果，深信因果的人，才可能放棄世間的享樂，而付出無比的毅力，刻苦的去修行。因此，求明心見性之前，需要懺悔業障，需要深信因果。

第七節　消除慢心

「慢」，粗略的可以分成兩種：一種是高慢，一種是卑慢。高慢是什麼？是因為覺得自己超勝於人，或者權勢、或者地位，或其他如身材之健壯、容貌之莊嚴，依報之殊勝等。譬如有的人甚至說：「我－是美國人！」此話出口時，心裡即洋洋得意，這就是高慢。倘若是在索馬利亞的人逃難到外國的時候，說「我是索馬利亞人。」講話時就沒什麼聲音，為什麼呢？這就是自卑。因自卑的緣故，有的索馬利亞人，講話卻大聲得很，說：「我－是索馬利亞人！」以掩飾其心裡面的那份謙卑。

高慢與卑慢，都不是好的現象。有的人，我們跟他講：「某一法門很好，應該趕快學！」他卻一句話就把你給否決掉了，他會說：「那個法我知道了，那沒什麼啦！我現在所修的更好啊！」「我老早超過這個境界啦！」這叫高慢，根本不想去瞭解你告訴他的是什麼。而卑劣慢表現出來的時候，他會跟你說：「我很笨啦！我學不會啦！」但他心中所想的卻是「這種法在末法時代哪有辦法修成？你別抬舉我啦！」而有的時候，表現的方式就不同，會跟你講：「這個法不算什麼，因為這個法太淺了，我覺得它沒什麼內容。」而實際上他心裡卻想：「末法時代還在跟我談這個了義之法，你以為你是什麼！我都不敢學了，你還敢講！」這叫卑劣慢。

「慢」，細分起來有很多種，我們暫且不去談它。慢生起的原因，主要是因為分別，以什麼分別而生起？以聰明才智、權勢、地位、官銜、財富權威、性別、容貌、身份……等等之中起分別，而生起的慢心。慢如果能除掉，就不容易有瞋心。心常低下謙恭，就能除掉我慢；除掉了慢心以後，才可能得到善知識。

慢還有一種，我們稱之為學術崇拜、權威崇拜。學術崇拜和權威崇拜，表面看起來與慢不相干，但是細究之下，還是不離慢心。學術和權威崇拜，是對於所崇拜的對象，其研究的學術或在某一方面所具有的權威而生起崇拜之心。其實心裡對於這個權威的本人，倒是無什麼信心，但是因為大家均公認其為權威嘛！所以便盲目的去崇拜他，而百依百順。對於他所崇拜之人，其實也是一種慢。而對權威以外之人呢？那也是慢！

慢要除盡很困難，有很多深淺不等的層次，一直要到等覺位才能完全除盡，所以消除慢心，不論是已經修證的人，還是尚未修證的人，都要很注意。有修證的人，努力消除慢心，可以免除究竟解脫的障礙，因為慢心就是一種自我的束縛，是因為「我」的這個執著、習氣沒有消除淨盡的緣故而產生的。

沒有修證的人有兩種，一種是在學：還在學習佛法的階段，因為慢心而大失法益。慢心的作祟，會導致以世間法所謂的輩份和傳承來起分別，因此，不肯受善知識的幫忙。

第二種是已經為人師，但是本身尚未修證，害怕人家知道自己尚未證入，恐懼會因此失掉了名利和眷屬。這一類的人，不敢承認自己尚未開悟，卻常常會說：「講開悟的人，就是沒有悟！」然後過一會兒會附帶一句「我從來不說已經開悟」，那麼這樣兩句相承的結果，會使大家都以為他已經開悟了。這是因為一旦為人師之後，恐怕失掉名利和眷屬的緣故，以致產生的一種慢心。但已經有修有證的人，或是已經到無學位的人，只要觀察其所言所行，或其著作，便可知其境界在哪裡。他所能隱瞞的只是還沒有修證的人罷了！這樣的人因慢而失掉了佛法的大利益，到後來連自己也給騙了，等到無常一到，後悔就來不及了。

慢心產生的第二個原因，是知見不足。知見不足就會產生權威崇拜、學術崇拜。因為知見不足，不能夠檢查或辨別權威的緣故。

慢心產生的第三個原因，是信不具足。不相信末法時代有四向五果、十地菩薩示現，不相信末法時代有悟了的人重新再來，所以見了一切人都不相信他是善知識。因為菩薩再來，其額頭上並未寫上「我過去生是〇〇大師」，所以他不相信。

慢心的消除至為重要，西天第十四祖龍樹菩薩云：「汝欲見佛性，先須除我慢。」慢會障道，也障礙禪定；瞋心只障礙禪定，不障礙見道。菩薩見道，就是明心，就是見性。龍樹菩薩講：要見佛性之前，必須要先除掉我慢的心態，因為見性要善知識的幫忙，一個人要自己摸索，要見佛性非常的困難。

《華嚴經》云：「善知識有大因緣，所謂化導令得見性。」那即是說我們要相信有善知識，相信有善知識才能除掉慢心；沒有慢心，才能親近善知識。因為善知識其實跟我們一樣，要吃飯睡覺，要喝水撒尿，並無不同。亦非具有三頭六臂，完全跟我們常人一樣而無差別，只是其心地解脫的境界與我們不同而已！所以千萬不要在表相上去觀察判定其是不是善知識。

如果執著以外表的形像來判別其是否為善知識，則可能將失之交臂。因為有的善知識長得又矮又小，有的則長得又黑又醜，有的則窮得要死，有的則語音不正，所以並不是長得莊嚴就是善知識。有的善知識是長得很莊嚴，人天愛見，有的善知識是長得其貌不揚，真是不敢恭維，但是他真的卻是善知識。如果是僅憑外表來衡量的話，若是見到對方表相不莊嚴，沒有權勢地位，沒有財富，然後就起了懷疑之心，因此生起慢心，那即使善知識就住在你家隔壁，你終究是會給錯過了，所以慢的消除非常的重要。

第八節　發大願心

明心見性之法，乃菩薩的大法，是菩薩行者修行的根本大法。《菩薩優婆塞戒經》云：「菩薩從大悲中生」，如果是自私自利的心態，那不配稱為菩薩，而叫凡夫眾生。如果是自修自了的心態，那叫聲聞。如果是在大乘佛法中受三歸五戒，乃至出家受具足戒，但是心中想的卻是趕快自修自了，這叫菩薩聲聞。我們要學菩薩的根本大法，要證入菩薩所學所修所證的境界，就應當以菩薩的心態來修學；而明心見性—禪，正就是菩薩的根本大法。

我們既然學菩薩的根本大法—禪，要求明心見性，就要發起菩薩大心。所以學禪之前，參禪之前，應當發起大心，願共眾生得法。願從今生起，到未來的無量生，盡未來的無量際，幫助一切眾生見性斷結。同時亦教一切見性的人，大家相邀相約盡未來際助一切有情眾生在適當的因緣下見性斷結。這樣生生世世教導一切有緣眾生，讓他們避免被教相、名相所束縛，而能夠進入正法。倘若不能發起這樣的大願，而想要求自了，只求自己明心見性的話，那麼這一個人不容易有護法龍天、諸佛菩薩來加持。善知識亦不喜樂幫助這樣的人，所以這樣的人要想求見佛性，非常的困難，因為他不具菩薩種性的緣故。這樣求自修自了的人，雖然在大乘佛法中出家，也是聲聞人，而非菩薩人。

第二章　正修行

第一節　謹慎選擇教禪的善知識

我們在第一章中說到選擇善知識，那是指教導我們佛法知見的善知識。進入正修行的階段，我們要選擇的善知識，是教我們修禪的善知識。善知識有很多種，如果是從學禪的立場來說，我們可從下列十種條件之多寡來衡量，但不可能每一個條件都具足。而我們所能親近的教禪的善知識，並不一定具足下面所講的全部條件，主要還是要看我們每一個人過去生修學正法的淨因、解脫因和今生的緣之不同，會得到不同的善知識。

所謂教禪的善知識：

第一、不會破壞佛子勤求悟明心性之信心，並願意助成佛子悟明心性者：如果有善知識常常開示弟子們說：「末法時代開悟甚難，不要求開悟。」然後又講：「參禪只要看過程，不要問結果。」那麼這位就不是我們所要的善知識，因他破壞了禪子們悟明心性的信心。

第二、能教授修禪之知見，而無錯誤者：如果是以定為禪，以虛空粉碎、大地落沈、無念為悟，或者以識神妄覺為真心本性，或者是以聰明才智解知了義經典或禪門公案等為開悟者，皆非善知識。但此種假名善知識，不是一般禪子們所能辨別，絕大部份的禪子們也只能隨緣而已。

第三、能讓佛子們定期親近諮詢者：譬如每週一次、每月一次，或至少每年一次，能有時間答覆佛子們的詢問者。

第四、有善巧方便能建立禪子們參禪之功夫者：如果一天到晚說禪，講的境界很高，但隨學的人卻無法修學參禪應有的功夫，其他知見也無法教導，而變成了口頭禪、野狐禪，即非是善知識矣！真善知識必須要教導從學的弟子們能把參禪的功夫，亦即參話頭的功夫，修得起來，那才是善知識。

第五、已悟明真心，並親見佛性而不退失者：這樣的善知識，有其自己的見地，依照自己所悟的見地來說，他所說的均符合了義經的意旨，他不是依經解經，依文解義。以宗門而言，依經解經，依文解義並非真善知識。以教門而言，所說的與了義經不相符，即非佛法。故有句話說：「依文解義，三世佛怨；離經一字，即同魔說」。因此，要找一位已悟明真心，且親見佛性的善知識，只能依緣而得，無緣者不得。因為一般人不能辨別的緣故，即使住在隔壁或當面相會，由於不能辨別，也只有失之交臂，此乃無緣的緣故。此種善知識能幫助他人見性，在《六祖壇經》中，六祖即開示云：「欲擬化他人，自須有方便，毋令彼有疑，即是自性現。」如果依教生解，不是真開悟，即無法見到佛性，那麼用這樣的境界，要來度人，說禪十年二十年也度不了一個人見性，這便非善知識。

第六、有大願心，發願幫助佛子究明心性者：《華嚴經》云：「是善知識，有大因緣，所謂化導，令得見性。」善知識有大因緣，他可施設各種的方便，以引導度化佛子，令佛子們能親見佛性，而這位善知識即以見到別人悟明心性為樂。如有善知識，自己雖已親見佛性，卻不願意幫助別人見性，這也非真善知識，因為他有私心。有私心的原因，乃因其所見不真，故非真善知識。

第七、能指導禪子悟後起修者：這一位善知識，他本身悟境不退，隨時隨地親見佛性，乃至已經破牢關。並且他有禪定功夫，也通於經教各種經典，能夠指導禪子悟後起修的方向及禪定功夫。能幫助禪子們，由斷三縛結之見地，邁向薄貪瞋癡，乃至斷五下分結、及五上分結等等境界，這樣的善知識，是可遇而不可求。

第八、遇真善知識應當承事修學，不可用世間之知見，來自己障礙自己。《六祖壇經》云：「努力自見莫悠悠，後念忽絕一世休。若悟大乘得見性，虔恭合掌一心求。」這首偈說明了見性是要自己努力去見，千萬不要恍恍忽忽、悠哉悠哉的浪費生命和時間。因為有一天無常來的時候，下一個念再也起不來，這一輩子就結束了。如果想要親證大乘佛法的精髓，要得見佛性的話，應當要虔誠恭敬，合掌一心，而不是散漫心來求，才能得。

《華嚴經》卷 **46** 云：「善知識者，出興事難，至其所難，得值遇難，得見知難，得親近難，得共住難，得其意難，得隨順難。」那就是說，善知識出世不容易。就算是遇見了，想要認知他就是善知識，也不容易，往往當面錯過。常常有人尋覓善知識，但是有善知識送上門來，他卻不認識。

有的時候，人到處去求醫，天下名醫都找遍，到最後醫好他的病的人，是住在他家隔壁，名不見經傳的小醫生，善知識往往也是這樣。如果有緣讓我們遇見了，也知道他是善知識，但是要親近他，也不一定容易；能夠與他親近，但是要和他共住同學，又更難。就算能夠共住同學，也不一定能夠得到他的意旨。他所說的，我們不一定能夠親證，不一定能夠完全瞭解，更何況要順他的意旨去修行又更難了。因為真善知識，他不喜歡追求名聞利養，他喜歡寂靜的生活，他喜歡的是寂滅的境界。因此要遇見真善知識不容易，所以六祖云「虔恭合掌一心求」。

第九、能不憚勞苦，舉辦短期精進共修，幫助禪子們明心見性者：我們修禪者，自古以來就很多，但是自己參究，想要悟入非常之困難。如果真善知識能夠舉辦禪三、禪五、禪七，讓我們得以與他親近共住的話；這段期間善知識可以開示引導我們在要緊處怎樣轉折，然後看我們時機因緣成熟的時候，他自然能夠巧設許多方便，廣泛的使用各種機鋒，來幫助我們。當他大用現前時，我們在當下便悟，遠勝過自己辛苦參究二十年。而且在這段期間，我們容易得到他的意旨，容易明瞭他講些什麼，以及他要引導我們到什麼樣的地步。而我們在這段時間，也容易跟隨他，順著他所說的法及方向去用功，就容易得到他的法。

第十、尋覓善知識，非行腳參方：尋覓善知識，不是行腳參方，行腳參方是悟後之事。這是指悟了以後——明心——很久以後，仍然看不見佛性：或者說見性以後很久了，始終到不了牢關，更不用說「破牢關」。因此暫時告假，離開師父、去參問諸方善知識。或者由師父指令去參訪某位善知識、或遍參諸善知識，這是悟後之事。

香林澄遠禪師云：「大凡行腳尋知識，要帶眼行，須分緇素、看淺深始得。」這段意思是說，大致上說來，行腳參方尋訪善知識要帶著眼睛走。是不是一般人都不帶眼睛走路呢？不是。從禪的立場講，一般人不開眼，只有悟了的人，才叫開眼的人。悟了去行腳，參訪善知識，要帶著眼睛去。也就是說，自己要能夠分得清楚，這個人是穿黑衣或白衣。穿黑衣是出家人，穿白衣是在家人。在禪宗裡講黑衣、白衣、出家、在家，指的是悟與不悟。如果不悟，身穿黑衣還是在家；如果悟了，身穿白衣，也是出家。

看淺深是說，要能辨別這個人，他的層次深淺。行腳參方，要有這樣的眼睛才夠資格。那麼這種行腳參方的時候，大多數是以機鋒和公案來相訪。如果是初學禪，尋覓善知識，不可如此。務必要虔誠恭敬，合掌來相問；不可故作聰明狀，欲以慢心及輕視心，來求善知識，必不可得。

遇到善知識，我們跟他請益完了，應該詳細思惟，善知識所說的，究竟善與不善？如果說得好，講得對，我們就跟他學；如果仍然有疑問，應該再一次參問，乃至作第三次的參問。如果這樣問過三次以後，我們覺得根機與他相應的話，我們就跟他修學。如果不契機就離開，另外尋善知識。

所以找尋善知識，需要有慧之知見，隨著參禪者本身的定與慧知見之不同，而得到不同層次的善知識。這完全是依每個人過去生所修所種之福慧因緣，而得到不同層次之善知識。如果不具備定與慧之知見，往往會當面錯過。

此外尋覓善知識不可著相，執著外相而求覓善知識，必不可得。有的人認為善知識一定是男人，女人一定不是善知識。但是他不懂得什麼是男人、女人；佛法裡講的丈夫，不一定是男人，有時稱女人為丈夫。有的人認為一表人才，相貌堂堂很莊嚴的樣子，才是善知識。看見某個人其貌不揚，又是瘦瘦小小，皮膚黑黑的，就認為這個人不是善知識，那就錯了。有的人認為善知識，一定學問很好，學歷很高，這樣的人遇到六祖惠能，也會認為他不是善知識。

有的人看不起某些人的職業，我們千萬不要以行業，來判斷一個人是不是善知識。有的人在豆漿店裡打雜，但是他是個開悟的人；有的開悟的人，在開計程車。現代如此，古時候亦如是。歷史上記載有許多老婆子在賣餅、賣點心的，都是大善知識。如果以貌取人，以職業來作取捨判斷，那就錯了。

有的人專門參訪出家人，聽到善知識是在家人，那就不屑一顧，那麼他可能就會當面錯過。又有人專以學佛年數及讀經多少來判斷善知識，亦是大錯。我曾在榮總旁遇到一位教授持名念佛法門之知識，彼問我「學佛多久？」我云：「沒幾年。」彼又問：「佛經讀了多少？」我云：「一部藏經尚未讀完。」彼便起慢心。我云：「念佛應從有相入無相，從無相入實相，可得念佛三昧。」彼便云：「汝既已得念佛三昧，請問我現在心中想什麼事？你知道嗎？」我云：「神通是因修定得，念佛三昧是慧，……」彼不容我再講，便舉茶杯送客云：「謝了！我知道了，不必再談了！」這是以學佛年數及讀經多少判斷善知識，錯失學得念佛三昧機緣。以上列舉各種現象從古到今，一直有人重蹈覆轍。有句俗語說得好：「海水不可斗量，人不可貌相。」以貌取人，常有大過。所以達摩大師云：「若不見性，即不名善知識，縱說得十二部經，亦不免生死輪迴，三界受苦，無有出期。」又云：「今時人講得三五本經論，以為佛法者，愚人也。」又云：「若見自心是佛，不在剃除鬚髮，白衣亦是佛；若不見性，剃除鬚髮亦是外道。」所以萬萬不可以貌取人。譬如善財童子五十三參之善知識之中，有五參是一生補處菩薩外，其餘四十七參之中僅有五參是出家菩薩，在家菩薩則有四十二參之多。在家菩薩之中：身現外道婆羅門、國王、大士、長者、仙人、優婆夷、童子、童女、神……等，皆是在家相，有貴為天神國王者，有示現婬女、外道者，是故不可從表相衡量善知識。

最後說尋覓善知識時，應當先發菩薩清淨大願。菩薩以大悲方便，在各種不同世間裡，要度化各種不同菩薩種性的眾生，所以示現種種形像；有時也示現有過失，好像凡夫眾生，不像是一個聖人，而能夠跟眾生一起生活，一起做事，然後度化這些眾生。這是菩薩清淨的願力，才作得到。我們求善知識的人，應該和他的願力相應，所以應當要發菩薩清淨大願。

發了菩薩清淨大願以後再發願：「願我今生求佛圓覺，尋覓善知識時不遇外道、不遇教授人天善法之師，不遇定性聲聞及緣覺法之師。」這個願非常重要，不然所遇到的，往往是教我們人天善法，修聲聞法、緣覺法的老師。

此外我們也不可以跟著人云亦云，輕率的跟著人家講某些善知識的過錯，乃至轉述都不應當作。因為有時我們親眼所見，尚不一定正確，何況輾轉聽來？如果還沒有開眼，自己沒有悟，沒有能力辨別真假知識，千萬不要自己去毀謗善知識或轉述毀謗善知識之謠言。

我們應當有一個觀念，毀謗真善知識，就是毀謗正法。經中常說這種人是魔徒眾，這種過失最重。如果有人想知道毀謗正法、毀謗真善知識之過罪，那麼可以去讀《藥師經》、及《不退轉法輪經》等，尤其是《大乘方廣總持經》，如果讀過這些經典後，思惟這個果報時，一定會毛骨悚然，再也不敢去毀謗真善知識了。

第二節　正修功夫

那就是學：看話頭、參話頭、參公案、思惟觀之功夫。首先要說明何謂話頭？禪宗所謂話頭即是話之前頭，不是指一句話。念之前頭，也就是話之前頭。譬如說「念佛是誰？」是一句話，這句話在心裡出現，或口說出來即已成過去了，便是話尾。所以話頭是此句話在心裡沒有念出來之前，叫作話頭。因此當一個人打算作什麼事情之前，心裡起思惟之語言文字，這個心之語言文字，叫作話，叫作念。這些話之前頭謂之話頭。不管是講出口，還是在心裡面轉，都是一句話，都是話尾。

對於無此功夫者，我們告訴他：「此境界為一念不生，一念才生已是話尾。」但是真有功夫者，就知道看話頭是一念相續。念之前頭，叫作念頭，一個念頭相續而不斷絕，就是話頭。例如大勢至菩薩念佛圓通法門所說的淨念相繼，是一念相續，也是一個話頭，念佛念到沒有名相、聲相、形象，還是在念，那個念就是話頭。所以無相念佛本身亦是一個話頭。當我們無相念佛或看話頭時，它們在日常生活中，是兩個念並行。心細的話還可看見三個念，乃至四個念並行，所以非是一念不生。

話頭知道了，把心安住在一句話之前頭看住它；這句話之前頭，在心裡面持續存在，而不出現語言、文字、形象、符號、聲音而看住它，叫作看話頭。初看話頭會丟掉；不停地丟掉、不停地找回來，就是照顧話頭。時間久了，漸漸不會丟掉，始終在心裡。最後牢牢地與心黏在一起。繼續照顧下去，時間久了，自然而然就變成參話頭。

參話頭與看話頭之間的差別，在於參話頭有一個疑情在，一面看「念佛是誰」的話頭，但心裡懷疑思索，究竟念佛的是誰，心裡雖無「念佛是誰」這四個字的形象或聲音，但是我們一直安住於「念佛是誰？」這個意思裡面，這樣子叫作參話頭。需有一個疑在。看話頭如無疑情，是在修定。如果坐下來看話頭，看久了就會入定；如果有個疑在看話頭，疑情持續伴隨話頭存在，謂之參話頭。所以二者之差別，在於有無疑情及尋覓思惟的作用。參話頭和思惟思想有什麼差別？思惟思想就是運用語言文字，用一句連接一句的話，在作分析，那叫作思惟思想。參話頭是要有定力，而不必透過語言文字，就能夠有思惟之作用在，我們稱之為思惟觀—直觀。所以看話頭時，有一個疑情在，謂之參話頭。參話頭時常常會靈光一現而出現一個答案，我們能夠不運用語言文字，就可以去分別對錯，並且知道為什麼對或錯，均不必經由語言文字，這功夫就叫作思惟觀—直觀。

為何要講看話頭及訓練看話頭之功夫？因為修禪須要真參實修。禪須要體驗，不是用語言文字的思惟討論所能親證。所以口頭談論，意識思惟，名為參禪，其實是思想思惟，沒有定力的緣故；因此我們認為不會思惟觀，就不是參禪。

參公案也是一樣。公案是指過去祖師們，參禪開悟的過程、流傳記錄下來稱之為公案。就像在政府機構裡，有很多檔案，以前就叫作公案。我們可以藉著過去祖師們參禪開悟乃至見性的過程去參究，雖然他的過程非常長，但是有一個重心在，那就是為何他這樣能夠悟？參的時候不可在心中念誦這則公案的過程或問答語句，也不可在心中用語言文字思惟分析，依舊是思惟觀之方法謂之參公案。參話頭參公案都是一樣，都必須要定力而不是定境。所以不可以修一念不生的功夫，必須修一念相續的功夫—定力。

何謂定力？《大般涅槃經》云：「亦不捨定，亦不隨定，是名定力。」《圓覺經》云：「無礙清淨慧，皆依禪定生。」所謂的定力，是隨時隨地與定相應，能夠隨時在一心的狀態，卻不隨定而進定境。所以無相念佛、參話頭、看話頭、參公案，同樣都不能夠離開定力。《圓覺經》告訴我們，沒有障礙的解脫清淨智慧，全部都是要依賴禪定，才能出生。所以禪定指的是定力，而不是定境。

修定須要有善巧方便，要善知轉折，能分別定境與定力，知道什麼樣的情形應取，什麼樣的情形應捨。定力從動中修易得，靜中修不容易得。靜中修來，多是一念不生，而進入定境，到了動中就無定力，就不能看話頭。所以有一位善知識，在他的書裡面，再三強調「想要求見道的話，必須動中於未到地定得自在。」封面又云：「比較起古人，現代的學佛人慧解強，定力弱。」

這是過來人真實之體驗，可謂一針見血。動中修得的才是一念相續的功夫，在參禪時才派得上用場。

這個清淨的念在動中和我們在飲食、穿衣做事時的那一些念並行，而沒有妨礙。在一切境界和因緣上面，這個話的前頭，始終不消失，不消滅。在念佛門稱之為「淨念相繼」，在禪門裡謂「騎聲蓋色」，我們也可以說「穿聲透色」。這是二個念並行，所以我們強調：「無相念佛與參禪都應該是二個念並行而不違背。如果不能作到這個地步，那麼動中就無法無相念佛，也沒辦法參禪。」必須要身心能在一切音聲形色中穿梭來去，而不妨礙看話頭，有這個動中功夫，才好參禪。

一念不生是修定，不是修禪。觀照心念妄想，是修定伏煩惱，不是修禪。數息七不是禪七，是修定七。不會看話頭、思惟觀，而在心中自問自答，用言語在心中思惟的是弄識神。這些都是非因計因。鍋子裡面煮的東西，要想成為飯，它必須是米，米是飯的因。鍋子裡面放的是砂子，要煮成飯，永遠不可得，因為砂子不是飯的因。所以「思惟觀」是疑情伴隨著話頭相繼不斷。要能在一切境界因緣上面，不須語言文字，就能思惟及分別，這一種思惟分別之一念相續不斷，非一念不生，這才是禪法。如一念不生就會落入澄澄湛湛之中，那是一種定的境界，不是參禪。

有人說：「排除妄想，自己在心裡面用語言來思惟，來問『參禪是誰』就可以了，何必要修思惟觀的功夫呢？」這就表示他的定力不夠，心仍然很粗糙。明心與見性，都是心地之中極為微細的事情，如果沒有定力就不可得。

《大般涅槃經》卷13云：「夫正定者，真實是道，非不正定而是道也。若入正定乃能思惟五陰生滅，非不入定能思惟也。」要思惟五陰生滅，尚且須入於定中思惟，何況明心見性這種更微細的事情呢？所以如果不修思惟觀之功夫，而修一念不生之功夫，那麼在動中就失去了定力，在靜中就會進入邪定─所謂未到地定的定境，在定中暗無覺知。善知識雖然在動中和靜中對這個人施設各種機鋒，廣設各種方便，也沒有用處。因為他在靜中入定，暗無覺知；機鋒、講話，對他都沒有用。在動中卻因不能與定力相應，善知識所施機鋒及語言對他一樣不起作用，所以他無法得到善知識的利益。而且善知識的提示引導，或施用機鋒，通常是在動中作用。所以學禪的人，必須要動中能夠作思惟觀的功夫，才能受用。想要修這個功夫，最好先深入無相念佛的法門，那就容易得到這個功夫。

我們要求參禪的人，須要具備參話頭、思惟觀的功夫，這個目的，主要在定力。如果有這個功夫，即使以語言、文字來參究亦是參禪。譬如禪門之中，師父與弟子間的問答及開示，都透過語言、文字在運作。所以有定力的話，雖然用語言文字，也是參禪。

如果沒有這個功夫，而聰明伶俐的話，那麼他閱讀了義經典的時候，往往會錯解，以為自己已經悟了；但是他不敢承擔，也不敢承認自己開悟，這不是真實的悟。如果僥倖仍能悟入，也會成為解悟，因為他沒有定力的緣故，不能夠親自體驗。這是一念不生功夫的大缺失。

如果不修動中功夫－一念相續的功夫。將來就沒有緣由見到佛性。所以近年有善知識，在他的書裡，一再強調，必須能夠在動中，維持未到地定的定心，這是真實語，是一念相續的淨念。到這個地步，就能夠作思惟觀的功夫了。如果有人還不具備此功夫，那麼建議他去閱讀《無相念佛》這本書、及《如何契入念佛法門》這本小冊子，去嘗試鍛鍊無相念佛功夫，只要無相念佛功夫練成了，自然而然就會看話頭、參話頭，也會思惟觀的功夫。

定力非常的重要。《大寶積經》卷57云：「若人無定心，即無清淨智，不能斷諸漏，是故汝勤修。」因此這個功夫非常重要，既然大家準備要參禪，就要趕快把看話頭、參話頭，思惟觀之功夫鍛鍊起來，接下來參禪的路子，才容易走。不然老是在經教、名相，語言文字上面，去思惟分析，要想證道，就非常的困難。

第三節 深解第一義經典

其實真正要深入瞭解第一義經典不容易。所謂的第一義經典是什麼？那就是專門在闡釋真如佛性的不生不滅實相的經典，稱為第一義、了義。譬如《法華經、大小品般若經（含金剛經、心經）、維摩詰經、圓覺經、鴦掘摩羅經、不退轉法輪經、大般涅槃經》等等。這些是我們學大乘佛法的人一般比較熟悉的了義的經典。

有的人剛開始讀《法華經》覺得很有趣，因為它好像在說故事一樣，但真正的意思不懂。讀《大小品般若經》，那是丈二金剛摸不著頭腦，尤其是濃縮為《金剛經》或者《心經》的時候，譬如「若見諸相非相，即見如來」。「若以色見我，以音聲求我，是人行邪道，不能見如來」。類似這一種又遮又遣，然後來個雙遣。「所謂如來即非如來，是名如來。」繞什麼口令嘛？到最後什麼都空，那我還參什麼禪呢？《心經》講到最後，不但是眼、耳、鼻、舌、身、意，乃至連無明都沒有，亦無無明盡。那什麼都沒有，我修佛法是要做什麼呢？不知道真正意思時，讀起來震撼蠻大的：原來一切是空嘛！但是那個空不是我們思惟的空，不是虛空的空。這個得要親證以後才能夠體會得它真正的意旨。

我們在準備進入參禪的階段之前，當然不可能真正體會這些所謂的

「空」是什麼意思。所以我們必須要借助於善知識對於了義、第一義「空」的解釋，來建立我們一部份的知見。不管這善知識是不是已經悟了之後再來解釋，對我們都有幫助。依文解義對我們參禪之前也有幫助。所以我們首先要瞭解第一義經典本身講的是什麼？善知識們又如何的來加以解釋。瞭解了以後我們才能夠知道參禪的方向，才不會把參禪的方向和目標弄錯了。所以深入的去研讀、瞭解、思惟第一義的經典非常的重要。

研讀瞭解了以後，第二個部份就要做思惟。思惟有打坐之中的思惟和行、住、坐、臥之中的思惟。思惟之所以重要，是因為它能夠使我們身、心裡面真正的建立起了義的知見。我們閱讀、課誦雖然有一些功用，但是它只是我們的知識而已；我們心裡面並不能夠完全的真正的接受它的意思。如果我們能透過思惟，從思惟而得的過程和結論，才是我們自己所有的東西。我們思惟的結果知道和確定一切是空。然後我們心裡面才會真正接受這個空的意思。平常的思惟以後，還要在打坐之中再去思惟。打坐之中所做的思惟要配合五蘊空的道理來做。一方面思惟色、受、想、行、識這五陰全部虛幻不實在。另一方面要配合我們研讀了義經的知見，交叉運用來思惟。這樣子我們心裡面才能夠正確的建立起我們的知見，才不會在將來參禪的時候方向產生偏差。所以思惟非常的重要，有助於我們下一個階段的參禪過程。參禪之前還要思惟世界（包括我們五陰的世界）是無常，也是不清淨。還要思惟色身與我們這能知能覺的心虛幻不實在。然後才能夠升起一個強烈的意念要去參尋永恆的、不生不滅的真如佛性。自然而然就會勇猛精進，不達目的誓不休止。

第四節　參究的方法

參究的方法要和大家介紹話頭與公案。話頭或者公案的參究其實差不多。我們要參究之前先要選擇與自己覺得較契合的話頭或公案，選擇一個來參究。在選定之前最好能先請示我們參學的善知識，然後才開始

第一目　簡介話頭

話頭，我們把它粗略的分為兩類。第一類它是從真心而入的話頭。

譬如說「念佛是誰？參禪是誰？打坐是誰？吃飯是誰？屙屎是誰？經行是誰？走路是誰？看東西是誰？拖著死屍走來走去是誰？」這一類都是話頭。話頭主要在這個「誰」上面。

所謂話頭是什麼？話頭就是話的前頭。我們講「拖死屍走來走去的是誰？」這是一句話，或者「念佛是誰？」這是一句話。這一句話還沒升起來之前，就是話的前頭。這句話在我們嘴巴出現，然後過去了；或者在我們心裡面出現，然後過去了，那就成為話尾，因為已經過去了。那就是說我們心裡升起一個念：「參禪的是誰？」心裡這句話一出現，那就是話尾了。我們心裡面這句話還沒升起來之前，對一般人來講稱之為念的前頭。所以念的前頭就是話頭；因此話頭就是在一念未生之前。一念已生便是話尾，這是對一般人來講一念未生之前叫話頭。而對於一個會看話頭的人，這個境界其實是一念相續而不是一念不生。因為這「參禪是誰？」「拖死屍的是誰？」它這個意思很清楚的留在我們心裡面，在這句話還沒出現之前，心裡面就牢牢的看見它。所以是一念相續，而不是一念不生。這是話頭。

第二類的話頭，一旦悟了，佛性就現前了。譬如說：「風暖鳥聲碎。日高花影重。人老病生。三日風五日雨。眼前燈色明。庭園桂花香。」這一些話頭，若是開悟了，佛性就現前了。這是另一種話頭，所以說，話頭有兩類。

第二目 簡介公案

公案有三種。第一種悟了就知道什麼是真如。第二種悟了，佛性就現前了。第三種比較深，是複合性的公案，包含比較多的公案。

我們先談第一類的公案。第一類我們舉出二則來跟大家說明。

第一則：外道問世尊云：「不問有言，不問無言。」世尊據座不語。良久，外道讚嘆云：「世尊大慈大悲，開我迷雲，令我得入。」乃具禮而去。這是第一則。有個外道見了釋迦世尊就說：「不問有言，不問無言。」「有」我也不問，「無」我也不問。世尊只是坐在寶座上不講話。這樣過了一段時間，這個外道讚嘆說：「世尊您真是大慈大悲，把我遮障了智慧的迷惑之雲打開了，令我從這裡悟入。」然後禮拜三拜以後，右繞三匝才離去。

第二則：我們談一則現代公案。我們無相念佛共修處，蒙圓融禪師慷慨出借行陀禪寺，給我們舉辦第一次禪三。在晚間小參之前開示的時候，我講「一念不生的時候，能覺能觀之心不是真如，仍然是識神。那麼各位同修修到了這個地步實在不容易；不過這個仍然是百尺竿頭坐，雖然得入，仍然不是真的。還須要百尺竿頭更進一步始得。」然後我就問：「且道百尺竿頭，如何進步？嗄？」然後我就丟個東西給一位同修，問「是什麼？」他伸手接得，當下就悟入了。這是現代公案。還沒悟入的人參參看，參出來，你就知道如何是真如，你就明心了。

第二類的公案悟了，馬上佛性就現前了。

第一則：潙山靈祐禪師有一天在法堂上坐，觀看掌管倉庫的僧人（叫做庫頭），在那邊練習敲木魚，沒想到廚房裡面專門管升火的僧人（叫火頭），突然把點火用的火抄丟在地上，兩掌合在一起，搓來搓去就大笑。靈祐禪師聽了就講：「眾中也有恁麼人。」就喚來問話：「你為什麼笑呀？」這火頭就講：「我沒有吃粥，肚子就餓，所以喜歡嘛！」靈祐禪師就點頭。諸位且道：「肚子餓，干佛性什麼事也？」若無因緣，且參三十年。

第二則：福州烏石山靈觀禪師正在割草的時候，有個僧人從他身前走過。靈觀禪師就問：「你要到哪裡去呀？」這個僧人就說：「我要到西院禮拜安和尚去。」那個時候竹子上正好有一條青竹絲蛇，靈觀禪師就指著那條蛇說：「你想要認識西院那一隻老野狐精，這個就是。」奇怪！怎麼西院安和尚那個老野狐精就是這條蛇呢？如果有因緣，撞著磕著就知道了。如果沒有因緣，還是得參三十年去。

第三類：這種公案比較複雜，我們在第二次禪三沒有談到這一則，第一次禪三我們談過了。黃龍慧南禪師，有一天他問隆慶閑禪師說：「人人有個生緣，上座生緣在什麼處？」閑云：「早晨吃白粥，至晚又覺饑。」又問：「我手何似佛手？」閑云：「月下弄琵琶。」然後第三次又問：「我腳何似驢腳？」閑云：「鷺鷥立雪非同色。」這意思是說黃龍慧南禪師問隆慶閑禪師說：「每一個人他的法身慧命都有個出生的的因緣，請問上座您的法身慧命出生的因緣在哪裡呢？」閑禪師就說：「我早晨吃了白粥也沒有什麼菜下粥，吃了白粥以後到了晚上又覺得餓了。」咱家乾脆打開天窗講亮話：「熱茶暖身」。會不會呀？會了就見性了。第二問又說：「我的手怎麼就好像是佛的手一樣呢？」這閑禪師就講：「在月亮下面彈奏琵琶。」那我就打開天窗說亮話，因為時代不同了，我說：「夜半裡抓癢。」會了就明心了。第三問就說：「我的腳怎麼會像驢子的腳呢？」這閑禪師就講：「這白鷺鷥站在靄靄白雪裡面看起來好像同一個顏色，其實還是不同的。」咱家這下子不講了，只是跟諸位還沒有悟的人講：「腳還沒有抬起來的時候你去看，是什麼？未舉步前看取。」若還不會，請您禮佛去！

黃龍禪師常常用這三轉語問人，當代人沒人能夠應答，只有這隆慶閑禪師能夠與他答對。南州有個潘興居士常常延請黃龍禪師開示，他也常常問這三句話是什麼道理？黃龍禪師就跟他講：「如果已經過了關門的話，手臂抬得高高地，直接就走了，哪裡知道有守門的官吏在那邊管人許進不許出？如果還要跟那個守門官員問能不能出入，那這個人是還沒有過關的人。」所以他又講了一首頌：

我手何似佛手，禪人直下薦取；不動干戈道出，當處超佛越祖。

我腳驢腳並行，步步踏著無生；會得雲收月皎，方知此道縱橫。

生緣有路人皆委，水母何曾離得蝦；

但得日頭東畔出，誰能更吃趙州茶？

意思是說我的手為什麼像佛陀的手呢？參禪的人從這裡面直接去看，直接去悟。悟了，不必費什麼大事，不必費什麼心，輕輕鬆鬆就講出來了，只這麼一句話就超佛越祖了。我的腳跟驢子的腳一起在走，可是我的腳與驢子的腳都一樣，每一步都是無生忍。會了的話滿天烏雲收盡，皎潔的月亮就出現了。那個時候才知道，哈！原來禪這個道，真的可以縱橫無礙。接著講：法身慧命出生的因緣，其實有很多的路頭。其實每一個人都有，應當每一個人都知道的，它跟我們從來都在一起；就好像水母從來都跟蝦群在一起一樣。只要太陽從東邊出來了以後，嗨！還有誰會去喝趙州茶呢？這個公案兼顧真如佛性，比較複雜。

第三目　參究的方法

接下來我們要講：知道了話頭，也知道了公案以後要怎麼去參。要參究必須先學著看話頭—看住一句話的前頭。「念佛是誰？」「參禪是誰？」「拖死屍是誰？」這句話不在心裡面出現，而我們看住心裡面這句話的前頭，不讓它出現。好像有一個水面一樣，話在水裡面，正要冒出水面的時候我們在水面已經看清楚它是什麼。雖然還沒有冒出來，我們看住它，不讓它冒上來。有的人功夫不夠，根本聽不懂。所以我們勸人要鍛鍊無相念佛的功夫，練好了就會看話頭。

有的人功夫雖然有，可是不到家。所以看一句「參禪是誰？」看的時候會冒出一個「參」字，然後「禪是誰」三個字沒有出現。這表示雖然有功夫，可是功夫還差一點，必須要練習到這個「參」字也不出現，第一個字也不出現，然後就看住它了。這樣看清楚不會冒出來之後，接下來還要練習行、住、坐、臥之中都能看。行、住、坐、臥之中都能看之後，還要練習到它都不會丟掉。如果話頭不想丟開，它就不會丟掉的話，就表示悟的因緣已經成熟了。這個階段很重要，將來悟時能不能眼見佛性，完全取決於看話頭的功夫做得好不好。所以應該用心看話頭六、七個月以後，再起疑情去參究，悟了以後才不會落入感覺之中，錯將妄覺認作真覺，方能眼見佛性。

現在接下來就要去參。心裡面看著這句話的前頭，然後另外起一個疑：「參禪是誰？」心住在話的前頭，心裡面同時在疑：參禪的究竟是誰？知道五陰不是我，色身不是我，這個能知能覺也不是我，那麼究竟哪個才是呢？我在參禪，可是這個我不是我，那究竟參禪的是哪一個？這樣又是看又是疑，這叫參話頭。那麼參話頭繼續深入就會產生了疑情。有了疑情以後等待的只是一個時節因緣，不可強求。若有善知識就可很輕易的悟入乃至見性，若沒有善知識就很困難。

參公案也是一樣。譬如我們剛剛講黃龍禪師這個公案；我們第一次禪三開示的時候講這公案，有很多人悟入。譬如說：「人人有個生緣，上座生緣在什麼處？」閑云：「早上吃白粥，至晚又覺饑。」平實云：「熱茶暖身」。這公案雖然很長，照樣不可動著語言、文字。一樣是看話頭的功夫，只是把這個意思放在心裡面去體會它。必須要動著語言、文字才能參的話，表示功夫不夠，要悟就很困難；所以參禪必須要把功夫練好。尤其是要見性的話，看話頭的這個階段沒做好，一念相續的功夫沒有做好，即使悟了也看不見佛性，因為不能一念相應的緣故。譬如說剛剛講的現代公案：我們先瞭解什麼叫做「百尺竿頭坐」？有很多人參禪、學禪學到後來，他可以住在一念不生的境界，在一念不生的境界裡面，清清明明，靈明覺了，他認為這個就是真如。然後就去找大師印證，大師也跟他講：「這就是真如。恭喜你！明心了。」但是這個錯了。一念不生之時，雖然是沒有語言、文字、不思善惡，但是靈明覺了的本身仍然不離意識，仍然不離境界。這個就是長沙招賢大師講的百尺竿頭坐的境界。長沙招賢大師說：「百尺竿頭坐底人，雖然得入未為真；百尺竿頭須進步，十方世界現全身。」所以我們爬竹竿，爬到最高一百尺足了，已經到頂了，再上去沒有路可進了，沒有竹竿可以爬了，就在那一邊停頓下來了，但那還不是真的。

參禪參到一念不生靈明覺了，可以說就是到了百尺竿頭了。到頂了，但是這個仍然還不是，還要往上突破，所以參禪須知還有向上一路。如果不能突破，終究免不了把意識、定心當做是真如、認妄為真，將來不免未得言得，未證謂證，後果不堪設想。我們說，為什麼問了一句「百尺竿頭，如何進步？嗄？」丟個東西，為什麼人家伸手一接就悟了呢？雖然這公案這麼長，我們卻要抓住這個公案的意思直接去體會它，可不要用意識思惟在那邊轉。因為意識思惟越轉，葛藤越多，越麻煩，越難悟，要體驗就更難。公案就是這樣的參法，盡量避免用著語言、文字，而用思惟觀的方法來參究；也就是說參究的時候除了不用語言、文字以外，還要有個分別的心，有個觀察覺照的心，直心去觀照。千萬不要打葛藤去思惟、直截了當最容易去體驗得到。最怕的是聰明伶俐、枝節葛藤、意識思惟那就永劫不悟。這個是功夫不足，定力欠缺。如果落入語言、文字的話，就算悟了，也會落在意識心裡面，用意識心來當做真如。這種錯會，非常普遍，古代如是，現代亦如是。因為意識也一樣無形無色，「靈明覺了」這個意識也是無形無色，與了義經講的真如無形無色，相符合，所以就錯會了。因此命終之後就不免還要再輪迴。這就是「因地不真，果招迂曲」。所以參究以前務必要先練看話頭的功夫，參究時應當要遠離意識思惟，直心去體會一回才好。參究的時候要用思惟觀，我們在無相念佛書裡面談到過。

思惟觀就是我們在思惟如何是真如？如何是佛性？思惟其中的一

個，但是不用語言、文字而去分別，要有一個觀照，有一個尋覓的心。能覺能觀能聽的心是妄心，不離意識。靈明覺了是定心，不思善不思惡時是定心，一念不生是定心。用這個定心做工具來做思惟觀：到底什麼是我的真如本體？直接的去觀照，直接的去分辨，這叫做思惟觀。若有這個功夫，參禪就容易開悟。沒有這個功夫，又沒有真善知識指導的話，那就像緣木求魚一樣，希望就非常渺茫。

第五節　禪法知見

我們今天進入第五節—禪法知見。禪法知見的部分，要用比較長的時間來講，總共分為四十則。

第一則、建立信心：信心，首先要信自己。相信自己的過去生、現在生、和未來生的因緣不可思議。我們千萬不要聽人家說：「末法時代，不能開悟。」然後就相信這一句話，就不敢去求開悟。我們應當要相信：我們自己的過去生、現在生、未來生的因緣不可思、不可議。

人常常因為過去三劫、五劫、十劫、百劫、千劫所造下的某一個淨業、善業的因緣，而今生可以開悟。有許多因緣是我們一般人所不能夠理解的，所以如果讀過《佛本行集經》就知道那一些弟子們，他們在今生悟的因緣，往往都是過去的很多劫以前，供養辟支佛，或者供養某一個修道人，發了一個求悟的願，而經過無數劫以後，得到解脫的果報。同樣的道理，諸位同修很可能在過去十百千劫之前，曾供養過羅漢、緣覺、地上菩薩，而在今生因緣成熟，應該明心見性，成為不退菩薩。人過去生的因緣，加上今生的因緣，不可思議，所以人終究可以開悟，終究可以解脫。即使今生不能解脫，來生仍然有機會。所以先要相信自己的因緣不可思議。

其次要相信「法」不可思議，我們相信有禪的法、有悟的法，我們要相信世間真的有禪悟這回事情。在末法之世，有許多邪師講：「悟，是一種施設、是一種建立，說悟即落到第二頭。」所以常年講禪、講悟，但是不許跟他學的人講禪講悟。常常開示：「說悟的人，就是沒有悟。」如果是這樣的話，那歷代諸大祖師都是沒有悟囉？祖師們講的公案，佛陀講的了義經，都應該燒掉了？所以我們應該要相信真的有「悟」這回事情。悟，不是一種施設和建立。說「悟」的時候，那個

「悟」固然不是悟，但是世間真實有「禪悟」這回事情，也有導致禪悟的修行的方法，所以應當要相信有「悟」。

然後還要信：末法時代，仍然有禪師常住世間。什麼是禪師？在世間有四向、五果、十地菩薩，有時現出家相，有時現在家相，這一些人都已經悟明心性，這一些人就是禪師。雖然他不一定自稱為禪師，但是他能夠幫助我們開悟、明心，可以見佛性，這就是禪師。雖然他沒有自稱是哪一果、哪一向，或者哪一地的菩薩，但是他能夠幫助我們明心見性，這就是禪師。而禪師發願再來，常住世間者非常多，所以應當要相信末法時代世間有禪師。這樣建立起信心以後，信自己，信有禪悟之法，信世間有禪師，然後我們才可能精進的來修學禪法。

信心的建立非常困難。回想末學修禪之時，也認為末法時代求悟是不可能的；乃至已學會看話頭功夫，在見山不是山的過程裡打滾了一年半之時，仍然不敢相信自己可以見性，只是期待來生悟入而已。因此，對於尚未悟的人而言，悟是遙不可及的事，欲建立「自己能悟」的信心，非常困難。

而在悟後，卻又認為悟是很簡單，很單純的事。所以見性後對於《華嚴經》和許多經典所說欲求明心見性，必須無量無數劫中，很虔誠恭敬的求法修學才能得到的說法，很不以為然，便熱心過度的想幫助大家見性，常常自己送上門去，想幫人見性，但是都被拒絕了。

這種被拒絕的情況繼續了兩三年後，才發現經典講的沒錯。因為一般學禪的人聽到「明心見性」四字便起煩惱，對自己沒信心。另一方面，真知識如果沒有大名聲，又現在家相，親自送上門去，他也不相信。除非你著作等身，名聞寰宇，或顯現大神通，他才會相信你，所以信心的建立非常困難。

但是學禪的目的是什麼?是為求開悟見性了生死嘛!如果不相信自己能開悟了生死，又何必學禪?所以先要建立信心：信自己能悟，信有禪悟禪法，信世間有禪師。

建立信心之所以困難，另一原因是知見不正確，總以為「開悟必須三十年才能得，若有人兩三年就悟，那一定是假的。」卻不知開悟之條件若具足，一剎那間便悟；若有欠缺，精進修一百年亦不悟，悟之條件除了信心，還有四點：

一、福德：能辨別真假知識，不被知識之表相及名聲大小所迷，並有因緣能跟隨真知識。

二、知見：知應修學參禪之功夫—看話頭、參話頭、思惟觀。遠離「無念、無心」之邪見。

三、功夫：具有看話頭、思惟觀之深厚定力。此需真知識幫助，方能迅速修得。

四、無慢：對一切人無慢，慢則障道。傲慢者，與真知識無緣。

具足以上四大條件而能與真知識共住者，三天之中不但明心，而且眼見佛性，永不退失。此四條件，若缺其一，莫說三十年，百劫亦不見性。一般修禪人不知此理，故主張三十年才能悟，此即錯誤知見導致信心喪失。凡我同修，務必建立正確知見，否則，雖與我同修共住一百年，亦不得見性。

第二則、要有求悟的企圖心。如果沒有求悟的企圖心，這個人永不見道。如果不求悟，而只是在觀察色身的動作，觀察自己的心有沒有動念，觀察自己有沒有煩惱，修學的是一念不生的功夫，這個是聲聞法，不是大乘的禪，不是禪宗的禪。菩薩不應該求一念不生、捨離煩惱的這一種聲聞道。想要了斷自己的生死，也幫眾生了生脫死的人，明心見道是第一件最重要的事。因為了生脫死對於菩薩而言，就是要先求斷結。不論古今，學佛人的首要目標就是斷三縛結，斷了三縛結，就能夠永遠不入三惡道。斷三縛結就能夠生生世世在佛前出生；斷三縛結，生生世世都能夠修道，永不退轉。

菩薩通常不只是為自己求斷三縛結，也為眾生斷三縛結而努力。要斷三縛結，就先要求明心見性。求明心見性之前，必須自己先有一個企圖開悟的心態。如果沒有追求開悟的企圖心，那就失去了參禪的動機了。沒有參禪的動機，就不會深入參禪的法門裡面去學習，所以應當要有一個求悟的企圖心。

世尊跟我們講：「常當一心，無為懈怠；未證得者，勤求證悟，如是應學。」意思是說：學佛的人應當要常常保持一心、不散亂，精進而不懈怠。還沒有修證的人，應該要精勤努力去求證悟，應當要這樣學。

所以在大乘佛法裡面，「求悟」是第一要事，須要先提起求悟的企圖心，然後才有可能辛勤的來修學禪法，才有可能如喪考妣的參禪。

有知識常云：「不可求悟。只重過程，不重開悟。」此是自己未悟，怕弟子向他求悟，所以這樣講。如此說法與祖師所說相反。溈山靈祐大師云：「只貴子見地，不說子行履。」見地才是最重要的。未悟前所聞所思所修得的名為「知見」，「見地」是悟後之事，有見地才能解脫。真知識鼓勵弟子求悟，絕不以降伏煩惱、數息之法教授弟子，此是聲聞法，不是禪法。禪法注重參禪的過程，更注重悟後的見地，所以真知識鼓勵弟子們應該求悟，不怕弟子開悟。

第三則、要有精進心：精進有正精進，有邪精進。某一些人修行好像非常精進，每天打坐三、四個鐘頭，每天唸佛十幾個鐘頭，可是打坐或念佛的時候，不是打瞌睡就是妄想，這個就錯了，這叫身體的精進，心沒有在精進。有的人每天跟人家講一大堆的佛法：哪一種法門多好多妙，這個法門也是多好多妙，念佛又如何的好，參禪又如何的究竟。只是嘴巴裡面講，自己本身不真實的去做，這叫嘴巴精進、口精進。那真正的精進是什麼？叫做「心不放逸」。心不放逸的人，他一直在攝心的方法上用功。修定就是一心不亂，時時照見念的起處，不讓妄想有機可乘。參禪的話，時時刻刻看住話頭，時時刻刻照顧疑情，不會丟掉，心不放逸，不打妄想，不昏沈。

有一種人，嘴裡面講：我要解脫，我要學佛。到處去趕場，哪裡有法會、拜懺、講經就去，可是聽完了、拜懺完了回家，照樣是妄想一大堆，照樣跟一般人一樣，喜歡發脾氣，喜歡貪求五欲的享受，那叫邪精進。

此外我們說「精進」，有「禪」的精進，有「定」的精進。有一位師姊問我們的一位師兄說：「你打過幾次禪七？」師兄答：「我一次也沒有參加過。」師姊搖頭。然後師兄問她：「你打過幾次禪七？」她說：「我打過十次禪七。」師兄也跟她搖頭。這兩個人同樣搖頭，意思不同。師姐搖頭意思是說：「可憐噢！學禪那麼久，沒有打過一次禪七。」師兄跟她搖頭意思是說：「可憐噢！打了十次禪七還不能悟。我連禪七都不用參加，就悟了，眼見佛性，清楚分明。你真可憐耶！」

同樣是搖頭，意思不同。這就是說：普通的那種禪七，進了禪堂數息，熬得腿痛，數了七天下來，還是數息。七天數完回到家裡，還是數息，那個叫修定的精進，那不叫禪。那麼禪的精進是什麼？禪的精進是要會看話頭、會「住在話的前頭」這個功夫。然後，提起疑情，住在疑情裡面，時時刻刻照顧這個疑情，這才是禪的精進。

會禪的功夫和知見以後，卻有人不精進。不精進的原因是什麼？是他了生死的心不懇切。因為日子很好過，生活很幸福，先生疼得不得了，公公婆婆也很照顧，生活太幸福了，不覺得了生死的重要，所以雖然功夫學會了，仍然不精進。還有一種人，他是放不下：道場放不下，事業放不下，家庭放不下，個人生活上的許許多多的煩惱放不下。為什麼？因為樂在其中嘛！參禪多枯燥無味。這些煩惱，比如說：「下午吃什麼？晚上吃什麼？明天出門穿什麼衣服？找看看有沒有機會跟先生鬥鬥嘴、吵吵小架，這樣生活才有趣味嘛！老是在那邊參禪，多沒味。」喜歡這一些煩惱，所以參禪就不精進。

有的人是沒有功夫，所以不精進，怕參禪的功夫難修。因為古時候，禪師們修功夫都是十幾年的時間方鍛鍊起來，相當的不容易，我們哪有精神花十幾年的時間來修功夫？所以怕了。諸位別怕，我們修功夫，三、五個月就夠了，我們有方便善巧。怕的是什麼？怕的是對自己的信心不夠，說這個功夫我哪有可能修得起來？我算什麼根器？信心不夠。我們說：只要肯練習，再笨的人，半年也能夠學會參禪的功夫，沒有學不會的。就怕聰明，聰明人不肯相信，就不肯學，一輩子也不會。所以只要有一個精進心，不要怕學不會。

參禪也是一樣，一定要精進。如果不精進的話，參一天休息三天，那要何年何月才能起疑情呢？要何年何月才能夠得悟呢？所以，精進心很重要。尤其是參禪的功夫已經練起來以後，疑情已經升起來以後，那就要把一切的事情、一切的煩惱擺下來，儘量抽出時間去參究，不要懈怠。

第四則、要有長遠心：很多人剛開始學禪的時候，非常精進，可是不久就懈怠了。雖然很精進，但是到最後，有氣無力，退失掉了。那就是沒有長遠心。沒有長遠心，有幾個原因：

第一種人，他懷疑自己，懷疑世間有沒有「悟」這回事情，他懷疑這個教「禪」的師父、老師，究竟有沒有悟？他懷疑世間是不是真的有開悟的法？因為這樣懷疑的關係，所以一面參，一面又想：「我真的能夠開悟嗎？我的根器這麼差，大概不行。」然後參個五分鐘、十分鐘，想一想，心煩意亂，就丟開了，下座了，不參了。又想一想：「也許我有希望吧！要不然我怎麼學會參禪的功夫？」想一想又回來參一參。這次參久一點，參上兩個鐘頭、三個鐘頭，又懷疑：「真的有悟這回事情嗎？怎麼我參了一個上午，一點消息也沒有？」然後又想一想：「大概有吧！不然不會有那麼多人在參。」然後安下心來又參，這一參參上十天半個月，又退失掉了。

「真的能悟嗎？為什麼我參了十天半個月了，什麼動靜也沒有？搞不好這個師父、這個老師本身就沒有悟。」懷疑了。然後想一想：「沒有悟又怎能講得頭頭是道，大概有吧！我再試試看好了。」然後又參，參過一段時間，又想：「大概他留了一手，悟的法沒有跟我講，可能我參的這個法有什麼地方不對。」又懷疑了。就這樣反反覆覆，疑來疑去。人家是疑神疑鬼，他是疑自己，疑老師。如此這般參上三個月、四個月，「哎呀！算了啦！不可能嘛！應該要有一點什麼消息嘛！什麼也沒有。」然後就退失掉了。他沒有辦法堅持一個長遠心去參。參禪，一定要細水長流，不要像洪水一樣，唏哩嘩啦流過去，沒有了，乾掉了；要細水長流。古人說：滴水穿石，要這樣子才有辦法悟或者見性。

第二種人，他是怕參禪辛苦而退失掉了，沒有長遠心。我們很多人看禪宗祖師的那一些公案，參禪真的是很有趣。有時候給他一拳，有時候大喝一聲，有的時候是一腳就把他踏倒，一下就悟了。可是我參禪參了這麼久，每天跌跌撞撞，不曉得撞過幾次，怎麼還沒有悟？祖師參禪那麼活潑、那麼親切，為什麼我參禪這麼痛苦？沒道理啊！

我們要知道：以前祖師們參禪訪道，要尋找一個明師，都是要穿草鞋走路，大拇指走到都結了繭，辛辛苦苦好不容易找到一個明師，這一跟下去就是十幾年，二十幾年。不要看他們那些故事裡開悟只是那樣短短的一段，或者那樣短短的一頁，但是在這一段、這一頁之前，那一些辛苦慘痛，都沒有記錄下來。我們只看他這一頁、這一段，然後自己就希望不經過前面那一段十幾年的辛苦，只要那一小段，我們讀下來只要幾分鐘就悟了。天下哪有這麼便宜的事？參禪、體究念佛，本來就是很辛苦的事情。參禪不要怕辛苦，怕辛苦的人不能堅持到最後就會退失掉。

第三種人，他是一種懦弱的心態，受不了打擊的人。因為生活上、感情上、事業上的打擊，他受不了，不參了，自暴自棄。人，真是奇怪，有一種人感情上受到打擊，或者事業受到打擊的時候，他會回過頭來探索：「我究竟為什麼活在這個世間？」然後他會一頭栽進去，很精進的去參禪。

但是就有這一種人，一點輕微的打擊就受不了，覺得什麼都沒有意思了。兒子不孝，我三天沒心情參禪；被人家倒了一筆債，我三個月沒心情修道。這樣的話，就不會有長遠心。所以不能怕打擊，打擊越厲害，挫折越厲害，我們越發要奮起。挫折的本身是一種痛苦、一種煩惱，我們應當要突破這種煩惱，突破這個困苦來求取解脫，以後再也不要被痛苦所折磨。應當這樣，然後參禪才能有長遠心。

第四種人，他懷疑究竟有沒有未來生？究竟有沒有過去生？所以一神教的信徒不容易跟禪相應。因為他們認為：「每一個人都是由一個造物主所創造的，不是從過去生延續到今生來。然後人到未來生去，是要生到天國去，根本不需要去求開悟，因為到了天國就永恒不滅。」所以求悟做什麼？不需要，所以不會去參禪。

有的人不同，他是信心不具足，雖然聽善知識開示說有過去生、有未來生，但是他心裡面還是有懷疑。我們應當要相信真的有過去生，人不是造物主所創造的。人因為有過去生，然後經由父母和合的因緣、飲食的因緣能夠有人。但是我們每一個人的生命的本體，都是從過去生延續而來。

如果人是上帝創造出來的話，人應該每一個人都一樣的健康，一樣的英俊漂亮，一樣的有福報，或者一樣的窮，或者一樣的醜陋多病。因為沒有過去生的因，只有現在被創造的因，所以人生來應當都一樣，男人都是一個模子長出來的，女人也都是同一個模子出來的，都一樣。但是為什麼有些人同一天，同一個時辰，同一秒出生的，結果福報不同、相貌不同、性別不同、健康醜陋各不相同？一定有過去生的一些因在裡面，加上今生父母的緣不同，所以會有種種的不同，因此一定是有過去生。既然有過去生，我們就要知道，可能在過去生，我們已經參禪很久了，今生很可能悟的因緣已經成熟了，要悟可能就在今生。這樣子沒有懷疑，才會有長遠心。

有的人心裡面想：也許沒有未來生。如果沒有未來生的話，我今生放棄了各種的享樂，電影不看，錄影帶不看，遊山玩水不去，好吃的不去享樂，辛辛苦苦在那邊食不知味，睡不知眠，放棄了享樂來參禪，多愚癡！沒有未來生的話，我悟了又作什麼？要是沒有未來生的話，我今生萬一沒有悟，我今生不是白白吃苦了？懷疑了，所以不相信有未來生，參禪就不會有長遠心。不相信有未來生的話，就會想：「只有一生，悟了以後還不是要死，我悟了作什麼？還是一樣過一生，不要求悟了。」所以參個三兩天，只是想要嚐一嚐萬一我悟了的話是什麼滋味？只是好奇而已，這樣的人不會有長遠心。

其實我們應當要了解，人既然可以從過去的不同而有今生的不同，人必定也會從今生到未來生去，所以一定是有三世的因果存在。相信有今生、有過去生，有未來生的延續不斷，才能夠有長遠心來參禪。

參禪即使今生不悟，至少可以保住人身，更何況還有命終的時候開悟的人呢！在《楞嚴經》裡面講：「臨命終時，純想即飛，必生天上。若飛心中，兼福兼慧，及與淨願，自然心開，見十方佛，一切淨土，隨願往生。」那就是說，今生不悟，死的時候是一個絕好的機會。參來參去，找到很多答案，說這個就是真如，可是善知識都說不是。到了臨命終的時候，因為本身不造惡業，一直在參禪；參禪是純想，純想的心不會墮落，純情的心就會墮落。參禪是純想的心，這樣的心一定往上飛昇，而這個時候如果今生有修福德，而且有修慧業──也就是參禪的業，那麼這個時候自然就會心開，心開就是開悟了，明白什麼是真如了。

我們活著的時候，因為有五陰遮蓋我們，所以要明白真如很困難。死掉的時候，色身壞了，受、想、行也停了，然後意識也壞了，在中陰身未生之前，那個時候剩下的不就是真如嗎？那不就是本來面目嗎？父母未生以前就是這個。這一下就悟了，這一悟，十方諸佛自然感應了，你要到哪一個佛淨土去，都可以去。所以我們要有長遠心，絕對不要放棄參禪。

如果是沒有因緣學參禪的功夫，那倒不如勸他乾脆就學持名念佛，求往生極樂世界，來得單純爽快，乾淨俐落，也不需要那麼辛苦，牽牽絆絆。如果說已經學會參禪的功夫了，無門之門已經找到了，就應該要有長遠心，堅持到底，絕不放棄，因為禪悟的時節因緣不可逆料。有的人參到後來很不耐煩，因為老是停頓在這個地方。雖然起了疑情，住在疑情裡面很久了，可是始終沒有消息，無法開悟。有的時候心灰意懶，打算要把它丟了，就在這個時候，很可能突然的一個巨大的聲響，或者有親朋好友突然間肩頭一拍，大叫一聲：「某某人！」你就悟了。

因緣時節真的很難預料。悟，可能是來生，可能是十年後，可能是一年後，也可能是一個月以後，也可能是一個鐘頭以後，也可能是一秒鐘以後。時節因緣很難預料，往往就在我們準備要放棄的時候，一下子開悟了。所以要有長遠心，不然也許在下一個鐘頭就悟了，我們卻放棄了，這一輩子就沒有希望了，只好等下一輩子了。所以參禪應當要有長遠心，不要怕辛苦，也不要懷疑有沒有過去、現在、來生，也不要怕參禪辛苦，一定要堅持到底，絕不放棄，這樣我們才有悟的因緣。

第五則、要除掉私心和諍勝心：除掉私心的意思就是願意與眾生一起得法，也就是說，修禪不只是為自己一個人修，悟了以後要把我們走過來的那段路程告訴有緣的人。有的人有一種心態不太好，認為幫助別人悟了以後，別人就跟自己一樣，那自己就不能高高在上了。有這個心態的時候就沒有辦法悟，因為這是一種私心，私心就是「我」的執著，有一個「我」在作祟，「我」是一種錯誤的執著，與「空」不相應。真如佛性是空性，欲證空性而以私心、我執來修就不相應，所以要除掉私心。

有一種人喜歡處處佔在別人之上，不肯謙恭低下，這叫諍勝心，這諍勝的心也就是我執。因為有一個「我」跟別人相對，分別我跟別人，究竟誰比較高？誰比較聰明？誰比較有權勢？誰比較英俊健美？有「人」與「我」的分別時，這樣的心態和「道、空性」就不相應。這種分別是事相上的分別、人與我的高下的分別，不是指分別義理。分別義理是需要的，我們留在後面第二十七則談「離心意識參」時再來談。

私心和諍勝心如果不去掉，想要親證真如佛性—空性，是做不到的。所以要心地直爽不自私、不跟人家爭高下的人、謙虛的人、沒有傲慢的人，才能夠與「道」相應，要明真如、要見佛性就比較快，否則就不容易見。

《六祖壇經》裡面說：「師見諸宗難問，咸起惡心。多聚座下，愍而謂曰：學道之人一切善念惡念應當盡除。」那就是說在六祖當年，教界就已經有諍論的現象。諍勝心自古至今都一樣，這是因為禪宗破相，直接顯示真如佛性，所以其他的宗派就開始誹謗，批評禪宗，甚至起惡毒的心。對禪宗能令人真正證悟般若的正法，加以批判誹謗和否定。因此六祖就把他座下的弟子們聚集起來，以憐憫的心態向弟子們說：學道的人，也就是想要親證菩提的人，應該要把一切惡念捨掉，乃至世間執著於修善的那些念也要捨掉，全部都不留下來。所以如果以禪學的權威自居而起諍勝心的話，那麼我們這個賢劫過去了，他還是見不了佛性的，因為諍勝心與空性不相應。

我們初學禪法的人，剛學會看話頭功夫的時候，當別人正在說口頭禪，講野狐禪的時候，心裏難免會起一個念：「你在那邊講得天花亂墜，沒有功夫也是枉然，講來講去都是口頭禪。」心裏面起一個這樣的念，像這樣一個念也算是諍勝心。所以如果遇到有人談禪說道，但是沒有功夫，話頭也看不見，我們應當要告訴他：學禪先要有功夫，先要學會看見話的前頭。如果他能接受，再告訴他怎麼樣來鍛鍊看話頭、參話頭的功夫。如果對方諍勝心強，我們就默然不談，不須要在那邊跟他諍論禪法，因為對我們修道無益。

明心見性之後呢，就不會去跟人諍論，因為這一些都是戲論。從真如的立場來看，禪說得再好，寫得再好，都是戲論。我們講禪已經講了五週，這些東西也是戲論，與禪不相干。既不相干為什麼還要講？只是為了幫助大家把修禪的功夫鍛鍊起來，把參禪的知見建立起來，所以才要講。

對於喜歡諍勝、自認比我們殊勝高超的人，我們不要跟他諍論。我們把因緣種下去，如果他能接受，表示他有因緣；他不接受，表示他沒因緣。我們不跟他諍論，因為諍論的心與空性不相應。而且諍論妨礙了我們參禪，所以諍勝的心以及諍論的事情，都要把它除掉，這樣才能夠與空性相應。

第六則、除聰明伶俐心：聰明伶俐是識神的作用，容易落入思惟葛藤之中，想要求悟比較難，要見佛性更難。因為聰明伶俐的人，禪學方面的書籍讀得多，那就不肯死心蹋地修學功夫，沒有看話頭的定力。這種人能夠廣閱經藏、深入思惟；當他讀過第一義的經論以後，透過思惟就自以為是悟了，卻不知道經律論是佛法名相，從思惟而得的大多會落入識神之中。因為識神沒有形像的緣故，從思惟悟入的人不能夠分辨，所以就把一念不生的定心或者明白靈覺之心當做是真如法身，然後就以自己思惟所得、與經典所講的第一義、在表相上雷同，便自己印證為悟。從此能言善道，雖然不是故意，卻誑惑了一切還沒有悟的參禪人，然後這一類人會互相標榜；而一切尚未悟得根本的禪子們，不能夠明辨究竟是或不是，就會相信他是悟者。

這一種人講禪說道，都不會錯誤，以祖師的語錄來講不會錯，以了義經來講也不會錯，如果再利用廣告媒體宣傳，便可以廣立道場，多聚徒眾，一般人就把他奉為大師。接下來他就開始為佛子們講禪，講禪的時候就難免以定為禪，以聲聞法的空為禪，以緣起性空為禪，以離念無念為禪，以清明靈覺之心為禪。但是因為說禪之故，就不免要引述禪門祖師的公案來講，因此漸漸的就累積了許多錄音帶，整理後就出書了。如果是講祖師的公案就會錯了，這是因為聰明伶俐思惟而得，不是體驗得來，落入識神的緣故。

這種人凡是講到祖師的公案十有八九會講錯。沒有悟的人不能夠辨別，唯有親證真悟的人、真正見性的人、不從思惟而得的人，他兼具差別智和擇法眼以後，才能夠辨別他的錯誤，才能夠知道這個人是不是真的悟。那就是說聰明伶俐、意識思惟會落入識神之中，把定心或識神當做是真如，所以解釋公案就會錯誤。

能夠閱讀解說經、律、論，倒背如流，很稀奇，但是沒有用處。研究經、律、論，是世間的學問，所得的是世間的名聲，和解脫不相干。唯有真正明心和親見本性，才能夠真正深入經藏，因為是他親證的緣故。所以參禪的人應當遠離聰明伶俐的心態，才會死心蹋地來修學定力，有了定力才能夠參禪，否則不免弄識神，為法所縛，不能入禪。

第七則、要遠離妄心：

所謂妄心就是貪戀世間的心。世間就是指五陰、六塵、三有。五陰是什麼？四大所成的色身，再加上妄心，也就是苦受、樂受、不苦不樂受，能夠起思惟能起作意的想，身、口、意、透過時間、空間運作的各種行為，以及眼、耳、鼻、舌、身、意，六種神識。色、受、想、行、識，就是世間。

每一個人，都是一個世間，每一個有情眾生就是一個世間。動物有動物的世間，天有天的世間，修羅、餓鬼、地獄，各有他們的世間。這些世間不離六塵：眼所見色、耳所聞聲、鼻所嗅香、舌所嚐味、身所受觸、意所知法，這就是五陰相對存在的世間。

五陰六塵不離欲界、色界和無色界。我們所貪著的世間，在欲界六天以及物質世間，所貪的不外是財、色、名、食、睡，色、聲、香、味、觸，稱為五欲。因為五欲的貪著而對五陰起貪著。五陰是三界裏面的「有」。欲界的「有」，具足色身、具足受、想、行、識。

在欲界之中受四種的食物，而使五陰生長滋養，所謂團食、觸食、意思食和識食，四種具足。因為五陰要存在世間，必需要具備這四種的食物，這四種的食物相對於六塵而存在。團食就是說這個食物是有物質的，有形象的、有香味的、有顏色的，這是我們這個物質世間的人的食物，所以有飯、麥、玉黍蜀……等各種的食物。因為團食就有觸食，我們因為五陰的存在，為獲取五陰所需要的能量來源必須要從各種的物質裡面去獲得，所以我們吃一切的食物。這一切的食物必需經由接觸—色身的接觸才能夠受用。這些食物的硬、軟、脆、香、臭、酸、甜、苦、辣、甘、澀各不相同，因為這個觸食然後產生喜樂或者是厭惡，然後有了意思食，意思食是從識食而生，因為我們人有識，能夠分別這個食物好不好，喜歡不喜歡，然後就生起了法。這些法就是識的食物，喜歡就再去獲取，多吃一口，厭惡就趕快把它丟掉，這是意思的食物。總括而言，世間就是五陰、六塵、三有，皆不離識食。

當我們在參禪過程之中，發覺到心攀緣世間時，我們要能夠立刻發覺，發覺的當下就已經回到疑情了。我們在小止觀裏面講五蓋，其中有個掉悔蓋。掉悔就是掉舉和悔恨；掉就是掉散、掉舉，心到處攀緣不能安住。到處攀緣是從一念無明開始，突然間起一個妄念，心裡沒有覺察，跟隨妄想不停攀緣下去，就離開了參禪的話頭，離開了疑情，這妄想一直連續下去叫做掉散。等我們發覺時可能是十分鐘以後，可能是半個鐘頭以後的事了。然後就狠狠的打自己一巴掌，心裡就破口大罵：「我是個渾蛋，怎麼離開了疑情，離開了話頭，我這哪裡叫參禪？以後千萬不可以再打妄想。」這就叫做悔。

有掉有悔，表示這個人攀緣很重，功夫差得很遠。功夫好的人有掉無悔，當下已經立刻回到疑情，回到話頭了。有掉無悔才是有功夫的人。真正無掉無悔是禪定法門中第四禪的境界，與禪不相干，這裡不談。

參禪人在參禪的初期要常常思惟五陰的虛妄、六塵的虛妄、三界之中各種「有」的虛妄。那麼「色界有」不一樣，「色界有」沒有團食，只有觸食、意思食、識食。到了無色界只有心，這個時候雖然沒有團食沒有觸食，只有意思食與識食，仍然是個「有」，所以執著有一個心，有一個能知能覺清楚明白的心就錯了，能知能覺能見能聞那還是妄心，這一些妄心都要遠離。

但是能知能覺這個心我們固然不去執著它，卻要用它做為工具來參禪，所以不能捨棄。捨棄這靈明覺了、昭昭靈靈的心就成為一念不生，就無法參禪，而落於定境，所以應當用它而不執著它。

第八則、要遠離生死心：生死心從哪裡來？生死心從貪著五欲、名聲、財物、權勢、眷屬而來。世間人貪著於財物，錢財不嫌多，愈多愈好。菩薩也不嫌錢財多，但是菩薩希望錢財多，是為了眾生。凡夫希望錢財多，是為了積聚；控制在手裡，最好是有進無出，不怕脹死了。其實錢財應當有進有出，所以人家買房子時，沒有後門的不買，因為會脹死呀！錢財要有進有出，不能只進而不出，所以菩薩如法求財，多多益善，但是求來的錢財就是用來布施，用來弘法利生，不是為了積聚。

一般眾生對於五欲最大的執著還是淫欲，《圓覺經》講：「一切眾生，皆因淫欲以正性命。」欲界世間如果沒有淫欲就沒有有情眾生，而眾生在世間之所以輪迴的最大的根源就是淫欲。淫欲的斷除很難，我們不苟求學禪的人斷除掉，因為這個是三果向才能除，三果滿足才能貪瞋之心俱斷，所以「在欲除欲」不容易。

我們要說明的是：一個參禪的人應當心心念為明心見性、了生脫死而用心。如果對於淫欲的執著很強烈的話，那他就沒有辦法參禪，所以淫欲應當遠離。因為欲的關係，所以兩兩有情互相貪愛，結果就種下了未來生繼續再執著求取、追求的那個境界裡面，便具足了後有的種子。所以《楞嚴經》講：「不斷貪欲，求出輪迴無有是處。」我們在家參禪的人，目的是要求取解脫，離開輪迴，也助眾生解脫輪迴。因此對於欲，應當抱持這樣的態度：未來的時候不憧憬；已經因緣成熟必須履行這個義務的時候，坦然去做，不因不能離欲而起煩惱；已經過去了，絕不留戀，絕不回憶。要以這樣的心態來對待，才能遠離生死之心而又不致引起配偶不滿，阻礙參禪。

名聲是絕大多數的人難以捨離的。追求名聲之目的就是為了讓自己在世間有地位，讓人恭敬，所以追求名聲。世間人有錢有勢之後便求名聲，所以做學問的人要立言、要立德，做官的人要立功立德，目的是要名垂千古。這個求名垂千古、流芳萬世的心，就是生死心。真如之中沒有名聲可言。

名聲是誰得？是五陰得。所以，如果是為了摧邪顯正，利益眾生，不得不寫書的話，最好用筆名，不要用真名。即使真名也是假，因為名聲是什麼？是五陰得的嘛！有人說蕭平實寫了一本書《無相念佛》，反應不錯耶！那這個名聲是誰得的？是蕭平實這個五陰得，跟我不相干。留芳千古，名垂萬世，到了來生，蕭平實是蕭平實，我是我。來生的我不叫蕭平實，所以名聲是假的。

求取名聲為的是什麼？為的是今生這個五陰的恭敬利養。名聞於世間以後，財物的供養接在後面就來了。所以這個也是生死心，因為追求名聲就是為了這個五陰的受用，而真如沒有受用。所以求名是生死心。等而下之求權勢，那就更是生死心。求權勢的目的是什麼？為的就是支配眾生，支配眷屬。這一些都是生死心。

又譬如說有因緣跟大家一起共修，心心念念就在注意現在共修的人是多了還是少了？人愈來愈多便好歡喜，人愈來愈少時，就想：「怎麼會這樣呢？」心裡就悶悶不樂，這叫眷屬欲，有這種心態就是生死心。人多了，心裡喜歡！為這個五陰喜歡，跟真如不相干。人少了悶悶不樂，是為了這個五陰悶悶不樂，和真如不相干。

希望廣招徒眾，名聞天下，也是生死心。所以參禪的時候不要去打妄想：「我如果悟了，一朝天下聞。」古人說的「十年窗下讀」就不管它啦，我們心裡想著「十年苦參禪，一朝天下聞」，這樣離悟就遠了啦。我們不是為了名聞天下而參禪，是為了自己和眾生的了脫生死而參禪。

對於名聲、財富、權勢、眷屬的貪著，都是我們輪迴生死的根源，這叫生死心。所以對於這些東西都不能貪著，應該一步一步的去觀照，有這些貪著就要把它去除掉。我們要怎樣除掉這些貪著呢？如何去除生死心呢？那就要在兩個時段去思惟。一個時段是在靜中不受人家打擾的時候，去思惟這一些五欲（色、聲、香、味、觸）、名聲、財富、權勢、眷屬都是無常。然後再去思惟我們為什麼會去貪著這些東西？

除了靜中的思惟以外還要在歷緣對境之中以無常觀來對應。這一些東西都因為一期的生死而有，因為這一生的五陰而有，這個五陰壞掉了，這一些東西就全部都不屬於我。用無常觀，用因緣假合的這一種觀念來對應，然後這種生死心就會漸漸的去除掉，這是我們參禪的人在參禪之前，應當去思惟去除掉的一些貪著。除掉這些貪著以後，貪戀生死的心就不像以前那樣強烈，貪著世間的煩惱便漸漸減少，出離生死的心就會隨之增多，而比較不會忘失話頭，可以常常在禪法上用功。

第九則、應發大願心：我們在學佛的過程之中會接觸到很多的人，我們所接觸的學佛人之中，有念佛的人，有參禪的人。接觸一段時間後，我們會發覺，念佛的人一般說來比較願意付出，比較願意修福，因為淨土門中講：要往生極樂，應當要修淨業三福。所以念佛人普遍願意供養三寶、恭敬供養師長，布施有情眾生。參禪的人不一樣，比較自私一點、傲慢一點、聰明伶俐一點，所以參禪人普遍存在一個現象—是我不服你，你不服我。只有對於禪學的權威，有大名聲、有大道場、有廣大徒眾的善知識才願意低聲下氣。有很多參禪人有一種現象就是希望自己趕快開悟，別人能不能開悟並不在意，幫助別人開悟的意念很微弱。他求悟的目的是為了自己了生脫死，而不是為了眾生。在修禪的道場裡面普遍存在這幾種心態，有這些心態的人，想學聲聞法都不夠資格，更別說學禪。

修禪的目的是要明心見性，明心見性是大乘菩薩人所修的法。「菩薩從大悲生」，菩薩生生世世、無量劫之中，與一切有情眾生在一起，為了不忍眾生輪迴生死憂悲苦惱而常住世間。所以只為自己求了脫生死的人不是菩薩種性，與明心見性的菩薩法不相應。

急著想求了生脫死，是誰要了生脫死？是有一個「我」要了生脫死嘛！因為有「我」所以要急著了生脫死，那麼這個「我要了生脫死」的本身就是一個執著，所以參禪不要心裏面常常起心動念要了生脫死，這樣就離開了禪法，就不能夠了生脫死。

參禪時間很久而還不能夠悟入；或者悟了之後始終過不了重關，見不了佛性，就要趕快發大願：願自己趕快得悟，然後幫助眾生一樣得悟。願為了廣大的眾生而求見佛性，如果能夠見性的話，願意趕快去幫助有緣眾生也可以眼見佛性。這個願必須要發，不是為了自己一個人了生脫死而參禪。

還要發個大願，願意在悟後廣學差別智，深入經藏，這樣可以建立擇法眼，可以具備各種的方便善巧，然後巧設方便，不捨中下根性。應當要發這樣的願，有了這樣的願以後，要明心、要見佛性就容易多了，所以要參禪之前應當發大願心，這是第九則，我們今天就談到這裏。

第十則、隨時隨地不離參禪：參禪，有許多人一直以為一定要躲到深山野外沒有人打擾的地方去參禪，其實參禪不一定要這樣。自己一個人去荒郊野外搭茅棚，精進參禪當然很好；但是，對我們現代的人而言，並不是每一個人都能有這樣的福報。而且禪的參究應該是把握一切的時間，隨時隨地的參究。

既然已經會看話頭、會參話頭了，那就應該動靜之中都不離開話頭，就沒有什麼時候不能參禪了。所以，燒飯、洗衣、擦地板、擦玻璃、穿衣、吃飯、坐馬桶都是參禪的時間。很累了，晚上躺下來要睡覺了，枕頭上也好參禪。上班的時候，走到車站的路上以及等車乘車的時候正好參禪。辦公的時候，單純的事務，不須要用到思惟時，正好參禪。出差時，旅途上最好參禪。忙的人正好參，因為忙的時候，法身慧命出生的因緣最多。

有人說：「我閒著沒有事幹。」我說：「那時正好參禪。」走走路、跑跑步，經行、東摸摸、西看看，最好參禪，因為沒有人打擾嘛。我們常說：「舉足下足正是參禪最好的時候。」散步不是最好參禪嗎？所以閒居的人最好參禪。我們學禪的人就是要把握一切的時間，在一切的場所都要去照顧話頭及疑情。

又有人說：「參禪要一付好體格，好氣魄。像我這樣病歪歪的，參什麼禪？古來禪師都是很有氣魄，都很有氣力，我哪裡能？」錯了，病歪歪的，生病的時候，躺在病床上，在醫院裡沒有人打擾，看看護士來來往往，看看隔壁床的病人在那裡呻吟，正好參禪啊！所以參禪應該是在任何一切的時間，一切的境界，一切的因緣裡頭來參。因為隨時隨地都可能有法身慧命出生的因緣出現，不一定是要禪三或禪七。那就是說，精進修禪的人應當把握一切的時間和因緣，專心的去照顧話頭、照顧疑情，這樣精進參究三十年不悟的話來找我，我的頭砍下來送給你。

第十一則、注意安全，因時因地制宜：

我們現代人跟古時候不同，職業不同、生活方式不同，思想也不同。古時候的人是農業社會，日出而作，日入而息。耕過田、放過水、插過秧、抹過草，就沒事了。我們現代的人，每天要忙，一週之中只有一天或一天半的時間休息，大家都很忙，忙的時候往往在安全上出問題。

台北人的腳步特別快，大家趕時間。走路的人趕時間，開車的人趕時間，騎機車的人更趕時間，所以交通事故很多。因此，雖然說，隨時隨地不離參禪，但是在路上要稍為留神路況，可別在路上進入疑團裡，那就麻煩了。遇到了紅燈不知道要停而騎過去；綠燈亮了不知道要走，後面的人一直按喇叭。被後面的人按喇叭還好，如果是闖紅燈，安全可就有問題了，所以參禪要看情形。在路上行進時，看著話頭就好，不要參。照顧話頭不會丟掉就好，不要去參它。參，要在不關緊要而沒有安全顧慮的情形下再去參。

有時候我們執行的工作，對自己或對家庭、或對別人有很大的利害關係，譬如說，管帳目的人，如果參得天昏地暗的話，該加上零沒有加，不該加的加上去兩個零，這一差可就差遠了，就要害得大家抓帳抓上老半天。所以要注意，處理這一類的事情時不要去參它。有些人的職業本身有危險性，譬如有的人在做化學試驗或是操作機械，那個機械本身或者化學藥品具有危險性，那只要看著話頭就好，不要去參。在安全沒有顧慮的狀況下，我們才可以去參。

參禪要看不同的狀況，來決定我們修禪要怎麼用功。例如我們在家裡面，安全顧慮比較少，但有時候也會有些小毛病、小問題。第二次禪三有位羅師姊見性了，他在禪三之前參禪的時候，正在家裡燒開水。爐火打開了以後開始參，參到後來，住在疑團裡面，忘了爐火。結果開水燒乾了，還在參；後來把水壺燒紅了，她的家人發現了，大叫一聲，她才醒悟過來：「啊！我的水燒乾了。」這就是說現代的人跟以前的人不相同，所以我們在參的時候要小心，不同的時候，要作不同的處理。

以前有個科學家，正在做研究的時候，因為要吃蛋，便隨手拿了放進開水裏去煮，等到想起來該吃蛋的時候，才發現蛋還在桌子上，開水裡煮的是什麼？是手錶。因為在參禪的過程中，這種丟三忘四的現象隨時都會出現，所以居家參禪，或是在路上、或是從事特殊的行業，都要特別注意，必須因時因地制宜，不要一頭栽進去，就把有危險性的那些事情都忘掉了。如果參禪參到忘了轉方向盤，往山谷衝下去的話，你以後還有機會參禪嗎？沒機會了。當然也有一種可能，衝下去的那一剎那你悟了。如果沒有悟的話呢！那多冤枉啊！因此，要注意安全。

第十二則、睡眠要充足：參禪很耗費精神，需要體力，所以睡眠要充足。一般人睡眠大概八個鐘頭，有的人天生睡六或七個鐘頭就夠了，那是他有福報。有的人生下來就要睡九個鐘頭或十個鐘頭。所謂睡眠充足也是因人而異，只要能夠讓精神體力充沛就可以了，要依個人的狀況保持充分的睡眠。

有的人會提出異議：「我們禪七時只睡六個鐘頭，為什麼你們平常參禪要睡八或九個鐘頭？」但是我們要說明的是禪七與數息七不相同，如果是數息七，睡六個鐘頭即足足有餘了。數息數得好的人、會修定的人，他睡四個鐘頭就夠了。因為睡四個鐘頭起床時，雖然還是睡眼矇矓，但是他上座以後便「只管打坐」，連數目字也沒有，一下子就進入一念不生的狀態裡去了。他愈坐精神愈好，所以他只要睡四個鐘頭就夠了，不須八個小時。但是參禪與數息修定不一樣，參禪要體力充沛，要睡眠充足，如果睡得不夠，體力不夠，精神萎靡，疑情便無法凝聚，所以參禪時睡眠一定要充足，千萬不要把每天該睡眠的時間，挪出來參禪，因為這樣沒有什麼效果。

至於有人主張參禪到第四天或第五天一定要熬夜—熬夜才能開悟。但是那麼多人熬夜，熬下來之後有沒有開悟？還是沒有。為什麼？因為一個晚上熬下來，坐在那裡不是參禪，而是一直在那邊行禮呀！一直在跟周公點頭啊！坐在那裡不是在參禪，而是在打瞌睡。一個晚上打瞌睡、沒睡好，接下來白天也在打瞌睡，所以整天都在打瞌睡，哪裡悟得了呢？

在真正的禪裡面，熬夜也不會打瞌睡的，那就是功夫上手了，知見也具足了，疑情被主七老師引導提升到最高點了；這個時候全心全意就是要把真如佛性弄清楚，把一切的妄想丟下來，專心的參。參了一天沒有參出來，主七老師說放香了，統統趕去寮房睡覺。可是就奇怪了！躺在床上該睡覺的時候，眼睛望著天花板，烏漆麻黑的睡不著，因心都被疑情籠罩了，沒心情睡覺。但是那並不是故意不睡，而是自然而然產生的，所以不必勉強在禪七的第幾天熬夜。如果沒有疑情，連續熬上十天也沒有用。

當你有疑情有功夫的時候，叫你去睡覺，你的眼睛想要閉也閉不起來，心裡想該睡了，不然明天沒精神怎麼辦？可就是睡不著，因為疑情很強的緣故。那是因緣已經成熟了，因緣已經到了，那時候，精神非常旺盛，心力非常強，功夫才能夠成片。所以熬夜參禪必須是有疑情，在精進共修的期間參到忘了身心世界，自然而然不想睡眠的時候才用。如果是自己平常的參究，還沒有到這個階段時，不要勉強熬夜去參，因為勉強熬夜的結果，只有導致昏沈和散亂，所以，平常的參究是應當要細水常流，不能像精進共修參禪的方法參。細水常流就要保持充足的體力、充分的睡眠。

第十三則、要注意飲食營養：參禪跟數息不一樣，數息功夫好的人到最後改為隨息，或用止、或用觀的方法，那他不需耗費多少能量。我們人體耗費能量最大的器官，就是頭腦—腦筋。把我們的手腳很緊的綑綁起來，還可以支持十分鐘沒問題，但是，如果把脖子上的動脈壓緊使血液不通過，一分鐘就受不了。我們一個人做很多工作，以及體力的勞動，一餐要吃兩碗飯，讓他來坐辦公桌一段時間以後，他變成一餐吃一碗飯。從事體力勞動的人一餐吃三碗飯，叫他坐辦公桌之後，過了一週他只剩下吃兩碗飯。那就是說，雖然多做了很多的體力活動，他多耗費的只不過一碗飯的能量而已。坐辦公桌以後，雖然不需做粗重的工作，還是要吃兩碗飯，這兩碗飯的能量大部份是使用在我們的腦部。

我們參禪跟數息不一樣，數息不會用功的人，一個呼吸或兩個呼吸之後，打妄想去了，這樣的人消耗能量比較多。稍為有一點功夫的人，他不會有許多妄想，他的妄想就是數目字，一個呼吸一個數目字，他耗費的能量比一般人少。如果他會用功夫，用隨息法而沒有妄想，耗費的能量更少。所以他的飲食雖然營養不高，量也少，仍然不會流失體力。打數息七，七天下來，吃不好也沒有關係，他也不會瘦下來，因為耗費的能量少，這是數息七。

參禪不同於數息，尤其是精進在參禪的人，隨時隨地照顧話頭，隨時隨地在參究，他的腦筋一直在使用，所以他耗費很大的能量。因此，有許多人精進參禪的初期兩三個月，很容易餓，飲食的量也變大。容易餓是正常的現象，所以，以前叢林裏，舉辦精進禪七的時候，一天吃五餐，那是真正在參禪的人。如果是數息七的話，一天吃五餐下來，一週以後會變胖了，因為數息不須耗費多少能量。但是參禪不同，精進禪七人員在睡前要吃點心，因為很多人在疑情籠罩的狀況之下，一夜都不可能睡覺，都在疑團裡面，所以睡前不吃點心的話，會把他餓壞了。所以我們精進禪三共修時，睡前一定要有個點心。

平常飲食方面，最好要自己注意營養的均衡和禁忌，身體寒的人，少吃生冷的東西。身體熱的人，少吃痲油、荔枝那一類的東西，免得參禪的過程中遭致身體方面的障礙，四大不調，影響我們用功。所以在飲食方面要特別注意調養。尤其是某些人，身體上有特殊的狀況，自己平常就要特別留意。參加精進共修前須先將自己的飲食禁忌告訴外護人員，以免妨礙參禪。

第十四則、暫離一切外務的攀緣：這個意思不是叫我們把職業辭掉，專心去參禪。沒那麼嚴重啦！雖然生死大事非常重要，但是還不必辭掉我們的職業。我們講的是；除了職業需要的工作以外，一切的外務攀緣應當要暫時的捨離放下。譬如，我們主張修禪之前，應當要先修集福德。修集福德有很多方法：慈濟眾生、布施無畏，其他例如蓋寺廟、供養三寶、參加法會、拜懺、朝山、抄經、拜經、勸募，這些都可以培植福德。

培植福德過了一段時期之後，我們便有因緣，遇到了善知識，讓我們學會看話頭的功夫，也會參話頭、參公案、思惟觀，讓我們找到了禪的「無門之門」。這個時候，就表示我們的福德因緣具足了，到了這個階段，就差臨門一腳。只要有個人在屁股後面狠狠踩一腳，我們就進門了，這個時候等的就是一個時節因緣。已經到了這個地步，我們就要暫時把那些跟參禪不相干的外務攀緣全部暫時停下來，專心的來參禪。

以前我個人也很熱衷於護持某道場勸募辦活動，但是在「見山不是山」的過程裏打滾了一年半，還是沒有消息之後。你們知道嗎？觀世音菩薩怎麼跟我講啊？只有兩句台語：「開悟哪有那麼簡單？心肝那麼沒閒！」意思就是攀緣太多了。所以我聽到這兩句話以後，就把一切的攀緣丟掉。從此一切的會議不參加，把所有的活動推辭掉，躲在家裡專心的參。整整十九天之中，電視不看，報紙不讀，電話不接。食不知味，睡不知眠，參得昏天黑地，到第十九天才算走過來。這兩句台語，我就轉送給諸位：「開悟哪有那麼簡單？心肝那麼沒閒！」

所以參禪就是要很專注，不要攀緣。職業上必須要做的事情，我們繼續要去做，要盡我們本份去做好。除了職業和家庭中，我們應該履行的義務以外，其他一切修福的活動要全部暫時擱下來。與參禪不相干的那些事務，我們稱之為教相，都要暫時放下。那些法會、朝山、勸募、聯誼……等活動的目的是什麼？目的是在去除我們的貪心、瞋心、培養我們慈悲忍辱的心、目的在調柔我們的心性。心性調柔之後，我們的福德也有了，我們便能遇到真知識，因此能建立起參禪的功夫和參禪的知見。此時我們修慧的條件具足了，便應當把過去所修的福德迴向明心見性，把那些福德作為我們進入正法大道的助緣。如今我們既然找到了佛法真實的入理的大門，就應該暫時放下一切的教相，一心精進的來參究。

《華嚴經》卷十四有一首偈：「若於念念中，供養無數佛，不知是方便，彼猶非供養。」一個修行人修到能夠念念供養無數佛，這個功夫真是不得了。但是從真實之理—真如佛性來講，這個仍然只是方便觀行的功夫而已，這不是真的供養。《報恩經》裏面說什麼是知恩？能夠悟明心性才是知恩。我們學佛的人，要知佛恩，要知師恩，就要悟明心性才是知恩。

什麼叫報佛恩？報佛恩就是把證悟真如佛性的方法來告訴眾生，使眾生也能夠證悟真如佛性才叫報佛恩、報師恩。所以真正的供養是法供養。雖然每天有水果供佛，但是我覺得那個供養微不足道。到目前為止，我認為我所做過的最好的供養是每次禪三圓滿結束之後，把那些已經明心見性者的報名表拿來供佛，這個供養才算是殊勝，才是報佛恩。

但是報佛恩之前要先知恩，那就是要把一切的福德因緣迴向悟明心性。我們要悟明心性，就要專一，不要到處去攀緣。不要今天辦個聯誼活動，明天一大早去朝山，後天有大悲懺，大後天有梁皇寶懺，接下去要到花市去買花供佛，再接下來要去找人多勸募點錢蓋廟宇。像這樣到處攀緣，我們還有心思來參禪嗎？忙得一蹋糊塗了。所以，已經到了無門之門的前面了，剩下的只是如何找到門鎖的把手而已，找到那個把手，一扭就開了，就進禪門了。為什麼不趕緊去找那個門把呢？為什麼還要到處去攀緣呢？所以到這個階段要做的事情是要斬斷一切的外務攀緣，專心的去參禪。

剛剛舉《華嚴經》的偈，我們已經知道：念念供養如來，尚且只是方便而已，更何況是一般的教相上的執著呢？如果不能夠捨離這些執著，想要會禪，那就難如登天。所以，六祖大師跟我們開示說：「若著相於外，作法求真。或廣立道場，而說有無之過患，如是之人，累劫不可見性。」六祖這些話很尖銳喔！但是，因為他是六祖嘛！他有佛祖傳下來的金襴袈裟，所以他可以這麼講。我也跟著六祖這麼講，是先準備好了挨罵的。

著相於外，而作法求真，那就是說，總是在祖師所講的語錄公案上頭，執著那些名相、語言文字；然後，一天到晚在講這些法，想從這些法裡要找尋一個真如，這樣就錯了。不應當去講那些公案，應當專心去鍛鍊功夫，然後努力參究，向自己腳跟下，自己的心裡面去探究。如果到處蓋道場，大江南北都有道場，在那些道場裡一天到晚說這個就是悟，這個就是沒有悟，這就是「講有無的過患」。一天到晚裝著開悟的樣子談禪說悟，自己卻不求悟，像這樣的人，六祖說：「累劫不可見性」，也就是說，這種人在無量無數劫後，仍然無法見到佛性的。

從六祖這段話裡，我們就知道，自己不肯努力去參究，而聚集徒眾一天到晚拿祖師的公案、語錄、生平來說他們的那些風範，他們的悟的現象，悟的過程，這樣的人，就是向外攀緣。這種人想要求悟，求見性，非常非常的困難。因為，心一直向外攀緣，不肯老老實實的向自己的腳跟下去參究，所以不能見性。

第十五則、常念生死無常：初學佛或者初學禪都一樣，都應該要多思惟生死無常。生死是指我們這個五蘊，無常是指時間、空間。所有世界，包括我們這個五陰，都是無常。參禪的人，一定先要有一個動機，那就是想要了脫生死。而了脫生死這個動機生起的最大原因，就是因為無常的觀念而激發出來。

初學佛的人，常常會聽人家講無常。沒有學佛的人也常常會聽老人家講人生無常。所謂的無常，是因為一切有情眾生都在時間與空間的侷限之內，所以叫做無常。時間的侷限，是指分段的時間，人的分段的時間，就是以一個五陰的生死為一段期間—出生之後到死亡，這樣是一段時間。因為有時間，所以一定會過去。而有時間的關係呢，就必定有生死，藉著生死而經過這一定的期間，這便是無常。

老人家能夠體會到無常是因為常常看見有人出殯。今天老王走了，去送行；明天小張也走了，又去送行。每一次送行時，心裏面都會多出一份感傷。因為「下一個也許就是我啦！」

而其實呢，無常的道理，每一個人每天都在體驗，但是不覺得無常的可怕。一個小孩子或者說一個二十郎當，英俊瀟灑美男子，青春貌美大美人，這個時候我們跟他講無常，他聽不進去；因為他認為「我的人生正要開始，前景燦爛，無常對我來講太遙遠了。」

但是對於一個真正用功在修行的人而言，他常常在體會無常。當他吃午餐的時候，到了餐館看見盤子裏面、碟子裏面，一塊一塊，一條一條是眾生的肉，他就會想到：「唉呀！這個眾生呢，可能活一、兩年，可能活幾個月，成為我的食物了。唉！無常。」

如果有一天他吃素了，沒體會到這一點，但是他會更深入一點，他在路上走的時候，不小心踩死一隻螞蟻，「唉呀，這螞蟻死掉了。」這又是一個無常。

如果，他是生意人，有時候被倒賬，他說：「唉呀，原來錢財也是無常。」如果生意做得好了，那世間法裏面往往有一句話說啦：「商場得意，情場就失意。」如果太太跟人跑掉了或者先生被人釣走了，「唉呀！原來眷屬是無常。」

其實呢，無常每天都在我們周圍發生，只是我們沒感覺到而已。今天買了一個鑽石或者買了一件古董，兩百萬花出去了，換一件古董回家，你就說：「錢財無常，變成古董了。」明天呢古董賣掉了，去買了一棟房子。「古董是無常啊。錢財也是無常啊。」

不動產好像是比較穩定一點，但是呢，過個十年二十年，這房子舊了又要花我一筆錢整修。「這房子原來也是無常。」其實無常一直都在啊，開始往內去觀照的人，他會發覺原來心是無常呢，剛剛還在想：去年遊美國，去美西大峽谷好壯麗。突然又想到：去日本北海道，這個時候應該是蠻漂亮的。

心是無常，一個接一個不停的在延續。那有人講啦，這些是無常，可是我呢，活了幾十年還不是照樣在活著，有人說三十年、五十年、六十年照樣活著，現在還活著，怎麼叫無常？雖然說活了幾十年啦，最多再活三十年五十年好不好？終究還是要壞掉，還是無常。

雖然還沒有面臨死亡，現在想一想，說：「沒有無常啊！我活得好好的，日子蠻好過的。」可是我們仔細想一想：我剛出生的時候只會哭，走路都不會；後來會走，然後進入幼稚園、進了小學、初中、高中、大學、乃至研究所、博士班，一直到現在，在社會上做事。可是今天的這個我卻不是以前的我，根本不一樣。每一個時間都在改變，所以其實無常是一直都跟著我們的。有的人誤以為黑白無常是人死了才會來。不見得哦，我們每天活著，他們每天跟在我們身邊。所謂黑白無常是什麼？我們每天眼睛張開，看到好亮，因為白無常在照──太陽就是白無常。晚上誰在照？月亮在照，那叫做黑無常。就是這兩個黑白無常，一個下去一個上來，一直在交替，每天在催著我們趕快死，這就是無常。一個人出生開始就是走向死亡嘛！

人們每年到了一定的日子，慶祝生日快樂，其實是應該悲哀：「我又少了一年了。」所以世人都顛倒，還在慶祝生日快樂，不知道又少了一年了。所以我不慶祝生日，修行都來不及了，還有時間慶祝生日快樂？「生日淒慘，不是快樂」。每過一次生日就少一年，每過一天，修道的日子便少一天，所以無常一直都在。

有的人講啦：「你說人命是無常，但是世界一直都在。」我們常常跟人家祝壽，壽聯上題的是：「壽比南山。」為什麼要題壽比南山？因為南山很長遠嘛，我小時候見南山，它現在還是老樣子，我父親看它老樣子，我祖父，曾祖父，曾曾祖父，十八代祖先請出來看還是那個樣子。它不變，所以祝賀人家長壽時，祝他壽比南山。

但是南山也會壞啊，南山也是無常。每天下一陣雨它就少一些土沙，太陽照它，石頭又崩裂，每天在分化。植物也一直在吸收它，十代八代啊看來是老樣子，但是如果一千萬年，兩千萬年，又怎麼樣呢？不同了。所以說「滄海桑田」。我們看許多古蹟都是被埋在地底下，以前它們是在地表的。所以世界也是無常。

有人喜歡練氣：練精化氣，練氣化神，練神還虛。還虛的時候還在三界生死之內呢。更有人說：「我要修這不死之丹」。像呂純陽祖師，悟以前他有不死丹，他可以跟天地同壽，但是天地還沒有壞的時候呢，你這個五陰就先壞了。為什麼？因為一個大劫裏面有四個中劫，每一個中劫有二十個小劫，每一個小劫中又有刀兵劫，有風劫、有水劫、有火劫。火劫來的時候，水都乾枯掉了，一棵草也沒有了。你空有這個五陰又有什麼用？還不是要和一切草木一樣全部都燒光？世界還沒有壞，五陰就先壞掉了。

就算能夠跟世界同壽好了，世界在一個大劫以後還是要壞掉，世界壞掉，爆炸為塵沙的時候，你這個不死的五陰留著要做什麼？又放到哪裏去呢？所以呂純陽，遇到黃龍祖師時，黃龍誨機禪師就罵他：「你這個守屍鬼」。好像守著一個屍體一樣，那有什麼用？那不是解脫，是被色身綁住了。呂純陽被罵醒了，後來在黃龍禪師座下開悟而得解脫。

世界尚且是無常啊！何況是我們的五陰？何況是我們的眷屬？何況是我們的財產？所以這一切都是無常。我們思惟生死無常時，還有一個很重要的原因是──死，它什麼時候要來？我們不知道。有的人說：「持齋唸佛啊？那是老人家的事情，我才不過三十郎當、四十郎當，你叫我持齋唸佛？太早了吧！」以前我曾想：「等我修行好一點的時候，我就來度大哥。」結果我大哥五十五歲就走了。他身體好得不得了，能吃能喝能睡能做，從來不病。這機車一滑倒就走了。誰料到是那麼健壯的一個人先走了，不像我病歪歪的現在還在熬。

人，什麼時候要走？沒得準！也許是二十年後，也許三十年後，有的人甚至是五十年後。但是有的人也許明年後年，也許是明天就走了。有個同修，我認為這個人很好，想要度他。起這個念頭還不到半年，找不到機會度他，結果他卻在華江橋被車撞死了。所以呢，死，什麼時候要來不知道。

有的人說：「那還不簡單，我去排個命盤嘛，紫微斗數，天干地支，去排一排。不就知道了？」我跟諸位報告一個故事，真實的故事。民國初年有個名人，當時有個很精通的命相家跟他講：「你會死在水，所以你對水要特別小心。」而這位名人每天有人請他去演講。他住在上海。如果說，要過河的話，他寧可開車繞遠路，絕不搭船。他很小心，要邀請他去釣魚？門兒都沒有。但是，有一天，他匆匆忙忙趕著要出門，趕快去洗臉，洗臉的時候，喘著氣，不小心把水潑進喉嚨裏就嗆死了。還是死在水裏面，逃不過。

有的人說：「既然意外那麼多，我不出門嘛。」偏偏一架飛機失事倒栽蔥，從屋頂上衝下來。有的人在客廳裏看電視，好好的，突然一輛大卡車失事衝進來就壓死了，誰料得到？死什麼時候要來？不知道。

有的人從來不想這個事情，因為他日子過得幸福，身體又健康。有位老人家，開中藥舖，兒子媳婦也很孝順，日子過得清閒，所以他就閒著很有福報，吃飽了飯一定要睡午覺。有一天睡午覺坐在椅子上打瞌睡。這媳婦覺得奇怪：「今天怎麼睡那麼久？」去跟他叫也不應聲，她摸摸他的手冰涼了。睡著就死了，也沒有個徵兆。所以生死是無常。

死是無常，生就一定是無常，因為死後馬上就要生了嘛。所以，往往老爸活了九十幾歲，一百多歲還沒死，兒子五、六十歲倒先走了。來生呢，這老爸是當兒子的兒子了。所以世間的事情說不準。因此呢，我們說參禪要生死心懇切，所以我們凡是修行的過程裏面，遇到有執著有貪愛，放不下，那就去思惟：身是無常，心是無常，眷屬是無常，自己這個五陰是無常，一切的財產是無常，乃至世界都是無常。不管貪什麼，用這「無常」來加以應對，執著就會漸漸地降低了。

有的人很自豪說：「我赤手空拳打下這一片江山。」有十幾億二十幾億，不得了，但是這些錢財都是過眼雲煙啊，只是借給你控制一段時候，二十年、三十年，大不了五十年、一百年後，還是交給別人了。那你說：「沒關係，交給我兒子嘛。」天曉得，這個兒子是過去生你的債主來投胎的咧，今天專門來等你賺錢還給他。結果還是無常，只是一段時間暫時借給你控制而已。

經中常常講：以不堅之財換堅固財。什麼叫堅固財？是聖財！法財！稱為七聖財。因為世間財無常嘛！只有七聖財才是真實的，生生世世跟著我們。世間的財物、眷屬，都是暫時而有，最多也不過幾十年。那凡是參禪的過程裏面，一直放不下：「我兒子怎麼樣，我老爸怎麼樣啦。」放不下的時候，就拿這個無常來應對。

今生你有一個兒子、兩個兒子，過去的無量生也一樣。未來的無量生，如果不是出家或保持獨身的菩薩行，不是童身行的話，照樣有兒子，有什麼稀奇？很多啊！數不完的。所以不必太貪愛，該孝養的孝養，該照顧的照顧，該教導的教導，其他的呢，我們就不必去管他了。因為都是無常嘛，而且這一些眷屬生生世世都有嘛。

修禪的人如果懂得用無常觀來對照的話，我們這種為錢財、為五欲、為眷屬起煩惱心的機會就會變少。所以凡是有煩惱出生的時候，去注意這是什麼煩惱？然後用無常來應對。這樣就不會被那些妄想貪念所轉，而能安住於禪法上用功。

第十六則、參禪應依善知識：參禪當然也可以自己參，但是我們講老實話，自己參是很苦的，因為我是過來人。沒有人幫忙，參禪很苦。自己要怎麼樣去摸索出參禪的功夫來，摸索出來之後還要自己去找出一個參究的方向，究竟要往哪個方向去參？要怎樣去參才對？都不知道。自己摸索非常的困難，非常的辛苦，所以我們講，參禪最好能夠跟善知識來學，因為善知識有大因緣。

《華嚴經》不是講嗎？「善知識有大因緣，所謂化導，令得見性。」這個大因緣是什麼呢？就是說他能夠幫助我們建立修禪的功夫，然後能夠幫我們建立參禪的知見，這些很重要。然後我們這些方面具足了，他能夠幫助我們輕而易舉的明心見性，可以了脫生死，所以善知識很重要。

善知識的重要，不但是對於沒有悟的人是這樣子；乃至於對已悟的人也一樣是很重要，通常一個學禪的人之所以不能夠證悟，原因就在於知見不夠。這就要靠善知識幫忙。有的人，悟了之後看不見佛性，那就是因為功夫不夠，所以悟了還看不見。那麼鍛鍊功夫也要靠善知識的幫忙。

悟了之後呢，有兩種情形也要靠善知識幫忙。有的人悟了，是錯誤的「誤」，誤解了，誤會了，那沒話講。但是有的人呢，運氣好，有善知識跟他說明：「你悟錯了，這不是真的。」這個人因此能夠重新去探究，就不會死在這個地方。

有的人悟了之後需要善知識來攝受，不然會退失掉。譬如學禪，參究很久，有的人進入初住位、二住位一直到第六住。但是六住之前還是有退，仍可能退失。一直要到進入第七住不退住以後，才不退失。那麼有的人在修行的過程裏面，很精進用功，他修行禪法有一天悟了—般若正觀現前。所謂正觀現前就是說，他明白而且找到真如了，真正的本心他已經清楚了，這叫正觀現前，那麼正觀現前之後，如果他的知見透徹，他就知道這個鐵定沒有錯，這就是真如了。他就從此安住在這個境界，就進入第七住。

可是有的人，運氣壞，他遇到的是假名善知識，這個知識本身就沒有悟；學人把他真實所悟的跟善知識講，但是善知識懷疑，跟他說：「你這個可能不是哦，你要仔細哦，哪有這麼容易？」然後他就懷疑，起懷疑後就退失掉了。

有的人，沒有遇到真善知識，所以他參出來以後懷疑：「真的是這樣嗎？大善知識說哪，要悟很困難耶，要無量無數劫才能求得到也。我可能就這樣悟了嗎？可能這樣不是吧！」心裡面起懷疑，懷疑的緣故，就退失掉了。所以，《菩薩瓔珞本業經》裏面講，善知識的攝受非常重要。所謂的善知識呢，譬如說諸佛、諸大菩薩、及住在世間的不退菩薩和已經證悟的人，叫做善知識。因此說呢，修學般若從初住到六住，正觀現前時，如果沒有善知識攝受，就會退失掉。

佛陀就跟我們舉了一個例子：在無量世以前，舍利弗尊者曾經修學菩薩乘，修到第六住，然後修學般若智慧，終於正觀現前。但是他很倒楣，遇到了一個假知識、惡知識，使他退失掉而不能進入七住位。退失十劫以後，遇到了世尊，才成為阿羅漢。所以真正的善知識非常重要。善知識雖然很重要，可是有很多人不能辨別什麼是真的善知識，什麼是假名善知識。那麼這樣的人呢，是他的福德因緣不夠，這很正常。

所以《華嚴經》告訴我們，要明心見性，是要無量無數劫去求，因為今生遇不到真的善知識，來生還是遇不到，可能百千生以後還是遇不到。所以啊，明心見性要修證無漏的智慧，相當的困難。原因就是在於沒有辦法遇到真的善知識。那就是說他的福德因緣不具足。

有的人更糟，因為聰明伶俐而障道。有的人是從身份來評斷善知識，拉不下臉去學。譬如說，這個善知識是我的下一輩，我就拉不下臉跟他學。有的時候，會因為這個善知識是我的師兄弟，學佛比我晚，我來跟他學好像沒什麼道理。也有一小部份出家人以表相衡量善知識：因為善知識現在家相。他不但不肯去親近善知識，反而以正統佛法自居而毀謗善知識，此人不明白什麼是真出家，他與正法無緣。有的時候這善知識親自送上門來，我還是不想學。那就是說我的福德因緣不夠。所以一般人只能夠從表相上來看什麼是善知識—譬如說道場大不大啦，徒眾多不多啦，名聲是不是很響亮，有沒有顯赫的傳承，……等等，多用這些來判斷。

尋覓真知識，是要靠過去生種下的福德因緣以及本身在過去生和今生曾經廣結善緣，才能遇到真知識。那如果不必跑很多道場就遇到真知識，那表示說這個人過去生福德因緣，修了很多了，所以不必到處逛道場，不必南參北訪，東奔西跑，真知識就住在我家隔壁，甚至是我的家人，輕而易舉就遇見了。

但是一般人對於住在隔壁的真知識通常都不欣賞，因為每天看他穿著短褲、拖著破布鞋到處逛，這不像個善知識嘛。

以前修行的叢林，在禪寺裏面都行普請之法。譬如說田裡除草，就闔寺普請都去除草。摘花，（摘花知道嗎？種了一些果樹，果樹開花之後，有一些花要把它摘掉，剩下的花長出來的果實才會長得大又甜，所以要摘掉一些花）也是一樣，都是普請。上至和尚，下至各部門執事，通通要去。這個時候若有人去參訪，看見大和尚怎麼穿得一身像農夫一樣，心裡面就起個輕視的心：「這不像個善知識嘛！」就不學了，連問候一句都懶了，回頭就走了。

但是我們說善知識其實很重要。不能從表相上去看他是不是善知識。我們要真實的跟隨他，去學習。學過一段時間以後，然後去觀察，究竟是不是真的善知識。如果真的是善知識，我們就有福報了，今生明心見性沒有問題。

如果已經多方參訪以後，還找不到善知識的話，那就只好痛下決心自己去參究。如果信心不夠，那就只好求生極樂去了。但是其實呢，一個人如果他功夫夠，知見正確的話，精進努力的去自己參究，一定還是可以悟的。

雖然如此，原則上我們還是鼓勵大家：參禪最好是跟善知識學。因為，善知識有大因緣，能夠幫我們明心見性，乃至悟了以後，他還能夠教我們學差別智，甚至於如果我們根性好，我們福德因緣夠的話，甚至於我們可以跟著善知識破牢關也不一定。所以我們還是鼓勵大家參禪應該依善知識來參學。

第十七則、勿與人諍論禪法：禪法可以講，禪法就是修禪的方法。但是我們要提出一個原則，對於有緣的人我們就跟他講禪法，跟他介紹禪法。如果沒有緣，我們就默然不說了。當然，我們講的這個默然，不是維摩大士的默然。文殊師利菩薩帶了一大票人去看望維摩詰大士，然後每一個人輪流講不二法門，但是這麼多的菩薩講來講去都是落在兩邊，有的講寂靜、散亂，有的講空有。到文殊師利菩薩最後說：「不見一法，乃至無有言說。」那才是不二法門呢。然後就問維摩詰居士了，那你怎麼講呢？維摩詰居士默然無言。既然是不二了，我能講什麼？所以文殊師利菩薩讚歎他。但是，我跟諸位打個包票，如果你見了人就默然的話，對方是不可能悟的！所以，我們講的默然不是維摩詰大士的默然。我們是說，如果當面這個人，沒有緣的話，我們就不跟他講禪法。

那什麼叫沒有緣？所謂有緣，是說這個人沒有慢心，他很虔誠，他求法心切，他願意照著我們告訴他的去做，至少他願意集中精神來聽聽看我們說的是不是對？

無緣，就是說他有慢心，固執己見。他自己認為比我們好，然後我們在跟他講法的時候，他一面聽，一面就在思索如何反駁我們。他不接受我們所講的法，這叫無緣。所以他會一直跟你辯論。辯論跟討論不同，有的人是很專心聽，可是他產生了疑問，提出了問題，這是討論。那辯論呢，他是希望我們接受他的觀點，而不管他的觀點對不對，這樣的人就是無緣了。

又譬如說，有一種人他的貪愛非常嚴重，他覺得世間好，世間妙，五欲殊勝，世間真的可愛。他喜歡世間，這也是無緣的人；我們跟他講禪法沒有用。所以《華嚴經》裏面講，這個人如果根器不夠的話，我們不跟他講解脫法和解脫的境界，連解脫的知見都不講，「但除愛本」：只告訴他這些執著是不對的，應該要除掉這些執著。這就是無緣的人，我們不能跟他講禪法。

所以我們要跟人家講禪法之前，要很仔細的去觀察，這個人究竟是有緣還是無緣。那麼如果是無緣的人，我們想勉強拉他來接受我們的修禪的方法，他不會接受。然後他就會跟我們起諍論，這樣的話我們的心識就散亂了。

譬如說有的人想要去度一個人，因為這個人功夫很好，如果來學禪的話，悟了就不得了，就去找他說禪法。可是有一點他忽略了—一定修得好的人，往往很傲慢。他很主觀，自我意識非常的強烈。那我們去了，說破了嘴皮，喝乾了五杯開水，還是沒有辦法度得他。為什麼？因為他覺得自己很了不得。那你向他說服的工作一定不能成功，你回來就想：

「嗯，為什麼度不來？我要再想一想，用什麼方法可以度得他。不度他很可惜啊。」然後上了座參禪時，忽然一下子又想起來：「這個人用這一招可以度得通。」然後又想：「不對啊，我在參禪呢。」又回來看話頭或者參話頭。參過一段時間後，又有另外一個想法出現了：「耶！這一招不錯！我應該要怎麼樣去度他，應該要怎麼講。」心跟著又去了，心很散亂。

我們以前談過，參禪必須要專精，很專注。因為參禪是很細膩的事情。真如其實是跟我們一直都在一起，所以祖師講：「只為太近，所以看不見。」因為太分明了，所以看不見，祖師有時候用眉毛來比喻，眉毛一天到晚跟我們在一起，可是我們老是看不見它。那意思就是說禪是很細膩的修行方法，必須要很細膩的心神才能夠相應，而當我們一天到晚心識散亂，在牽掛那些無緣的人的時候，其實是在耽誤自己。

也許有人要抗議了：「菩薩行不是講要慈悲嗎？應當要度人嘛！」可是佛陀又告訴我們：應該先自己會治自己的病，才能治別人的病。我們要救別人上岸，要先學會游泳嘛，所以我們固然要慈悲，要幫眾生了生死，那得要我們自己先開悟啊！所以《維摩詰經》講：「自疾不能救，焉能救他疾？」佛陀也常常講：「欲度人者先自度。」你自己到不了彼岸，怎樣度人家到彼岸？所以我們心慈悲當然很好，但是不能濫慈悲啊，明明這個人因緣不夠，他不能接受，我們卻一直想要度他，那就錯了；結果影響到我們自己的參禪道業。

當然啦，如果悟了以後，有時候思惟我怎麼樣能夠度這個人，那倒無妨。沒有悟之前呢，有緣則說，無緣則默。因此慈悲雖然好，如果遇到的是無緣的人，遇到的是福德因緣不具足的人，遇到的是功夫不具足的人，或者是聰明伶俐慢心深重的人，我們就沒辦法跟他講禪法。如果沒有上面講的這些現象，而他只是知見不夠的話，我們可以跟他講禪法，他也會欣然接受。

因緣不具足的人，我們跟他講禪法，他無法消受，那我們又何必一定要說服他而心裏自生煩惱呢！所以不要跟人家諍論禪法—說這個才對，那個修法不對；他認為對，那就好。如果我們告訴他：「你這樣不對。」他不接受那就算了。他要耽誤自己的道業，那是他的事情。所以無緣則默，這樣才不會讓我們心起攀緣，心識才能夠專精，疑情才不會消失。

第十八則、參禪中不可怕喧求靜：

一般人學禪、修禪、參禪都怕吵鬧，希望能夠在很安靜的環境來參究或者來學習，這種人我們說他是沒有功夫、說他是知見錯誤。知見錯誤是因為他把修定的法當做是在修禪，所以一向落在無念無心的狀況裡面。因為要保持一念不生，所以他就怕人家干擾。有人干擾心就散亂、攀緣，然後會起瞋恨心。如果是真會修禪的人，他不修無念無心的功夫，所以他不怕吵。因為知見錯了，所以怕吵。

另一種人，他是靜中有功夫，到了動中沒有功夫，因為這個緣故，所以靜中他還能修，可是在動態之中，他就沒有辦法參究。因此參禪的時候，忌諱聲音、忌諱有人走動，有這樣的錯誤知見，禪就沒有辦法修。之所以沒有辦法修，不只是功夫的問題，更是因為他的方法錯了。禪呢！要建立起動中的功夫以外，參禪應當是在六根門頭來修行，離了六根就沒有辦法修行。如果要止息六根而處於安靜的狀態才能修行，那麼他是把修定的方法拿來當做是修禪。修定就希望安靜，修靜中的定更希望安靜。而實際上，參禪在靜中可以參，但是在動中更好參。所以求安靜，怕吵鬧是錯誤的心態。有動中功夫的人、知見正確的人，他就知道參禪其實不應當息滅六根，不應當斷除六根的作用，所以祖師說：「六根門頭好修行」，就是這個道理。

我們要說明的是：動與靜，其實不是依照事相上的動或靜來談。參禪的人所謂的動、靜和一般人不一樣，是依心不依身：「心靜便是靜，心動便是動」，所以即使我們這個五陰和一切有情眾生的五陰，在日常生活之中忙忙碌碌、紛紛擾擾，但是我們的心不動，保持在「一念相續」的狀態，只有參究的那個疑情，那就是靜。如果身體坐在禪堂裡面，好像一顆石頭一樣不動，但是心裡面是妄想一大堆，那叫做動，那叫做吵鬧、喧鬧。因此參禪者應當鍛鍊出「看話頭」的功夫，時時刻刻看住話頭，心是止於一處而不是到處攀緣。儘管色身不停的在忙碌，但是心是不動的狀態，那才叫做安靜。

我們參禪要尋覓動靜不二的真如，在靜中固然找得到，但是其實在動中更容易找得到。所以應當是心不動，而色身一直在動。我們要求覓這個真如，如果離開了一切的活動的境緣，那就不容易獲得；靜中參究者往往落在意識思惟裡面，因此參禪不可以怕吵鬧，參禪不可以要求環境要安靜。

我們第一次禪三時候，跟人家借道場；我們去時正好放晴，所以住持法師，他們就有機會可以把乾枯的竹子砍下來曬乾燒掉；因為沒有垃圾場，焚燒是最好的方法。那天早上大家都在禪堂裡面坐，正在參究，外面放火在燒那些竹子。竹子裡面是空的，燃燒之後裡面的空氣膨脹了，竹子燒爆了，就「碰、碰」響個不停，真正的炮竹放起來了。聽到那些炮竹在響，我想這些參禪的人大概會起煩惱。趕快進禪堂講了幾句轉語，把大家的心轉了。結果大家不但不起煩惱，反而很仔細的去聽那些炮竹的聲音。這個炮竹的聲音，如果有因緣的話，「碰」的一聲！或者明心，或者見性，那就不一定。所以說了幾句轉語之後，大家都定下來了，再沒有煩惱了，大家反而仔細去聽，期待著下一響的炮竹。然後我看大家安靜下來了，就出去向法師道謝。我才謝完，人家說話了：

「師父早講了，說裡面那些人如果會參，這個時候正好參。」那就是說－參禪不能怕吵。會參究的人，知道一切境界因緣之中都是我們參究的時候；因為，真如佛性就正在這個時候顯現，是最好體究的時候，所以千萬不要怕活動，不要怕吵鬧。

第十九則、要放鬆身心：身體應該輕鬆。古時候有一種邪師教人家參禪的時候要「豎起脊樑、咬定牙關、緊捻雙拳、高撐兩眼、氣繃胸膛，以為勇猛」，這個心態不對。所以大慧宗杲禪師就罵這種人為邪師。

參禪不在身體端正，悟與不悟和我們坐禪的時候身體端正不端正是不相干的。所以有的道場打禪七規定前四天不許放腿，必須盤腿。還有的道場規定不會雙盤的不要來打七，這些都錯了。我們打禪三時，坐的姿勢真是五花八門，有單盤坐、有雙盤坐、有散盤坐、有跨鶴坐、有觀音如意坐、也有抱腿坐，還有天神坐、還有人抱著蒲團坐，什麼樣的坐姿都有。

佛門有兩句名言：「念佛不在嘴、參禪不在腿。」所以我們不限制打坐的姿勢，更不限制盤腿，而且我們打坐的時間也少，大部份在動中參。打坐修定，那是修無覺無觀三昧的時候用，參禪用打坐的方法來參，其實不是很好。所以在打坐的時候參究，千萬不必要求自己脊椎骨挺得像鋼板一樣直，也不須要把嘴巴咬得緊緊的，更不須要握緊雙拳；有的人還怕打坐的時候法界定印鬆掉了，這些都沒有必要。打坐參禪的時候你要喜歡把手放在頭上也可以，只要你不妨礙隔座的人就沒事，我們都不規定。所以參禪的時候，身體應該要放鬆，不要繃得緊緊的。即使是修定也是一樣，身體一定要放輕鬆，如果很緊的話，有的時候喉嚨不舒服、腰背酸痛、膝蓋腳踝痛，毛病很多。像這樣的話，我們跟身體的酸痛抗爭就夠了，沒有辦法真正的去參禪。所以身體一定要放輕鬆，不要僵硬，不可以緊張。

第二，心也要鬆。有的人第一次打禪三，緊張得不得了，一顆心繃得緊緊的。參加一般的禪七心不會緊，大部份是散亂心，都叫你數息，不然就用意識心：「阿…誰？彌…誰？陀…誰？佛…誰？」這樣的問，在那邊弄識神，所以心不會緊，很散亂，昏沈的人多啦！

第一天，早上過去了，到了那天下午以後變得身體緊，然後心開始跟著緊，一直等待，不是等待悟境現前，而是等待那引磬什麼時候響。為什麼？因為腿痛了，只有引磬響了才能放腿。然後就一直忍，又不能偷偷看壁上的時鐘，就在那邊忍，一方面在忍腿痛，然後心想：「怎麼時間還沒有到？」又數息數到二，又想：「引磬怎麼還沒響啊！三……腿痛死了，怎麼還不敲！四……是誰在巡香？這麼慢！」一直這樣打妄想。

忍到後來實在忍不住了，偷偷看看巡香法師沒注意，把眼睛溜一下牆上的壁鐘：「我的媽呀！還有八分鐘耶！」然後呢！八分鐘忍下去啦！再忍：忍呀忍……忍到後來認為時間應該到了，怎麼還沒到呢！再忍，一定要堅持到底。又忍……覺得好像一分鐘又過去了，應該要敲引磬啦，怎麼還沒敲？然後偷偷再瞄一下，哎喲！還有兩分鐘耶！好！兩分鐘再忍下，六分鐘都忍了，兩分鐘算什麼？

忍呀忍的，估計兩分鐘差不多到了，怎麼還沒有敲？再忍一下應該要敲了。再數一個呼吸，「怎麼還沒有敲？」然後又想：「再忍……最多也只不過是一分鐘、半分鐘嘛！」結果又忍過一、二十秒鐘，引磬還是沒有敲，腿實在痛得忍不住啦！「管他的，偷偷放腿了再講。」腿剛剛放下來，「鏘……」響啦！以前在別的道場，這種事情我們看得很多啦！我們都當做沒看見。

像這樣的話，能不能參呢？沒有辦法啦！都在跟腿痛對抗，所以我們的精進禪三裡面，不要求盤腿。你要盤腿那是你自願的，我們既不禁止，也不要求，只要你在禪的方法上用功就好。我們要求的是：身體輕鬆，心也輕鬆，抓住疑情，在疑情上去用禪法，用思惟觀。

還有一種人剛剛報到，心裡面就在想：「終於開始禪三了，我看大家功夫都不錯耶！某某人好像有希望，好像張三也有希望，李四、王五、趙六都有希望，好像就只有我沒有希望。糟糕啦！這一次禪三打下來，我要是不悟怎麼辦喔！多丟臉！」怎麼辦？便一直觀察。「好像誰悟了耶！糟糕了，我到現在還沒有消息。」心就緊張了。

一天過去了，心裡面就想：「糟糕啦！剩下兩天，怎麼我一點消息都沒有？」看看有三四個悟了，我竟然沒有消息！到了第二天，那更不得了。第二天晚上又想：「只剩下明天一天怎麼辦？」緊張得不得了。這樣的話，心就愈來愈緊。

當我們在記掛著能不能悟的時候，當我們在記掛著有幾個人悟了，還剩下幾天的時候，我們已經離開禪法了。所以不要去注意還剩下幾天，也不要去注意共修期中有幾個人悟了，也不要去擔心自己會不會悟。否則的話，造成心理上的壓力，疑情就不容易成片。像這樣子，主三和尚要幫助我們，我們也沒辦法悟，因為幫不上忙。我們不在疑情上，儘管他用了多少機鋒都沒有用。所以我們心要很輕鬆，然後輕輕鬆鬆的抓住那個疑情，去體會哪個是真如？悟了真如以後去體會什麼是佛性？怎麼樣才看得見？因此要求身體應當要輕鬆，心態也要輕鬆。來打禪三，悟了很好，不悟也很好。悟是我有福報，不悟是我的因緣還沒有到；以後機會還多的是，不要緊張，這樣就比較容易相應。

第二十則、參加精進共修要有嬰兒行的心態：我們參加精進共修，必須完全信服主持精進共修的老師。如果不能完全的信賴，那我們跟主持精進共修的善知識就無法相應。我們所謂的嬰兒行不是經上講的嬰兒行，而是說直心。

參加精進共修這段期間，我們應當設想自己就像三歲的小孩，在對待慈愛我們的慈父的時候，我們是怎樣的一個狀態呢？我們回想小時候父母親慈愛的叫一聲，我們立刻答應，趕快跑過去。父母親在背後叫一聲，我們趕快轉身就走過去，應當要有這樣的心態。

在禪三之中，主三老師說什麼，我們就聽什麼，必須完全信受。他叫我們做什麼，我們就直接去做什麼，不問「為什麼？」，在那個當下要特別提防心裡面的思惟心。當善知識問我們一句話的時候，我們必須直接的應對，不要透過思惟以後再來應答。他交給我們什麼東西，我們伸手就接。他叫我們拿什麼，我們就拿。他丟什麼東西給我們，我們就接。不要去分別那個東西髒不髒，清潔不清潔，漂亮不漂亮。都不要分別，很單純的心態直接來應對。

意思就是說，我們去參加善知識的精進共修，必須要將身心交付予善知識。要完全的信賴善知識，以直心來應對，如果我們不能夠將身心交付的話，善知識有心也沒有辦法幫助我們悟入。從世俗的觀點來看，我們平常的行為好像把自己保護得很好，但其實是錯了。

如果這個善知識是真善知識，那我們去提防他做什麼？有的人提防會被佔便宜，而真的善知識不會佔我們便宜，因為他瞭解空性，親證了空性嘛！如果是假善知識，會！可能會佔便宜，那也不完全是每一個都會。所以我們既然認定了這個人是真善知識，當我們去參加精進共修的時候，應該將身心全部交付於他。這樣直心來應對，我們才不會遮障自己。不然的話，善知識有心幫忙也幫不上。

直心、嬰兒心的另一個意思是說要除掉枝節葛藤。我們常常說參禪最怕的是聰明伶俐的人，枝節葛藤就必然很多。聰明伶俐的時候一定就放不下思惟，放不下思惟那就不容易跟主持精進共修的善知識相應。在精進共修當中，要儘量用直心去觀照。善知識有所問，我們應當直心去回答，不要先思惟過以後再回答。

在精進共修期間，善知識跟我們問話時，他話裡面有機鋒，他的機鋒是已經預設好了。他知道這句話問下來我們會怎麼答，一定是這樣答。然後當你這樣答以後，他又從我們的答話之中產生第二句問話，同樣的也已經預料到我們會怎樣答。然後一步一步的引導我們到了一個地步以後，他突然會有一個機鋒出現，這個時候就是我們悟入的時候。如果他問話的時候，我們先思惟，思惟過以後再答，那就跟他不相應。

譬如有的時候他會問你：「這是什麼東西？」明明是一片葉子，你說「這是心，是妄心」，那你跟他就不相應了。因為他預設你會答他「這是一片樹葉」，結果你透過思惟，認為這看到的就是妄心，你回答「這個是妄心。」結果他接下去的預設就沒辦法用了，他必須要另外施設別的機鋒。而施設別的機鋒時，也預計你會怎麼答，結果你又思惟以後，又答錯了。這樣以後呢？他的最後那一招機鋒一定收起來不用，因為你並沒有被引導到一個適合用機鋒的地步，善知識便會判定你還未具足悟的因緣。所以在精進禪三那一段期間裡面，我們對善知識的應答都必須是直接的，不假思索的去回答。

在禪三裡面，我有時候會罵人。那就是說我已經預計了他一定會答：「這是一片樹葉」，結果他答出來的不是樹葉。我又換了一樣東西，他還是透過思惟再來答。那麼這樣的話我們就無法引導他到一個適合用機鋒的那個地步，許多機鋒都用不上，這個時候我就罵人了。有的時候我就叫：「某某人！」結果他只是抬頭定定的看著我，我就不管他了。走回來時我又叫：「某某人！」如果他還是定定的看著我，那我就開罵了：「答『有』也不會。」這就是說，他已落在思惟裡面，不適合施用機鋒。像這樣，要悟明真心，體驗真心就很難。

精進共修期間，必須要直接的，不假思索的去面對善知識所做所說的一切機鋒，不能夠思惟。只有他叫我們往哪個方向去做思惟的時候，我們才去思惟，不然的話，就是直接的應對。面對善知識的時候，千萬不要透過語言文字，意識法則思惟以後，再來應對，這樣的話就不容易相應。我們前面講思惟觀的功夫就是這個意思。思惟觀不是思惟，是遠離語言文字，而有一個思惟的作用，同時也一直在觀照一切。茶來就接，飯來就張口，說走就走，說跑就跑，說睡就睡，沒有第二句話，也不要問任何理由。

既然我們認定他是善知識，我們就不要去懷疑，不要再去起心動念提防這個、提防那個。如果在精進共修期間還提防這善知識會不會讓我出糗，那就錯了。在精進共修期中，沒有出糗不出糗的問題，凡有所作，目的都在幫助我們悟明真心，眼見佛性。既然是這樣，我們就應當直心去應對。

如果是用意識思惟求悟的話也有可能。因為在禪三當中，我們可以說，那真正是打開天窗說亮話，千辛萬苦參究不得的答案，我們把百分之九十九都點出來了。為什麼要留那百分之一呢？目的就是要大家去體驗。要去體驗他，就必須是要直心才好體驗。那麼不用直心而用聰明伶俐心，在聽了善知識那種幾乎已經和盤托出的那一些開示以後，用思惟是可以開悟的，但是就缺少體驗。像這樣子，解脫的功德受用就比較小。所以我們常常會講：「聰明伶俐的人，往往自認為佔了便宜，其實是：得便宜處失便宜。」因為他失去了體驗的機會。所以我們主張：遇到真善知識主持精進共修的時候，我們對他應以嬰兒之心，行嬰兒之行，這樣我們就容易悟入。

第二十一則、功夫須綿密：我們要求在禪三之前，先要有六個月精進看話頭的功夫，再加上最後一個月參話頭的功夫，目的就是在鍛鍊功夫。我們平常就必須要把話頭緊緊的看住。雖然身體可以是很忙碌，也可以是很輕鬆。心情可以是很輕鬆愉快，但是話頭不能丟掉，一定要用心把話頭看住。初看話頭的時候，話頭往往會丟掉，丟掉是正常的事情。有的人不喜歡看話頭，喜歡無相念佛。因為無相念佛時憶佛的念不容易丟掉，可是看話頭一兩分鐘就丟了，也許過了五六分鐘才又想起來，又提起來，所以他不喜歡看話頭。

看話頭的定力必須是要比無相念佛的功夫好一些，才能夠像無相念佛那樣不會丟掉。雖然看話頭比較難，我們還是要看話頭。因為看話頭的功夫非常重要，將來悟了以後能不能夠親眼看見佛性？就決定於這看話頭功夫做得好不好？看話頭的功夫如果做得不紮實、不夠實在，將來見性的時候就會見得模模糊糊，好像霧裡看花。看話頭的功夫做得很好，將來見性就會非常清楚分明。雖然佛性無形無相，但是他卻可以用父母所生眼來看見，這個體驗很奇妙。要體驗這個境界必須看話頭的功夫要做得很好，所以我們要求最少六個月看話頭的功夫要做得很紮實。

那麼看話頭剛開始常常會丟掉，那沒有關係，丟了就再提起來。提起來後也許三分鐘五分鐘又丟了，沒關係，發現了再提起來。我們要用心去看它，去照顧它。所以虛雲和尚講要照顧話頭，就好像我們在照顧一個生重病的小兒子小女兒一樣的常常在看著他。如果妄想來了，就用這個話頭去抵擋那個妄想，妄想自然就會消失掉。只要話頭沒有丟掉，就不怕妄想起來。

很多人學禪，錯修無念、無心的功夫，不知道應該修一念相續的功夫；然後聽到我們跟他講看話頭是怎麼一回事時，他會說：「那這樣是兩個念並行啊！」沒有錯！參禪就是要兩個念並行。那他就要反對了，因為他的師父告訴他說，要一直修到沒有妄想沒有雜念，要身心統一，要內外統一，要時空統一，然後把統一心放下，成為無念才能悟。但是錯了，我們不但不做這個所謂的統一和無念、放下，而且還要故意把一個話頭的念提起來，常常照顧它。雖然這個話頭在時是一個念，加上我們行住坐臥應對一切事情，又是另一個念。這個時候如果再起個妄想起來，又是第三個念。但是這個都沒有妨礙參禪。

修無念法、修離念法那是聲聞法，不是菩薩行所修的禪法。所以我們有個話頭在的時候，常常會升起另一個妄想，妄想出現的時候話頭也在，那是兩個念並行啦！兩個念並行沒有妨礙，所以我們在上班的時候，一方面在處理業務，一方面話頭在。我們在走的時候，一方面在注意有沒有車子來，一方面話頭在；這是兩個念並行，不相妨礙。要有這樣的功夫才能參禪。不但要有這個功夫，還要常常把這個話頭照顧得好好地。妄念來了又過去了，來了又過去了，但是這個話頭始終都在，我們說這樣功夫成片，叫做功夫綿綿密密。

如果功夫不夠的話，剛開始看話頭，譬如說「參禪是誰？」然後他每一次要提話頭時，先有第一個「參」字，然後「禪是誰」三個字沒有出現，話頭好像照顧到了，看到了。每一次忘了，要提起來，必須先起第一個「參」字，那表示這個人功夫不夠。必須是一開始就沒有這四個字，直接就看住它的前頭，然後常常照顧它，不讓它丟掉。到最後它常常在：在的時候多，不在的時候少。到了精進共修禪三期間，它簡直就像身上的頭髮一樣牢牢地黏在身上，我們說這樣的功夫就算成片了。

在修禪的初期我們要求只能看話頭，不可起疑情，只要去看它。因為這個「看」很重要，將來能不能夠親眼看見佛性，就完全靠這段時間鍛鍊來的「看」話頭的功夫了。看過六個月以後，這個功夫建立起來。接著在看話頭的時候還要再起個疑情。起了疑情以後，我們在這個疑情裡面安住。有的時候會退回到看話頭而沒有疑情。有的時候話頭在，疑情也在，這個就叫做參話頭。

參話頭參到最後真疑現前，這個時候話頭不可能丟了，這個「疑」跟「話頭」合併在一起，一直在繼續進行。然後再繼續深入以後呢？只剩下個疑情，話頭不見了。沒有話的前頭，只剩下個疑。在疑的時候，如果突然間起個念，往心裡面來觀照的時候：「咦！好像沒有話頭了！」只有個疑了。那這個時候要注意了，不要再勉強要去提那個話頭。不必提了，只要住在那個疑裡面就好，這個時候我們稱之為「真正話頭現前」。功夫沒有到這個層次的人，聽起來好像一頭霧水，但是沒有關係，只要繼續去用功，終究會到這個階段。

那麼真疑現前以後呢？有時候會注意到外面的形形色色，疑還是在。有的時候會忽略掉外境；譬如說走路的時候住在這個疑情裡面，結果呢？回到家時忽略了，一直走下去，不曉得進門了。走過頭之後，突然起一個念：「應該到家了。」一看，哎喲！怎麼走過頭這麼遠了，這叫見山不是山，叫做忽略現實。

那麼如果是在打坐的時候進入這個狀況下，我們說這個就像是銀山鐵壁。銀山鐵壁呀！妄想要進，沒有地方可以進去，叫做水潑不進。好像一面玻璃，你要把水潑進去是不可能的，水一直在玻璃外面。像這樣，我們說他的功夫已經具足了，接下來，「悟」就只是一個時節因緣而已。

第二十二則、不可求多聞：

《圓覺經》云：「末世眾生希望成道，無令求悟，唯益多聞，增長我見。」那就是說，世尊在二千多年前就已經預料到末法時代的眾生，他們希望成道，但是又不想求開悟，而只在多聞上面用功，所以讀許多的經典及很多菩薩所造的論，以及讀許多善知識寫的書，可是不肯下功夫去鍛鍊參禪的定力。因為多聞熏習的緣故，知見很多，所以我見就非常的強。我見很強的緣故，慢心就升起來，起了慢心、就不肯聽沒有名氣的善知識開示去學功夫，這個人就必定被慢心所遮障。

對於參禪的人來講，只要瞭解佛法根本的知見就夠了，不需要讀很多經典，所以藥山惟儼禪師平常不許弟子讀經典，只有悟後的弟子可以讀。有一天他正在看經，有個弟子看見了就問：「和尚尋常不許人看經，何以自看？」藥山惟儼禪師說：「我只圖遮眼。」這個弟子就講：「那我也學和尚看經行不行？」禪師就說：「若是汝，牛皮也須看透。」這就是說：你如果要看經典的話，眼力必須要很好，能夠看透牛皮，然後才許看經典。

這意思是說：經典（尤其是了義的經典）要真正看得懂的話，那是悟後的事情。在悟之前閱讀，只能知道表面的意義，悟得不真的人、錯會了的人也不能懂，所以沒有悟之前不需要讀很多的經典，祇要基本佛法的知見、學禪的知見，修禪的功夫具足就好，不必求多聞。因為多聞的人慢心就重，慢心重就不能受善知識的教導，所以自己就被慢心所遮障。

此外在《藥師琉璃光如來本願經》裏面也有一段話：「有雖多聞而

增上慢，由增上慢覆蔽心故，自是非他，嫌謗正法，為魔伴黨。如是愚人自行邪見，復令無量俱胝有情墮大險坑。此諸有情定於地獄、傍生、鬼趣，流轉無窮。」意思是說，有一些人雖然博學多聞，但是卻因多聞而成為增上慢的人。由於慢心深重，把他的直心覆蔽了，所以他就認為只有自己才對，別人都錯了。當有人說正法的時候，他說那個不是正法，他又告訴廣大的徒眾們說：「這個法有問題。」什麼是正法？正法就是真如佛性、了義之法才是正法。所以如果有人來教導佛子，教人可以眼見佛性的法，那麼這個增上慢的人就會嫌棄毀謗這個正法。這樣的人就是魔那一類的人，與魔為伴。

《藥師經》又說這樣的人叫做愚人，自己行邪見，然後又帶領著無量愚癡的有情眾生墮入同樣的錯誤知見－大險坑。那麼這一類的有情，必定會墮入地獄、畜生、餓鬼三惡道裏面，不停的流轉。這樣的人如果有一天自己發現做錯了要怎麼辦？趕快去拜藥師懺－連續拜七天的藥師懺。拜懺的時候，要真心懺悔、痛哭流涕的發露以前誹謗正法的事實，決定以後永遠不再嫌謗正法。不然的話，世尊說，此人應於地獄、傍生、餓鬼，流轉無窮。此人應請閱《大乘方廣總持經》，警惕自己。

這一種人就是因為多聞，學識很高，所以就生起慢心而嫌棄毀謗說正法的人。有時真善知識本身，可能像六祖那樣不識字，有的可能只有國小畢業，而他是真善知識。遇到這種說正法的善知識時，我們不應當因為多聞生慢而加以毀謗。如果加以毀謗，不管我們是出家、在家，都是魔的伴黨，以上是說明因為多聞生慢心，然後自己障礙正道。

第二十三則、不可廣閱公案：這是指還沒有見性的人不可廣閱公案。已見性的人，我們卻要鼓勵他多讀公案。還沒有見性的人，還在參究的人，我們希望他少讀─可以讀，不要多讀。讀的目的只是為要選擇一則我們適合參究的公案而已，所以公案不可廣泛的閱讀。原則上只選擇一則公案，詳細的閱讀，然後來參究就可以了。如果是參話頭的話，那就不需要閱讀公案。

除了公案不必廣泛閱讀之外，對於善知識所寫的解釋公案的那些書，也不應當去讀。因為真的善知識絕不會公開解釋那些公案。市面上流通的一些解釋公案的書籍，十本有九本是講錯的。因為那一些東西都是意識思惟所得，我們讀那一些東西要想求悟就是緣木求魚，讀得愈多葛藤纏繞得愈緊，所以不應當去讀那一些公案的解釋。而真的善知識，互相之間都同有一個默契，就是不把祖師公案的密意拿來解釋，只是做一個方向的引導而已。

我們為了要證明這個說法，所以在這裏舉出一個例子來講：雲門文偃大師未悟前，往參睦州，睦州才見文偃來便閉卻門。文偃乃叩門，睦州曰：「誰？」文偃曰：「文偃。」睦州曰：「作什麼？」文偃曰：「己事未明，乞師指示。」睦州開門，一見便閉卻門。文偃如是連三日扣門。至第三日，睦州開門，文偃乃拶入，州便擒住曰：「道！道！」文偃擬議，睦州便推出曰：「秦時𨍏轢鑽。」遂掩門損文偃一足，文偃從此悟入。

這段公案是古時候的語句，可能諸位不能夠體會，我們稍為解釋一下：這雲門文偃大師還沒有悟之前，他去參睦州禪師，睦州禪師見到文偃一來馬上就把門閉起來不見。這文偃就敲門，睦州在裏面就問：「是誰？」文偃就說：「我文偃。」睦州就說：「你要做什麼？」文偃說：

「我參究真如佛性到現在還不明白，乞求師父給我指示。」這睦州和尚倒也奇怪，把門一開馬上又閉起來。那麼文偃禪師連續三天來叩門，睦州連續三天一開便閉門。到了第三天，當睦州開門的時候，文偃事先已有準備，跆起一腳就踩進去。睦州看他一腳踩進來，乾脆把門打開，抓住文偃的衣領說：「快講！快講！」這文偃正打算要說，睦州一把就將他推出去，說：「你這不是悟得根本，就好像秦朝留下來的鑽木頭的那個鑽子一樣，早就腐爛不堪，不能用，這不是真的。」就把他往外推，趁他後腳還沒有出去之前，把門一關，將他的腳一夾夾住啦，這一夾受傷了，文偃就在這個時候悟入啦—大悟啦。

有一位名師在書中解釋說：「本來他是要去問開悟的方法。當腿子被壓斷時他已經什麼也不需要問啦。」像這種話講了仍舊是白講，還是沒有講出真正的道理，然後又解釋說：「這個叫離念法，又叫不立文字的頓悟法。」諸位大德！睦州禪師這個手段不是離念法，也不是無念法，而是趁學人疑情非常強的時候，來一招向上全提，幫助他悟入。如果在離念、無念上面來用功的話，驢年到來的時候還是悟不了的。

這位名師又解釋說：「也就是不必通過經驗知識思考學問過程和努力，只要當下把自己放到時間與空間之外，把自我意識的屏障全部抖落，赤裸裸的一絲不掛的，那就叫做心無罣礙。」但是我們要說─其實文偃的那個悟入，他是參禪的過程中所顯現出來的一個自然現象，這位名師錯把這個現象當做禪法。

其實文偃禪師當時並沒有起意把自己放到時間與空間之外，如果有人要起一個意把自己放到時間與空間之外，那麼我要請問：你要怎麼把自己放到時間與空間之外？事實上並不是想要把他放到時空之外就能放，也不可能起意來抖落自我意識的屏障就能抖落，而是說，這是深入疑情後的自然現象，不是學人之刻意所能為。這個時候既不是赤裸裸的一絲不掛，也不是心無掛礙。這個時侯仍然是在無始無明之中，因為還沒有「一念相應慧」的緣故。

如果我們把自己放在一念不生，無所攀緣的狀態，那仍然不是真如，那個還在無始無明之中。我們無法把自己放到時間與空間之外，意識的屏障也不是用什麼方法可以抖落的，而必須是要一念相應的緣故。

睦州禪師一連三天刻意閉門而引得雲門文偃禪師疑念不斷，非常的強烈，所以他一心想要弄清楚，就在睦州開門的時候強行插進一腳。在禪門來講，強行把腳踏進來是表示自己已經悟了，所以睦州這個時候要確定雲門是不是真的悟了，因此索性開了門，抓住文偃的衣領，逼著他趕快講。文偃這個時候準備要開口，睦州就知道他沒有悟啦，所以一把就將他推出去，說你這個是秦時車轢轢鑽，不能用。便一把推出門外，待他後腳將出未出之際，睦州就迅速把門關起來夾他的腳。這個是睦州禪師大機大用，向上全提，這個不是離念法；如果修離念法而求悟也可以悟！哪一年可以悟？驢年到來就可以悟了。如果刻意起個意念要把自己放到時間與空間之外，要起個意念把自我的意識屏障完全抖落，那麼驢年到來的時候還是沒有辦法悟，因為那個是冷水泡石頭，是寒灰枯木、是古廟香爐，沒有一絲一毫的生機，所以驢年到來還是悟不了，為什麼？因為這個是禪的現象，不是故意所能夠做的。

如果有人修得四空定，定力非常強。而強行做到這一點的話，那就是定性聲聞，他就永遠沒有辦法得悟。因為這樣做的話，就變成伏煩惱的法，這樣做的話就離開了修禪的法。所以從以上的這個例子，禪子們就可以瞭解，不能期望從名師著作的解釋公案的書籍中去求悟。真的善知識有時他會舉公案來說禪，但是他絕對不會公開的解釋祖師公案的密意，他一定會保留最後的密意，為參禪的人留下一個餘地—將來讓他親自去體驗。

參禪的人如果不信我們所講的這些話，而不肯真參實修，只肯意識思惟，只求多聞，只求讀公案去思惟的話，那麼這種人一百劫過去了，還是看不見佛性，所以公案在悟之前不要多讀，多讀公案是悟以後的事情，更不要去讀那些未悟的名師所作的解釋公案的書籍。

第二十四則　修定非禪：我們分為三點來說。

第一點：不論日常生活中的參究或者是精進禪三、精進禪七的共修，如果用數息、持咒、觀想、或者觀照念的起處……等等掃除妄想的離念法、無念法來修的話，這都是修定、不是參禪。即使能夠連續七天離念無念，那還是修定非禪，因為這個是一念不生，這樣的修法不能夠產生疑念疑情。

如果起疑情而不受語言文字遮障那就是一念相續，不是離念法，也不是無念法。如果修離念法、無念法那是修定，是修定福，而不是修禪慧。因為離念、無念就沒有疑情，沒有疑情就永遠不可能頓悟，這一種禪七打上一百次也沒有因緣可以悟入。因為這個是以定為禪、非因計因，煮沙不能成飯。

非因計因，是說不是這個因而把這因當做所追求的果的前因。譬如我們想吃飯，就要煮飯，鍋子裏面放的必須是米。如果放的是沙子，煮上一百劫，這沙子還是沙子。沙不是飯的因，米才是飯的因。所以修數息法，觀照念的起處，或者持咒，這一些修法目的是要讓我們心無雜念，而心無雜念，這個是修定、不是修禪。修禪必須是本身具備了定力、能夠離開語言文字而做思惟，必須有一個思惟的作用，有一個疑情在，所以不是離念法、無念法所能得悟，離念法、無念法是定不是禪。

第二點：修定對於參禪來講很重要，但是修定只是參禪的基礎而不是參禪的方法。如果從定的方面一直深入的話，永劫不見佛性。所以在《大般涅槃經》裏面說「聲聞緣覺不見佛性」，也說偏重聲聞法的菩薩一直精進的修持到了九地還是不見佛性，所以《大般涅槃經》裏面說有「聞見佛性」，有「眼見佛性」。眼見佛性是諸佛如來見性了了，因為「定慧均等」。「十住菩薩雖見佛性猶未了了」，因為「慧多定少」。可是聲聞緣覺和偏重聲聞法的菩薩不見佛性。因為定多慧少—禪的知見缺乏。所以說「十住菩薩慧多定少，是故不得明見佛性，聲聞緣覺定多慧少，以是因緣不見佛性。諸佛世尊定慧等故，明見佛性了了無礙。」

佛性是要眼見為憑，不是用思惟揣摩體會的，因此《大般涅槃經》又講：「復有聞見佛性。」什麼叫聞見佛性？就是說「菩薩聽聞一切眾生悉有佛性，心能信受。」這叫聞見佛性。如果聽聞一切眾生皆有佛性而心不信受，那就不叫聞見佛性。但是我們參禪人的首要就是眼見佛性。要眼見佛性就必須要去參究，參究又必須要有一個疑情。疑情的這個念相續不斷。在心中雖然沒有語言文字而能夠去做思惟的作用和觀察。這個不是離念法，離念、無念就變成修定。如果修無念的法—一念不生，即使修到了第四禪乃至於修得四空定，那仍然無法明見佛性。因為定不是禪的緣故。

第三點：定修得愈好，慢心就愈重。尤其是未到地定修得愈好的話，慢心就愈重，慢心重就障礙開悟。對於真善知識的開示不能夠信受。《大寶積經》卷50云：「若有樂定修相應行諸菩薩等，未曾聽聞大菩薩藏微妙法門，又不聽聞聖法律教，但於三摩地中生知足想，當知是人以慢力故起增上慢，我說是人不能解脫生老病死愁憂苦惱，豈得脫彼五門生死？為之沉溺流轉不息。是諸眾生實非解脫而復自謂我已解脫，實非離苦而復自謂出離眾苦。」

這一段經文中，世尊跟我們開示說：如果有這麼一種人他喜歡修定，凡是和修定的行門相應的法他都喜歡。像這樣的菩薩他沒有聽聞過大菩薩藏的微妙法門，也就是明心見性的微妙法；他也不聽聞聖法律教，也就是世尊所開示的了義教典；他祇是在三摩地的定裏面就心生滿足的想法。這一種人因為定好的緣故，所以生起了慢心，因為慢心的力量所以又發展成為增上慢。那麼世尊說這樣的人不能夠解脫生老病死愁憂苦惱，哪裏有辦法解脫五道中的生死？他將會在生死海裏面沉溺流轉不息。

因為即使定的功夫能夠做到坐脫立亡，還是不能夠解脫，即使能夠說走就走，但是走了以後到哪裏去？或者去欲界天或者去色界天或者去無色界天。天福享盡依舊下墮，還是在三界之中。像這樣的人沒有辦法了脫生死，因為「一念相應慧」尚未出生的緣故，必然要在三界六道裏面不停的流轉。可是這一種眾生因為能夠坐脫立亡的緣故，他其實不是解脫，他便說自已已經解脫；其實還沒有離開三界輪迴之苦，他就說自已已經出離三界輪迴之苦。

所以從世尊的這一段開示裏面，我們就知道—如果有人能夠動中或者靜中於未到地定得自在的話，那麼這樣的人應該趕快除掉慢心，趕快求悟。因為未到地定愈強，慢心就會愈重，他往往一入定就是三天、五天、十天、半個月才出定，然後就會引來一大堆的人崇拜他，所以慢心就會愈來愈強。一味執著這種定的境界與功夫，就會生起慢心；這種慢心不但障礙見道，而且也會障礙初禪。所以有很多人未到地定修得很好，初禪卻永遠不現前。那就是說他入定的時候沒有貪瞋癡慢疑，可是出定後，貪瞋癡慢疑又是樣樣具足，所以初禪始終不現前。

慢不但障礙開悟，也會障礙初禪的定境，所以我們千萬不要以定為禪。在初禪之前我們就應該要先求見性，因為初禪以後，二禪開始全部都偏於伏斷煩惱的功夫；我們知道，斷除了煩惱就沒有辦法起念參禪，就會落入一念不生，就會落於無念之中。參禪必須要在一切的煩惱因緣之中來參究，而不是離開一切的煩惱因緣。

《維摩詰經》云：「譬如高原陸地不生蓮華，卑濕淤泥乃生此華。如是見無為法入正位者，終不復能生於佛法，煩惱泥中乃有眾生起佛法耳。是故當知一切煩惱為如來種。譬如不下巨海，不得無價寶珠。如是不入煩惱大海，不能得一切智寶。」

維摩大士說：譬如在高原陸地乾燥的地方，雖然位處高原，那個地方卻不能夠出生蓮花，要在卑下淤積的溼泥之中才能夠出生蓮花。如果是修學斷煩惱的定法的話，那這個就是高原陸地。急著要出離三界斷除煩惱，那麼這樣修聲聞法而斷除煩惱入正位—也就是說證得阿羅漢果位的話，這樣的人就沒有辦法能夠出生佛法，只能夠安住在聲聞有餘涅槃的境界裏面。必須是要在煩惱污泥之中才有眾生能夠生起佛法。那意思是說要悟明真如佛性的話，應當要在世間生活的一切煩惱因緣裏面去體會，這樣才能夠生起佛法，才能夠明心見性。所以說不應當修離念法、不應當修無念法，因為那是斷煩惱的方法，與明心見性不相應。

接著又說：「一切煩惱是如來種」，也就是說如來要從什麼出生？要從煩惱出生。因為在一切煩惱之中我們才有辦法能夠體證真如佛性。體證了真如佛性之後，將來就不會退入聲聞緣覺法之中，將來就必定會成就佛道。所以說一切煩惱為如來種。

然後又告訴我們說：不進入大海就無法獲得無價的寶珠，因此如果不入煩惱的大海裏面，就無法證得一切智寶，也就是真如佛性。那就是說以定為禪，就沒有辦法能夠明心見性，因為以定為禪的時候會落到斷煩惱的方法裏面去，會把一切的境緣都放下，一切的境緣來的時候都不關心，只注意除煩惱，那麼這樣的話與禪就不相應。

很多的祖師及近代許多的過來人都知道：要悟明心性其實是應當在日常生活—也就是煩惱裏面去參究。洗衣、燒飯是煩惱，走路上班搭公車是煩惱，上班之中辦一切事情是煩惱，回家擦地板、照顧小孩是煩惱，度眾生是煩惱，但是真如佛性就在這一些煩惱裏面才容易悟明、才容易看見。所以「菩薩不離煩惱而證菩提」，離開了煩惱就沒有辦法證得真如佛性，所以千萬不能夠以定為禪，千萬不要修離念法、無念法，應當修學思惟觀的功夫，不必透過語言文字就能夠思惟觀照，尋覓真如佛性，這才是修禪的正途，修學定力祇是修禪的一個基本條件而已。

上週所說「修定非禪」尚未講完，繼續說明：我們說悟了以後會有「覺明現前」的現象，但是這「覺明現前」的現象不光是悟後有，在修定的過程中，「未到定」成功的時候，也會出現，所以有「覺明現前」並不一定是悟，但是悟必定有「覺明現前」的現象，不容易睡得著。如果把定中的「覺明現前」當做悟，那是誤會。

關於「修定非禪」還有一個知見是有人一再強調－要悟真如佛性必須從有念到無念，要無念才能悟，所以主張要修無念的法。但這是錯誤的，這是修禪定不是修禪，不是中國禪宗的禪，不是祖師禪。修無念法的人，修到無念之後，他就想要從念的起處來尋找真如。用這樣的方法來修禪的話，百劫過了還是沒辦法明心見性，因為這是修定的法，不是修禪慧的法。因為真如佛性並不是從念的起處可以找得到的，所以修定是修定、修禪是修禪，二者不相同。

第二十五則、參禪前應明三乘入道初門差別：

所謂「道」有外道內明之分別。外道是向真如佛性以外去追求，名為外道。

第一種外道是人間道。譬如各種追求色、聲、香、味、觸的法，或世間的藝術。茶有茶道，劍有劍道、書法有書道，各種不同的琳瑯滿目的道，非常多，這也是道。學問家做學問的諸子百家等也是道。有人專門研讀詩詞，有人專研古文詞，各不相同。有人專門研究各種不同的哲學理論，那也都屬於人間的道。還有中國儒家所謂格物致知，修齊治平這些儒學也是人間的道。

第二種外道是宗教之道。譬如各種鬼神祭祀之法，如何求神問卜，道家的練丹練氣，羽化飛昇之法。又譬如世間各種宗教裏面，有的修不死神仙之法也是外道。有人專門行善，求生天堂之天道，這也稱為外道。有人專門做神學研究，或佛教中專門做佛學研究而不實踐，這也是人間的屬於宗教的道，因為是心外求法所以叫外道。

有人雖然信佛學佛，每天三柱香點燃舉起，就想求佛菩薩給他什麼？雖然名為佛子，其實是外道。有的人參禪打坐目的是求神通；神通是心外之法，是妄心妄識裏面的法，不離五塵境，是求三界之中的有，是心外求法，也是外道。

什麼是內明？這就要講三乘內明的不同。聲聞道是內明，緣覺道也是內明，還有菩薩道也是內明。所謂聲聞道是依照四聖諦的知見，藉著八正道的方法，以四念處為指導，用七覺支的技術、方法下手來修行而得到慧解脫，能取證涅槃，稱為聲聞道。

有一種聲聞道稱為俱解脫，除了前面慧解脫所講的知見、方法之外，兼修九次第定而證得滅受想定，這樣就成為俱解脫的阿羅漢，不必待緣生死，可以自由選擇入涅槃的時間。這是已經確實明白無我，已經親證五蘊空的道理，所以也屬於內明。

第二種是緣覺道。就是修辟支佛的方法，從因緣無常的觀行來修、從十二因緣觀來修，又稱為獨覺。在無佛住世的時候，世間就會有緣覺。十二因緣觀有五種觀法，十種不同的十二因緣，所以緣覺的證悟也有十種的不同。緣覺已經破除了世間執著的無明，所以也稱為內明；不向外去尋求，而向內心之中來探究，所以也是內明。

第三種內明是菩薩道。菩薩道是求明心見性，從念佛三昧入手或從禪法入手。菩薩修行的通途是先求明心見性，然後才正式進入修行的過程。因為還沒悟之前所修所學大部份是屬於資糧位，在修集資糧。一般人不明白這個道理，不敢求明心見性。也因為受到誤導，認為末法時代不可能明白真如，不可能眼見佛性。既然不可能，那就退而求其次，乃至其三—持名念佛、念咒、數息、觀心，伏煩惱，修福，多是這樣的修行。但是菩薩之所以稱為菩薩，是因為自己已經覺悟，再來度人才叫做菩薩。

既然要修菩薩行，就應該先求明心見性，要明心見性就要從禪法入手。如果只是一味講放下，而修無念的法、修一念不生的法，這是以定為禪，是聲聞法入道初門。雖然不能說它不是菩薩道的一種，但原則上是聲聞道的入道初門。如果修掃除妄想的離念、無念法，那是掃除煩惱的聲聞法。如果拜佛時觀身之動作或身、心的覺受，這些也是聲聞法的入道初門，不離四念處觀，不是菩薩道的方法。

如果從因緣觀來審察身心的無常，世界的無常，或從十二因緣來審察三世身心的無常入手，這是緣覺入道初門，不是菩薩法。以聲聞法與緣覺法來修的話，會成菩薩聲聞或菩薩緣覺。以聲聞法或緣覺法做為禪法的話，劫盡亦不能見性，因為這不是菩薩道入道初門的通途和常道，所以《大般涅槃經》說有菩薩修到九地還不見性，就是這個道理。

大乘菩薩的入道初門是以明心見性為常道，以修定、修觀為輔助。到了明心見性之後再來修各種的止觀禪定三昧，所以菩薩的入道初門應該修學禪法求明心見性。這樣就應該究明禪法與聲聞法及緣覺法之差別，如果不能夠辨別三者的差別，我們將會被某些名師所誤導，而以修福、修定、伏煩惱、無常觀、四念處觀、十二因緣的觀法做為禪法，想求圓覺就了不可得。

雖這麼說，但菩薩也不可離開聲聞的法，也不能離開緣覺的法。因為菩薩如果沒有修過聲聞、緣覺的法，無法修到等覺、妙覺，想要成佛的時候，還是不能成佛。如果菩薩不須修聲聞法、緣覺法就能成佛的話，將來所成的佛就不是一切智者，他就不能講聲聞法、緣覺法。所以菩薩也必須學聲聞法與緣覺法，以聲聞法與緣覺法做為菩薩修學佛法的基礎。因此《維摩詰經》說：「亦不可與聲聞、緣覺而相違背。」因為聲聞、緣覺是菩薩法的基礎。

但是聲聞、緣覺不明真如佛性，必須再修明心見性的法，應當明白什麼是真如，應當求眼見佛性分明。我們學禪的人應當明白聲聞禪和祖師禪的分際。祖師禪（禪宗的禪）才是菩薩入道正途，聲聞禪是聲聞人入道正途。所謂聲聞禪是以四念處觀為入手法門而斷三縛結，稱為見道。入手方法即是所謂的「動中禪」，從身念處觀入手。譬如在生活中的每一剎那的動作都細心觀照，熟練之後再轉到受念處、心念處、法念處。若是靜中打坐，不做思惟靜慮而做一念不生、無念的功夫，便會走向四禪八定的修法，不是聲聞禪。

聲聞禪是在動中作思惟靜慮的慧解脫法門。此種動中禪若在生活中作思惟靜慮的功夫，則不易斷結，因為太粗糙的緣故。此動中禪應如是修─在靜坐中預先施設雙手上舉和翻掌以及放下翻掌回到原位的循環反覆動作，必須心無雜念，專注於動作。此循環動作需專注，一日比一日緩慢，每日至少二小時不受打擾地專注練習，平時須努力降伏煩惱。

當我們能降伏粗煩惱及部份微細煩惱而妄念不起時，若在靜坐中修此動中禪已經自然地（非故意壓抑）使舉手放手之循環動作慢到二十分鐘才循環一次時，就會親證色身之機械性及虛幻性，便可斷除身見；次須轉入受念處、心念處、法念處觀行，方能斷除我見—不以受想行識之靈知心為我；因我見而生之疑見及禁取見亦會隨之斷除，便可證得聲聞初果，是慧解脫。此種動中禪已很細膩，雖能斷身見（以色身為我之邪見），仍不能斷我見，遑論日常生活中注意動作心念者之粗糙功夫？

祖師禪之開悟明心親證者（意識思惟及所悟不真者除外）不但斷身見，同時也斷我見。聲聞禪利用動中禪（身念處觀）的修法斷身見後，尚須轉入受念處觀、心念處觀、法念處觀繼續修行，才能斷我見，與祖師禪明心時之身見我見一時斷除截然不同。此聲聞禪雖然易修易證，但末學並不鼓勵禪子們修學，原因是：聲聞初果不能揣測菩薩初果（明心七住位）所證境界，乃至聲聞四果亦不能知菩薩初果明心之人所證真如境界，更不能明白十住菩薩眼見佛性之境界。而菩薩七住（初果）明心若真、非解悟者，略作思惟體驗便知聲聞初果慧解脫者所證境界。此是聲聞禪與祖師禪之不同所在。

聲聞四果捨報便入涅槃，聲聞初果捨報便生欲界天，菩薩初果乃至四果，捨報後皆不入涅槃，證得不生不滅之真如大涅槃故，一念慧相應故，眼見真如之本無生滅，故不畏生死。無數小菩薩不畏隔陰之迷、常住此娑婆世界自度度他，其願力來源在此，令人欽佩之尊貴情操之根源亦在於此。

故末學主張：凡我同修若有依上述之法修動中禪，而次第斷結、得聲聞果者，仍應發菩薩大心，常住世間度眾。此則應續修祖師禪，悟明真如、眼見佛性，以此為憑，方能不畏世間諸苦，常住世間，利益有情。以上是讓大家明白聲聞法的入道初門就是四聖諦、四念處觀和除煩惱修定；緣覺的入道初門是修因緣觀、無常觀、十二因緣；菩薩的入道初門就是禪法（明心見性）—般若、智慧，這是三乘入道初門之差別。

第二十六則、佛法在世間，不離世間覺：曾經有人解釋這二句，說這二句「不僅是理論，也不僅是信仰，而是一種活潑自在踏實的生活，只要練習到不因順逆環境而產生愛或憎，就能太平無事，自由自在，所以佛法就在日常生活中。」佛法就在日常生活中，沒有錯；可是六祖的偈裏這二句所講的佛法是指禪，不可以用聲聞法解釋，不能用消除煩惱的方法來解釋六祖這二句偈。

經論是語言、文字，假名為佛法。真實的佛法不是那三藏十二部經，它只是代表佛法。在大乘佛法中，真實的佛法是經、律、論裏面所指示的真如佛性，那才是禪所講的真實的佛法，叫做正法，叫做禪。如果在生活中去練習不受順逆環境影響而產生愛憎之衝動，那是聲聞人斷煩惱的法門，或說那是菩薩聲聞伏斷煩惱的修行法門，那不是禪。那只是修禪之前所要做的前方便，不是禪，不是六祖這兩句偈所說的佛法。

禪不是色、聲、香、味、觸、法，不是眼、耳、鼻、舌、身、意，也不是眼識、耳識……乃至意識；禪不是地、水、火、風，不是受、想、行、識，但是，禪須要在這裏來尋找。

六祖說：「佛法在世間，不離世間覺。」什麼是世間呢？所謂世間就是四大五陰，就是六根、六塵、六識，如果離開了這個世間，要求覺悟，就了不可得。我們要想在一念不生中，也就是無念、離念中去追求悟，更不可得。禪必須要起個疑念，在世間—也就是五陰和十八界—六根、六塵、六識所起的萬法中去體究，才有開悟的因緣。所以「佛法在世間，不離世間覺」，不是叫我們除煩惱，不是叫我們不起愛憎心，反而要我們在各種煩惱裏面，在各種愛瞋及不愛不瞋的活動中去體會；黃龍禪師說「生緣處處」，就是這個意思。講到這裡，請問諸位上座：「您的生緣在什麼處？」這就值得參究了。

五陰、十八界就是世間，因為五陰、十八界的存續活動必定產生無量無盡的煩惱。譬如早上醒來第一件事必須刷牙、洗臉，它本身就是煩惱。有時小孩急躁的時候，會抱怨：「刷什麼牙？抹臉，上課都來不及了！」有的懶，認為何必刷牙？吃過東西不是又髒了？這是煩惱。我們規規矩矩不急躁，醒來還是刷牙、洗臉。雖然不覺得煩惱，但這件事的本身就是煩惱。刷牙、洗臉以後上廁所時，覺得人真是麻煩還得要上廁所，能夠不上廁所的話，豈不更好？有的人抱怨每天要吃三餐，要買菜、洗菜、炒菜，又要洗碗筷，這些都是煩惱。我們對這些煩惱不拒不迎的話，那就會成為聲聞法，因此不可以把這些煩惱擺下來。

如果對這些煩惱不拒不迎，斷煩惱而得解脫，這不是禪。禪就是經裏講的「菩薩不斷煩惱證菩提」，如果一個人會修行、會參禪的話，他對於煩惱不但不是不拒不迎，他反而積極的投入一切的煩惱因緣裡面去，在一切煩惱的境界上去探究；因為真如不離一切的煩惱，所以經中講「煩惱即菩提」。所以對煩惱不應當放下，不應當不迎不拒，不應當除斷煩惱，反而是要投入煩惱裡面去，因為真如、菩提、涅槃就在於煩惱當中。

參禪的人對煩惱不應當畏懼，應該在煩惱所產生的一切境界，一切因緣之中去運用思惟觀參究，千萬不要不迎不拒去放下煩惱。放下一切的煩惱，在無念、離念中，想要等待智慧的出現，了不可得。以思惟觀來參禪，必須是一念相應，智慧才能夠生出，那就是開悟、明心。悟了以後要見佛性更須要迎向一切煩惱、投入一切煩惱的境界之中去觀察、尋覓；功夫若夠，一念相應便見佛性。

如果離開了思惟觀，定力散失的話就無法見性。如果離開了煩惱就沒辦法開悟，就沒辦法見性，所以《大集經》卷12中說：「若煩惱中見菩提者，是名如見，若離煩惱見菩提者即是倒見。」那就是說：在煩惱中見真如、佛性的話，這個見才是如，才是如理作意的見，才是如法的見；如果離開了煩惱而見到菩提的話，這叫做倒見，這個「見」錯了。所以對煩惱不可不迎不拒去放下，而應該投入煩惱之中來參究。如果離開煩惱見菩提的話，往往是以離念、無念的靈明覺了當做真如，《大集經》說這個叫做倒見，不是如見。

厭離煩惱境緣就不能明心見性，所以《大集經》卷15裡又說：「厭惡煩惱是為魔業」。對菩薩來講，厭惡煩惱就是魔業，因為菩薩入道初門就是要明心見性，明心見性就是在煩惱所生的各種活動中去探究，因此厭惡煩惱就是魔業。六祖講「煩惱暗宅中，常須生慧日」就是這個道理。有的人聽我講過這個道理之後，就已經先明心了。這位師姊讓她先生先參加禪三，但先生還沒參加禪三，她已經先明心了。在什麼時候明心？在做家事的時候，她突然一念相應：「啊！原來這就是真如。」

做家事就是煩惱，如果厭惡這個煩惱就會落入聲聞法，想要把煩惱放下，把這些家事儘量不管，儘量丟掉，那就沒辦法悟了。所以心不要去攀緣一切法，不要去跑碼頭逛道場，但是要在我們四大五陰所生的一切煩惱中：譬如穿衣、吃飯、辦公、上下班都是煩惱，就在這些煩惱裡面要去探究它，專心用思惟觀的方法在一切煩惱裡面去探究。所以「佛法在世間，不離世間覺」，就是要我們在世間的各種煩惱的因緣裡面去探究它，千萬不可遠離這些煩惱因緣。

第二十七則、離心意識參

「離心意識參」，有的善知識講，有的善知識不講。今天要向大家說明離心意識參的意思。

要明白「離心意識參」之前，首先要清楚「心、意、識」是什麼？經中常說「心、佛、眾生，三無差別。」可是有時候又說妄心。我們世間人也常問：「心到底是哪個？頭腦是心？或者心臟是心？」在禪法裡面講識就是眼、耳、鼻、舌、身、意六種識。為什麼叫識？因為能分別的關係所以叫識。意就是恒審思量的心，不停的在觀察叫意，不停的攀緣，不停的執取叫做意。意與識合併起來叫做心，是眾生的心──相續無盡直到老死的妄心，不是唯識所說的阿賴耶識，阿賴耶識是真心。

有人開示說：「禪不是在所知的境方面用功，卻在能知的心方面用功。」此種說法也是落到心意識中去了，所知的境是妄，能知的心也是妄，自古以來，學禪教禪的人，犯此過錯者比比皆是，所以祖師告訴我們要離心、意、識參，這句話非常好；可是就有許多知識錯解祖師這句話的意思，便叫人家要無念、要離念，因為要離開心、意、識嘛！但是這樣的說法是錯了，他落到頑空的一邊去了。

參尋真心本性應該要往「離開心、意、識」的方向去參尋，而參究的過程必須要應用心、意、識來參。所以離心、意、識參的意思是說：參尋的方向不要往心、意、識裡面鑽，方向要離，而不是叫我們把心、意、識放下來。心、意、識放下來就是無念，就是離念，就是無心。無心、無念，就無法明心見性。離念，或者說把心、意、識放下來，離開心、意、識，那就成為無心，成為一念不生，就無法生起疑情。

我們把心、意、識放下了，心、意、識不動了，那是誰在參禪呢？是誰能夠參禪呢？所以有人來問我：「有大師開示：『明心就無心，無心才能見性。』這種說法與你這兒講的相反，到底誰對？誰錯？」我說：「我們不說誰對誰錯，我們只是把禪法解釋清楚，幫助參禪的人不要走錯路。」

我們剛開始參禪，想要明心的話，必須要先除掉妄想心，沒有妄想心的時候那就沒有語言、文字、形象而成為定心，這個定心又叫做靈明覺了，這個定心仍然能夠分別，它不是真心。為什麼說它能夠分別？譬如我們一念不生的時候，沒有語言、文字的時候，我們看張三來了，心裡面不必起一個「張三」的名字，我們就知道那是張三。李四來了，我們知道這是李四，這就是分別。我們心裡雖然沒有語言、文字，燈熄滅了我們知道燈熄了，知道黑暗；燈重新打開的時候我們知道燈開了，光明了，我們心裡沒有「燈開了，光明了」這些語言、文字；但是卻明明白白、清清楚楚，這是定心—它仍然能分別；能分別就不是真如，不是真心。但是我們想要明白真心，卻必須要依賴這個定心，要以這個定心來做為工具，這樣才能明心，所以無心不能明心。

如果一念不生持續不斷，時間久了就會變成無心，無心就會進入

「未到地定」，心暗而無覺知。定淺的話，入定一個小時、三個小時不等，定深的話一入定十幾天，在定中不覺不知。無觀慧的緣故，所以不能明心，所以無心不能明心。

如果在一念不生中而生起觀照、審察的智慧，就成為一念相續，或叫做淨念相繼，這不是無心。一念相續就是有定有觀、止觀均等；有定有觀的緣故，所以能夠離開語言、文字來參究，這個就是我們在《無相念佛》書裡面講的思惟觀、直觀。有定、有觀才能明心，所以無心不能明心。

至於明心之後也不是無心，明心以後是真心現前。在悟後的一段過程裡面沒有妄想心，也不斷妄心。妄想心是透過語言文字去攀緣色塵、聲塵等六根、十八界的覺受叫妄想心。妄心是說它不是真如—譬如我們剛剛講的定心。定心雖然是定，仍然是妄心，因為它不是真如。在悟的狀態裡面雖然沒有妄想，卻不斷妄心；以妄心在觀照真如，這個時候稱為理一心。因此這個時候是真心妄心同時並存；一切有情眾生從無始劫以來一直是真妄和合，猶如難兄難弟不分彼此。

這時候，悟了也不是無心。我們有累之身—五陰在世間活動，沒有辦法離開一切的事情、因緣和境界，所以必須要伴隨真心而有妄心。如果悟了之後只有真心而沒有妄心—妄心就斷滅的話，那麼這個人就入涅槃，無法常住於世間。所以悟後沒有入涅槃之前，仍然是妄心伴隨著真心；所以也不是無心。

修學三昧須要定心伴隨真心來修學，因此悟後起修的人，修學三昧也不離真心與定心來修學，這定心的本身也是妄心，所以悟後不是無心。悟後度眾說法的時候，真心在運作，也要有分別心來運作，分別心就是意識的心、觀察分別的心、靈明覺了的心，這屬於分別心，這是妄心；所以悟了以後講經說法也不是無心，而是妄心伴隨著真心，所以明心以後不是無心。

明心的人功夫夠的話，能覺真心的話，就有希望看見佛性，如果不覺真心，是所悟不真；如果能覺真心而落於片段，是悟不透徹。如果定力不夠，雖然他能生起觀慧來運作，但是仍然不能覺，於理無知就不能見性；必須是能覺真心，不離定心的分別作用，才能夠精研深究；在一念相應的時候便能眼見佛性。在明心以後參究佛性的過程中也不是無心，與佛性一念相應的時候也不是無心，所以無心不能見性。

祖師所謂「於事無心」，是應對一切事的時候，心不執著這件事情對自己有利益、或者是有損害。事情來了只是去做；事情還沒有來，不預先去設想，事情過了不再去回憶，不起妄想心。因為一切的事情都和真實的我─「真如」不相干。

所謂「於心無事」是心無掛礙。心裡面沒有什麼事情可以牽掛，因此凡事不豫不立；事來則應，應而沒有執著、沒有煩惱，依舊是真心常住而不是無心。祖師說：「莫道無心便是禪，無心猶隔萬重山。」所以明心以後不是無心，無心也不能明心，無心就不能見性；如果是無心才能明心的話，那麼無心的時候是誰明心呢？如果「明心就無心，無心才能見性」的話，那麼無心的時候是誰見性呢？所以我說無心不能明心，無心不能見性，無心也不能破牢關。

例如有一個公案：大顛寶通禪師悟前參石頭希遷和尚，石頭問：「哪個是汝心？」大顛寶通回答：「見言語者是。」石頭便大喝一聲，將他趕出去。十天以後大顛寶通又上來問「前者既不是，除此外何者是心？」石頭曰：「除卻揚眉瞬目，將心來。」寶通回答說：「無心可將來。」石頭曰：「原來有心、何言無心？無心盡同謗。」寶通言下大悟。

這意思是說大顛寶通禪師悟前去參石頭希遷，石頭問他：「哪個是你的心呢？」因為參禪目的就是要明白真心本性。要見本性之前先要明心，不明心而說見性，就會落入妄覺裡面去，所以要先問心。石頭就問：「哪個是你的真心哪？」大顛寶通就回答：「現在我正在說話的這個心就是。」石頭希遷和尚就大喝一聲，把他趕出去，因為這是妄心。十天以後，大顛寶通又上來問：「我十天前所講的那個心既然不是，除了這個以外到底哪一個是心呢？」石頭希遷就講了：「你不要在那邊挑眉毛眨眼睛了，你把你的心拿來我看。」大顛寶通講：「我沒有個心可以拿來給你看哪！並沒有一個心嘛！是空嘛！」石頭希遷就罵他：「本來就有個心，怎麼可以說沒有心。講無心的人，那全部都是在毀謗佛法。」大顛寶通言下大悟，明白真如了，所以是有心，不是無心。

悟前要有個妄心來尋覓真心，悟後還得要真心妄心和合運作，因此克勤圜悟大師說：「此事雖無揀擇，到這裡卻要具眼揀擇。」揀擇就是分別。我們如果離開「心意識」，就不能分別，不能分別就不能參究，不能分別的時候是誰悟得無分別心呢？所以要有分別的心。

一切的有情眾生從無始劫來，一直都是真心與妄心混合在一起生活。真如真心是無分別心，但是要找尋這個無分別心卻必須要有個分別心，所以圜悟大師講：「這個事情雖然它是無分別的，可是到了這個地步，卻得要有眼睛來分別、篩選、選擇。」參禪的時候「心、意、識」固然是妄，但是心意識這個妄心卻不能不要；沒有了心意識這個妄心的作用，就無法開悟。因此，參究的時候，我們參尋的方向應該要遠離心意識，但是參究的過程必須要用心意識做為工具來參究。沒有心意識這個工具，我們就無法參究真如佛性、我們就無法參尋無分別心；無分別時如何可能「具眼揀擇」呢？

接著我們來說「理、事」的無分別。無分別心指的是悟後的事，無分別心是指一切有情眾生的真如本心，祂本身不做任何的分別，祂沒有喜怒哀樂，不分美醜善惡，祂沒有是非可言，這是理上的無分別。但是在事相上就必須要有分別，不可以將蛇、鼠、虎、狼當做人來看待。

還沒有證得無分別心之前必須要有分別心才能夠辨別真假知識，才能夠辨別修行法門及其次第。觀察有情眾生的根器也需要分別心。所以還沒有悟之前就把無分別掛在嘴上，並且在修行的過程裡面，只是一直往無妄想的方向一直深入，而不起一個分別心來尋覓無分別心，這種人呢！稱之為豬牛不分，是愚癡的人。所以「離心意識參」的意思不是保持在無念的狀態，不是叫我們離開心意識，不是把心意識丟掉，而是參尋的方向要離開心意識，不是往心意識裡去尋找。但是參禪的過程中，心意識是我們的工具。

譬如我們要蓋一棟房子，必須要有鋸子、鎚子、鐵釘才能夠把它釘起來。沒有了工具要如何去蓋房子呢？心意識雖然是妄，但它是我們參禪的工具，所以不能誤會祖師的意思而把心意識放下來，放下心意識就變成無念、離念的方法。以無念法、離念法來修禪的話，就會以一念不生為禪法，就會以定為禪，這是錯誤的知見。如果我們跟他解釋以後，他還不能改變的話，那這個人就是與禪無緣。

參禪必須要有分別心，分別心就是以心意識來分別找尋。無分別心的本身既然是無分別，我們如何叫他找尋無分別心呢？譬如眼睛不能看見它自己，眼睛要看眼睛必須透過鏡子，要找尋無分別心必須透過心意識來找尋，所以心意識固然是分別心，固然是妄心，但是我們找尋無分別心必須用心意識，不能把祂丟掉，如果心不起分別的話，就不可能找得到無分別心。

每一個人在參禪的過程之中，其實是每天都有法身慧命出生的因緣，這些因緣隨處可得，隨時存在。如果我們落在一念不生、離念無念的無分別狀態裡面的話，我們就沒有辦法找尋到無分別心；因為我們的心沒有在找尋、沒有在辨別，所以無分別就沒有辦法悟入。如果在動態的定中能夠起分別作意，那麼我們可以說每一個人法身慧命出現的因緣是隨處可得。所以參尋的方向應該要離開心意識，參究的過程卻必須要用心意識來參究，因為心意識是我們參禪的工具，所以不能丟下它。

第二十八則、不可在光影門頭認識神：我們第二十七則說參禪不可以離開心意識，我們也講過六根門頭好修行、或者六根門頭好參禪，然後有的人聽了就誤會了，就會把這個能見、能聞、能覺、能知的神識認作是「我」，因為在六根裡面運作的就是祂嘛！聰明伶俐的人把這個能聽能知的一念心當做是真如，因為祂無形無色，與了義經所說的無形無色符合，然後就會自己用了義經來印證自己所認知的能知能聽的一念心做為真如，自己印證為開悟，卻不知道這能知能聽的一念心祂是剎那生滅。

又譬如有人主持禪七，教人先數息、再參話頭及放下。參到沒有昏沉及妄想之後就放下，「保持當前這一念，清楚明白，常照常寂。」認為保持「這無念的心，就是菩提心」，又解釋「什麼是菩提心？清清楚楚、了了分明的這一念靈覺心即是。」殊不知這個心也是識神，不離覺觀；有覺知者即是識神，不是真覺。《圓覺經》云：「如湯銷冰，無別有冰知冰銷者。存我覺我亦復如是。」清清楚楚、了了分明的這一念靈覺心即是存我覺我，此是識神，不離一切光影門頭。雖離垢穢之一邊，而落於清淨另一邊，真如不落兩邊，故此亦是識神。

凡是得到識無邊處定的人，就知道這能聽能知的心，這一念靈覺之心—這個神識，過去無量無數；現在當下這一個能知能聽的一念心這個識廣大無邊、也是無量無數；而未來的這個識也仍然是無量無數無窮無盡。祂要到何時滅盡呢？要到我們五陰散壞之後，那麼祂就消滅了。凡夫不知道這個道理，他也沒有證得識無邊處定，不明瞭，就把這個剎那生滅的神識，認作不生不滅的真心。

這個神識的生滅非常快，我們天花板這盞燈是六十周，換句話說，它是在一秒鐘之內明暗六十次，速度很快，所以我們發覺不到它在閃爍。如果我們把發電機的速度放慢下來到四十周，每一秒鐘轉四十次或者更慢—每一秒鐘轉二十次的時候，我們眼睛就感覺到這盞燈的光在閃爍，但是加速到了五十幾轉、六十轉以後，其實它仍然在閃爍，只是閃爍的頻率很快，我們的眼睛發覺不到它在閃爍，我們就會以為它一直都是常明而不暗，其實不然。這一念靈覺的心識也是一樣，祂的速度比燈光的一秒鐘六十次的生滅還要快，所以我們感覺不到祂的生滅，就以為這個能知能聽的這一念心或無念的靈覺心是真心、是不生不滅。其實祂生滅非常的迅速，後識緊接著前識上來，只是凡夫定力不夠，感覺不到，所以就以為祂不生不滅。等到一口氣出不來的時候，兩腿一伸，走了的時候才覺得奇怪！我這個了了分明一念靈覺的心，怎麼越來越昏沉了？怎麼不能作主了？所以，以這個妄識做為真如的時候，就必定會將妄覺當做真覺，然後就會把「感覺的性」當做是佛性，從此他就以宗師自居，再也不肯見人去求取印證了。

有的人，他是找不到真的知識，所以被這種假知識恭喜印證為開悟見性。因有個錯誤的印證在先，如果遇到真知識來勘驗時發覺錯了，跟他說：「你這個不是，我不能跟你印證。」然後呢！這個人可能會記恨在心，就會說：「這個知識是刁難人、強移換人，明明我是真的，你拿一個『假』字來跟我換。」那麼這樣的人是慢心深重，這樣的人永遠無法得到真知識。到捨報的時候才知道不是，那個時候想要開口叫真的知識來卻為時已晚，因為已經開不得口了。

牛頭慧忠禪師，就曾經感嘆的說：「苦哉！吾宗喪矣！若以見聞覺知是佛性者，淨名不應云：『法離見聞覺知。若行見聞覺知，是則見聞覺知，非求法也。』」凡是在禪七或者自修的過程當中，心裡面自問自答，用意識思惟，而沒有思惟觀功夫的人，大部份是神識的作用。如果聰明多聞廣閱了義經典，然後用意識思惟的人，大多數難免會把神識當作是真如，如果能夠悟入的話就會成為解悟。因此不能聽說六根門頭好參禪，就把這光影門頭、能知能聽的心當做真如。不可以聽我們說參禪不可以離心意識，然後就把意識當做真如。須有思惟觀的功夫，參到一念相應慧現前，才能悟得真如。真如不在知與不知兩邊之中，而又不離知與不知，禪子務須真參實修才好。

第二十九則、不可將心待悟，亦不可作無事會：

看話頭的時候如果沒有疑情的話，那就不可能開悟，看到後來就會入定去了。如果是不會看話頭，而把話頭拿來唸，自賣自買、自問自答，用意識來思惟的話，這個叫做「想」，不是參。只能想而不能參，表示心很粗糙。心粗糙的緣故，要悟入就不容易，除非有善知識幫忙。

參禪應當是要有功夫能夠看話頭，然後在話頭中起個疑情，成為參話頭。參話頭的當下不需要語言、文字、形象、聲音、符號而能夠思惟觀照。這裡面有個揀擇分別的心在作用，能夠這樣的話，「悟」只是時間遲早而已。沒有這個功夫的人聽不懂，就會以為離開語言、文字、妄想、聲音、形象、符號那就是一念不生，就誤以為一念不生才能開悟，就在那邊保持離念、無念的狀態等著開悟了，這叫做「將心待悟」。將心待悟的時候就表示沒有了疑情，沒有了揀擇分別的作用，這樣就無法開悟。

有的人聽說不可以將心待悟，他就不等待開悟了，那他就想：「六根門頭心意識不能用，也不能等待開悟，那就什麼事情都沒有了。」結果就坐在那裡當一個無事人，那就捨除掉一切的念，就落入澄澄湛湛的境界裡面成為一念不生。這種境界在禪門裡面稱之為「冷水泡石頭」、「寒灰枯木」、「古廟香爐」，這就是入了修定的境界裡面去了。像這樣來修禪，永遠也不能夠一念相應。

修禪的人誤會了，用這種方法，「以定為禪」一直深入的結果，將來可能在未到定中，也可能在初禪之中出現了「虛空粉碎」或者「大地落沉」的境界的時候，他就以為這個就是開悟。但是，這個不是禪，也不是悟。「禪」須是要用思惟觀，不動著語言文字而有疑情、思惟、揀擇、分別、觀照的作用。如果沒有疑情、思惟、揀擇、分別、觀照的作用，就成為一念不生。一念不生就會落入澄澄湛湛的覺知裡面。如果把這一種覺受、覺知捨掉的話，就會進入深的未到地定裡面去，在定中暗無覺知，等他出定之後他就會誤會，以為剛才是進入了見山不是山的層次。其實不是，是入定了。

我們常說，必須要有參話頭的功夫，然後再加上他懂得思惟觀的方法，那這個人參禪有分；不具備這個功夫就沒有辦法來參禪。如果有這個功夫的話，不要認識神為真如，也不要落在待悟之心裡面去，也不做無事會，時時保持照顧疑情，時時刻刻提起話頭疑情去揀擇、分別、觀照，那麼！我們說這個人遲早必定會開悟。

第三十則、不可死守坐禪怕做事：不論平時自己參究或者是精進共修期間，譬如禪三、禪七都不可以死守著坐禪當做是精進。禪不是修定，禪在一切的境緣之中，不一定在打坐之中。如果是修數息、觀想、持咒、止觀，這一些是修定，修定的時候適宜用七支坐法。所以在數息七之中，有的道場規定前四天或者前五天，乃至說全部七天要盤腿，這個是修定的方法，是定法正修，所以無可厚非。如果參禪也這樣的話，那就有過失了，因為禪不是定，參禪與修禪定不同。

自古以來祖師們常常說：「念佛不在嘴，參禪不在腿。」我們應當要深思這兩句話。嘴巴裡頭喃喃有詞，一天到晚唱著「阿彌陀佛……阿彌陀佛……」蠻好聽的，但是心裡面卻在想：「今天下雨欸！我去參加念佛會做什麼？太勞累了吧！不如在家裡看電視……」可是嘴巴還在唱佛號，心裡卻想到電視情節去了。然後又聯想著：「……看電視的時候買一包零食，泡泡茶也不錯……」阿彌陀佛呀！遠在西天，不在眼前，更不在心田。只有嘴巴好像錄音機一樣不停的像循環帶在放著佛號，心裡面沒有在想佛。所以呢！念佛應當是在心裡面想佛，那才叫念佛。所以念佛不在嘴巴唸，而是在心裡想念，心心念念想著佛，叫做「念佛」，不是嘴巴在那邊稱誦佛名稱為念佛。

參禪也是一樣，如果是數息七，七天都在打坐，那是正確的。修定而想證入定境，本來就是坐中容易修。如果是參禪、是禪七的話，那就不應該大部份的時間在打坐，應該是動中參的時間比坐中參的時間多才對，因為參禪不是為了練腿和攝心。要打坐，盤腿比較好；因為有盤腿的功夫身體就不容易晃動，心容易定下來。可是參禪不是叫我們把心保持不動、一念不生，參禪必須要我們這個心不停的起疑情、觀察、分別、揀擇。而分別、觀察、揀擇在動中容易相應。所以呢！參禪應當是動中容易參，靜中反而不容易相應，所以說參禪不在腿。

懷讓大師云：「道由心生，豈在坐也。」所以馬祖道一禪師沒有遇到懷讓大師之前，一天到晚打坐，想要求悟。懷讓大師問他：「你在這裡做什麼？」他說：「我要做佛。」然後懷讓大師就拿了塊磚頭，在他眼前磨磨磨……。馬祖大師看了覺得奇怪，就說：「大師！你在這裡磨磚頭做什麼？」他說：「我要把這個磚頭磨成一面鏡子。」馬祖道一覺得奇怪：「磚頭怎麼可能磨成鏡子呢？它是磚頭，又不是銅鐵。」懷讓大師就講了：「道是從心而生，不是在坐上面可以生道。」要成佛必須是參禪而不是修定、數息、觀靜，所以禪七之中不應該死守著坐禪。

禪七之中也不需要規定盤腿，所以我們的禪三坐姿可以說是五花八門。有人單盤坐，有人雙盤坐，但是我都事先聲明這是你自願自挨，不是我要求你的。所以有的人散盤坐、有的人是跨鶴坐、有的天神坐、有的觀音如意坐、還有的抱腿坐、還有的人乾脆抱著蒲團坐、有的人乾脆趴在墊子上面不動；只要你不妨礙鄰座的人，怎麼坐都可以。

即使是這樣不拘方式的坐，我們禪三也不過就坐那麼一天，其它兩天都在動中。為什麼要坐這一天呢？為的是方便小參，以瞭解大家的狀況。所以參禪不在腿，參禪也不在坐，因為動中的因緣多，而靜坐中因緣卻很少。

有道的禪師隨時隨地把握一切的境界和因緣，在行、住、坐、臥、飲食、工作之中引導一切的禪子們。他觀察一切禪子們的因緣，有時候說轉語，有的時候使用機鋒，有的時候用話語當機鋒，有的時候來個向上全提，所以不僅僅是在打坐之中而已。

我們平常參禪自修的時候也不可以死守著坐禪。許多人有錯誤的觀念—認為看話頭應當坐下來看，認為參話頭應當坐下來參，但是這個知見是錯誤的；因為看話頭的功夫就是在動中特別好鍛鍊，靜中反而不容易鍛鍊。參話頭也是在動中的因緣特別好，坐中之因緣特別的差。所以不應當死守著坐禪，否則的話，要開悟、要見佛性就很困難。

有的人開始參禪以後就怕做事情，希望誰都不要來打擾我，好讓我專心的去參禪，但是我們說他錯了；因為禪機處處都有、時時都有，隨時隨地都有出生法身慧命的因緣，所以參禪的人不應當推卸對於家庭、社會應盡的責任。在我們履行對於社會、家人的責任的那一些境界因緣之中，悟的因緣特別的多。而打坐之中悟入的因緣非常少，所以我們不但不應當死守著坐禪怕做事，反而要顛倒過來積極的投入一切應該做的事情裡面。在我們做一切事情的每一個當下去參究，這樣才容易悟入。

但是在進入參究的過程之前，應該先要儘量在動中去看話頭，因為看話頭的功夫沒有做好的話，明心之後要見佛性非常困難，所以在動中參禪之前，先要經歷一段看話頭的時間。

「看話頭」—我們要在這裡再稍微補充一下，因為下一次禪三只剩下一個多月，還有些人話頭不是看得很好。看話頭不但應在打坐的時候看，更要在動中去看，用我們的眼睛去看。

對於某些不能把看話頭功夫做得很好的人，我們在此額外補充一些方便善巧法門：我們的眼睛不停的在移動視線，我們眼睛所看的對象不停的在換，眼睛一動就是一個話頭。從一個點換到另外一個點的時候，另外的一個點上面就是話頭，把眼睛所看的任何一個點跟我們所看的話頭連在一起。因為我們的眼睛不停的在轉動，不停的在換我們所看的點，所以我們所看的話頭也不停的被提起來；這樣去鍛鍊，話頭就會常常在，看話頭功夫就會愈來愈好。至於能長時間看住話頭的人，則不必理會此種方便善巧法門，仍依原來方法用功即可。

看到後來話頭好像是有一小團、有一點一樣。我們說「好像」，並不是真的有一點、一團，而是說你感覺到話頭是真實的一種存在，在我們心裡面存在，在我們眼睛所看到的地方存在，很具體的感覺到它一直存在。到了這個地步，明心之後參究佛性的時候，答案一出現，馬上就會一念相應，就會看得見佛性，這個功夫若沒做好，悟了還是看不見佛性。所以參話頭之前先要看話頭，這個功夫必須要先做好，然後才開始參究。

第三十一則、不可揣摩悟境：悟的境界不可思不可議，如人飲水冷暖自知。悟的境界可以說、可以聽，但是說出來的已經不是悟境了。別人說的是別人的事情，自己沒有悟入的話，聽人家講悟的境界，也沒有辦法、沒有能力去辨別是真是假，更何況是用思惟揣摩想像呢？思惟揣摩悟境只是在浪費我們的生命光陰而已。

揣摩悟境還會有不良的現象，那就是會變成倒果為因和以定為禪。倒果為因是說一個尚未悟的人，當他閱讀瞭解祖師的開示：「悟了以後那個真如是不分別，真如是無分別心。」之後，他就會把無分別的境界做為追求的目標。然後就把自己的妄想、雜念捨掉，漸漸的變成一念不生的狀態。

從此以後，凡是有人說到禪法應當如何如何的時候，他就會講：「你不要在那邊起分別心啦！因為禪是無分別嘛！起分別心就不相應、就錯了。」然後又會講：「不要去分別這個法好、那個法不好，也不要分別這個法對、那個法錯，因為禪是無分別嘛！」然後也會告訴別人：「度眾生要一視同仁，因為法無分別，所以不能分別說這個人根性好、教他高層次的法門。這個人根性不好，教他低層次的法門，這樣分別就錯了。」

這一種人會每天把心保持在無分別的狀態裡面，以悟後的現象做為禪法來修行，這叫做倒果為因。他以果地的無分別，真如的無分別現象做為修禪的方法，所以就會落到一念不生，落到離念無念之中。接下來又會把悟的現象當作是禪法。所以祖師的公案裡面顯示出來，很多祖師悟後或者擎拳豎拂，或者打一掌，或者從東過西而立，那他就把這些現象當做是禪法。其實對悟的人來講那樣是對的，但是未悟的人，學著依樣畫葫蘆就錯了。有一句俗語說：「知其然而不知其所以然。」悟的人是知其然，也知其所以然；不悟的人是知其然而不知其所以然，所以不可揣摩悟境。

沒有悟之前要做的事情，是捨離對五欲的貪著，對名聲、色身五陰的貪著，專心的把功夫做好，運用思惟觀，把握每一個當下、每一個因緣去參究，不要浪費一分一秒去思惟悟後的境界，如果是用揣摩思惟來體會悟後的境界，到後來就會以定為禪。因為悟的境界是真如無分別心，所以我們就誤以為心不可起分別，那就會落到一念不生裏面去，那就會以為心不動就是真如，就會以為心不分別就是真如，然後就會把世間各種可能衍生妄想、妄念的各種事情都捨離掉，那就變成以聲聞法的消除煩惱、放下等方法來修行，最後就變成離念而無念，然後就成為定的現象、進入定境去了，要悟得真如佛性就非常的困難，所以千萬不要去思惟揣摩悟的境界。

第三十二則、定境非悟：心靈無念不是悟，不論心靈無念是保持五分鐘、五小時、五天、五個月、五年，乃至五十年、五百年，那都不是悟，都是定。澄澄湛湛、光音無限，這種境界很多人很喜歡，但是這些都是定。內外統一、身心統一、時空統一也是定，乃至於虛空粉碎、大地落沉也是定，這兩種境界還在初禪的境界裡面，是有覺有觀三昧（在比較淺的未到定中也可能出現），是定境不是開悟，不是禪悟。證得這種境界雖然能夠改變修行人的心境，但是不能夠出生解脫的智慧，因為沒有「一念相應慧」的緣故。

也許有人要抗議說：「有大師講虛空粉碎是開悟，為什麼你說不是？虛雲老和尚的偈裏面也講虛空粉碎，為什麼你說不是？」所以我們要在這裡加以解釋一下：

虛雲老和尚的定非常之好，但是他三十一歲開始參禪，一直到五十六歲才開悟，他悟的緣故是因為在齋堂裏面行堂的法師跟他倒開水的時候，他參到忘了外境，沒有注意到人家要為他倒開水。這位行堂的師父大概覺得他太傲慢了，居然不把茶杯稍為湊過來，動也不動，就有意無意的用開水燙到他的手。這一燙，他從見山不是山的過程裏面被刺激出來了，這手一抖，杯子落了地，「鏗」一聲悟了。所以他有一首開悟偈講：「杯子撲落地，響聲明歷歷，虛空粉碎也，狂心當下息。」他這首偈裏面的虛空粉碎不是初禪境界的那個虛空粉碎，而是說明真如與虛空完全不相干，但是這也只是解悟。

有很多人不覺得虛空重要，但是虛空其實很重要。如果沒有虛空，一切有情眾生不能活動；如果沒有虛空，我們杯子不能裝水；我們這個地方也沒有辦法做各種的活動。這手指頭要動一下都動不了，所以虛空很重要。但是虛空之所以重要是因為有物質的活動，不管是水、火、風或者具體的東西，這些物質的活動都需要虛空。而真如—祂是一個空性，祂根本不需要虛空，所以從真如來看，虛空的存在沒有絲毫的意義。所以當他悟了真如以後，他講「虛空粉碎也」是這個意思啊！為什麼？真如不是物質，真如也不是神識，祂沒有來也沒有去，真如住於五陰之身所以跟著五陰有來有去。所以十方宇宙不管是幾千萬億光年的距離，一念就到，因為祂不是物質、色相的緣故，不受虛空的限制，所以講虛空粉碎也。

此外，我們從別的觀點也可以證實虛雲老和尚這個虛空粉碎不是初禪境界那個虛空粉碎。虛雲老和尚的年譜記載他在三十一歲開始參禪之前已經有四禪的定力和色陰盡的現象。在悟前他有兩件事情是佛門的弟子們眾所皆知的。

第一件事情是他有一次不慎落水，又不會游泳，而在水中漂流一日一夜，但是沒有淹死。有哪一位不會游泳的人落水昏迷了一日一夜而能夠沒有淹死的呢？這個就是因為他有四禪的功夫。修學禪定的功夫到了四禪前、三禪後的中間定的時候，就可以息脈俱斷，呼吸也停了，心跳也停了。而他有四禪的功夫，所以落水後立刻進入四禪息脈俱斷，隨水漂流。然後被一個打漁的撈上來，摸摸他心頭還有一點溫度，就以為他是昏過去了，幫他急救。而其實他是入定了，然後醒過來了。找了附近寺院的比丘來，剛好認識，一看到他便說：「原來是德清師啊！」他落水一日夜沒有淹死，這是四禪的功夫。

另一件事情是他在暗夜之中可以見到任何人，黑夜阻擋不了他，牆壁阻擋不了他，他可以看得見。有一次－那是他第一次可以隔牆見人，他是看見他們寺院的一個香燈師正在小便，然後第二天他就問他：「你昨天晚上某個時辰是不是在那個地方小便？」那香燈師以為說我在這裡小便人家都不知道，結果被他看到了。「你怎麼知道？」他說：「我正在打坐時看見了。」那麼讀過《楞嚴經》的人，當他讀到色陰盡的境界時就知道這是什麼功夫了。從虛雲和尚年譜中，我們知道虛雲老和尚有這兩種這麼深妙的功夫，他不可能把粗淺的初禪裏面的虛空粉碎的境界拿來形容悟境。所以他講的虛空粉碎不是初禪中的虛空粉碎，這點我們大家應當要明白。

此外一般人體驗虛空粉碎的境界現前，是在無覺有觀三昧之前，這個境界現前的時候有覺有觀，還沒有超過初禪；而真如雖然能夠具備覺觀的性用，但是真如非覺非觀，所以初禪中的虛空粉碎境界不是開悟。此外虛空粉碎、大地落沉、身心統一、內外統一、時空統一都屬於定的境界，而真如不是境界，真如不住於境界，所以這些都不是悟。真悟得本的人當他看到我們這本書印出來的時候這樣講，他必定會擊掌印證我。後來的人不知道虛雲和尚偈中的虛空粉碎的真義，就虛妄的把修定、數息、修觀所得的虛空粉碎、身心統一或者大地落沉等定境當作是開悟。

我們修禪、學禪的人務必要很謹慎分別，因為自古以來，從佛陀住世的時候開始，一直到虛雲和尚之前，沒有任何人講虛空粉碎是開悟，而虛雲和尚偈中的虛空粉碎也不是初禪裏面的虛空粉碎，只是形容虛空和真如不相干的意思、虛空的存在對真如沒有意義而已。近代的人未親證開悟及虛空粉碎境界，就以為虛空粉碎才是開悟，所以我個人初悟的時候，寫的見道報告裏面就有這麼一句話：「自知非是開悟，疑是見性。」那就是在悟前被這種錯誤的知見所誤導，所以就以為必須有虛空粉碎的現象現前才是悟。一直到後來體驗過初禪裏面的虛空粉碎和大地落沉的境界以後，才確定「虛空粉碎是悟」的說法是錯了。所以用虛空粉碎的現象和過程來印證一個人是不是開悟，這是一種誤會。

那麼還有更離譜的是把心靈無念當作是開悟，所以就講保持無念一小時以上就是證悟，禪子們不明白、不知道，就會把修定當作是開悟，將來不免會大妄語，就會未證言證，未得謂得，難逃地獄果報，實在值得我們憐愍。這便是誤解六祖無念為宗的意思。

真心無念，妄心有念。真心非覺非觀，覺知無念就是妄心。真心沒有境界可以安住，它不住任何境界。如果住於無念之境那就是定心，定心是神識，還在六識之內。所以心靈無念不同於真如無念，如果以心靈無念為悟而不肯見人勘驗真實的話，等到捨報的時候才知道錯了，那個時候悔之已晚。要找善知識來開示已經來不及了，參禪人務必要小心。

此外覺受不是悟，譬如法喜充滿、澄澄湛湛、光音無限、虛空粉碎、大地落沉、靈明覺了，這些都是覺觀具足，都沒有超越初禪地，都是定境，所以包括身心統一、內外統一、時空統一在內都是定，都不離知；知就是妄，不是真如。南泉普願禪師云：「道不屬知與不知，知是妄覺，不知是無記。」所以凡是有覺有觀、有境可受可住，都不是真如。這件事情真的是很難，難倒一切依教生解和以定為禪的大師。如果真實悟得本心的時候又不免會啞然失笑，直心就是了嘛！哪裏來這許多枝節葛藤在那邊作怪呢？所以禪子們應當要知道一切的知覺不離五陰，所以具足知、覺、境、受的定境以及一念不生的定境都不是真如，但是想要尋覓真如卻不可以捨去五陰以及五陰的知、覺、境、受而求。

第三十三則、感應非悟：一般參禪人參禪的時候，大部份是用打坐參的多，動中參的少。那麼打坐就很容易有感應，因為會出現定境。所以打坐時以定為禪的緣故，修離念法、無念法的緣故，定境現前，就容易見到有佛來或者有光明；或者聞到特殊的香味、聽到特殊的聲音，譬如天樂一類的；或者看到一種特殊的境界，乃至體驗到輕安清涼等等，但是這都不是悟。

有的人知見不具足，學禪之前沒有讀過了義的經典，就以為見到佛性或者見到法身佛就是有個形象可以看見，他誤會了。所以當他修那種無念法的時候，一念不生之中進入定境，然後有佛菩薩感應的時候，他就以為自己開悟了，因為他所見到的佛不是物質的佛，就以為是見到法身佛。他不知道法身佛就是真如，連像都沒有。所以很多人把感應當作是開悟。

我們參禪的人要記得一句話，禪宗祖師常常講：「佛來佛斬，魔來魔斬。」因為參禪這件事重要的就是自己去參究自己去體悟，然後自己去承當。所以當我們在參禪的時候，佛菩薩不會來感應。

如果我們參究的時候有佛菩薩來跟你慰勉感應的話，那你就罵祂：「你這個菩薩怎麼這麼笨啊！你這是什麼佛啊！怎麼這麼笨啊！我正在參禪，你來看我做什麼？」然後你就問祂：「你究竟是那個鬼還是那個神啊！」這樣一問祂就消失掉了。所以凡是未落於定境而參禪的時候，有佛菩薩來指導或感應都是假的，因為佛菩薩很清楚：參禪就是要靠你自己去參究，自己去體驗，然後自己肯定、承當，祂不可能來跟你感應的。

以前有一位禪師參禪時常常感應到文殊師利菩薩，但是後來他有知見了，就不想再看見，他知道參禪時不能被這些境相牽著轉。那個時候他當飯頭（典座），所以當他正在舀水的時候，文殊師利菩薩的形像在水裏面出現，他拿起水瓢子就打。當他正在煮飯的時候，飯鍋的鍋蓋掀起來，文殊師利菩薩又在米飯裏面出現，他拿起飯匙就打。這樣子打了三天，那個像才不見了，後來他也悟了。所以感應不是開悟，感應是感應。對於念佛求感應的人和修觀行的人來講，感應是很好的，但是對參禪的人來講，有感應的現象就錯了，所以感應不是開悟。

我們心裏面也不可以希望佛菩薩來跟我們開示或者求佛菩薩跟我們說破；佛菩薩來跟你說了，說了是祂的、不是你的，所以不能夠希望佛菩薩為我們指點。也不能夠去求已經悟的人為我們說破，因此自己要安下心來老老實實的去參究，更不可將感應當作開悟。

第三十四則、鬼神示境非悟：鬼神能夠化作各種境界示現。我們參禪人要明白：不是自己一念相應的智慧就不是悟。我們早期共修的時候，在石牌共修處有一位師兄有眼通。有一次在打坐的時候，我發現他合掌當胸在打坐，等那一支香結束了，我問他說：「你平常打坐都合掌嗎？」他說：「沒有，只有今天晚上。」我說：「為什麼呢？」他說：「因為釋迦牟尼佛來了，祂拿一串念珠要我加持。」聽了，我笑一笑，沒說什麼。我心裏面想：「釋迦牟尼佛還要你加持祂的念珠啊！」這是什麼？這就是鬼神啊！所以我們參禪的人要很小心。

另外，在參禪的過程中，有時候鬼神也會示現一些境界給我們看，有時是我們自己不小心離開了禪法、落到定法裏面去。鬼神示現的境界，有時是讓我們覺得很喜歡的境界，譬如說天然美景、或者天空的景象、或者讓我們聽到某一種很殊勝奇妙的音樂、或者讓我們身體感覺一種很美妙的覺受。如果這些境界出現的時候，我們不執著它，知道它是虛幻的，仍然在禪法用功時，祂發覺不能吸引我們，就會換個方式，改用惡劣的境界，讓我們看見自己坐在懸崖邊，或者蟒蛇、老虎出現，或者出現地獄的現象，讓我們害怕。但是這些都是虛幻的。一切的境界都是三界裏面的「有」，凡是「有」的法到最後都會消失，都會幻滅，更何況它是我們定中所出現的現象。

所有的境界都是虛幻的、不實在的、都是無常，若求這些「有」就不是佛法，那不是禪。所以遇到鬼神示現任何境界的時候不要去喜歡，也不要被祂所嚇倒，我們不要管祂，繼續在參究的疑情上來用功就對了。

第三十五則、神通與鬼神通不是悟：神通有的是報得，有的是修得。報得是過去生已經修學過神通、得到神通，所以今生一出生就有神通。或者說今生出生時沒有神通，但是在修定的過程裏面，心定下來之後神通出現了，這一種是報得。至於修得，是今生修定，有了定力，再加修神通法門的關係，所以獲得神通。神通的獲得在淺定之中獲得神通那是報得，表示過去生修過，深定裏面再加修神通的法才獲得，那是今生所修而得。但是不管是修得還是報得，都不離定的功夫。

此外神通的獲得不一定要深定，有的人還沒有欲界定的功夫就有神通，有的人未到定有神通，有的人初禪、二禪、三禪有神通，但是有的人一直修到非想非非想處定都還沒有神通，乃至有的人非想非非想處之後證得滅受想定成為俱解脫的大阿羅漢，卻還沒有神通，所以神通不能代表一個人禪定功夫深與淺。

神通主要是和定相應；禪悟是般若、是智慧，不是禪定，跟神通不相干。開悟的人不因為悟而獲得神通；體究念佛的人，不因為證得實相念佛的境界而獲得神通。神通是三界之中的「有」的法，神通不離三界的境界，神通不能讓我們出離三界，不能讓我們免除生死的輪迴。

出離生死界需要無漏的智慧，無漏的智慧有三種：聲聞、緣覺的法，以及菩薩的法──就是禪法──真如佛性。一切得到五通的鬼神和仙人，他們用盡神通，仍然不能測度禪悟者的見地。所以經上講：「神通度俗人，智慧度學人。」

講到這裡或者又有人要抗議了，說經裏面或者古時候禪宗的祖師，尤其是西天的祖師，他們一悟之後就立刻上升虛空七多羅樹，身上出水身下出火，或者身上出火身下出水，飛行自在。阿難陀尊者入滅的時候，在恒河中流上升虛空，以三昧火自燃。為什麼人家悟了就有神通，你說沒有？這就值得討論。

我們要說明的是：在古時候要悟得真如佛性比登天還要難，登天只要行善就可以生天，但是要悟真如佛性非常難，因為很難遇到善知識。古時候的人修定容易，所以以前的人學佛最主要的就是修定，修得四禪八定之後再等待善知識學禪，在學禪之前已有四禪八定及各種神通了。尤其是西天人，會四禪八定的人到處都有。傳到中土之後開始不同，尤其到六祖以後，有四禪八定功夫的人越來越少。到了今天不要說四禪八定，粗淺的未到定都很少人有，更不要說初禪。

古時候的那些祖師大德們，他們的禪定功夫很好，到了四禪之後要修學任何一種神通，只要一個晚上就會了。智者大師講：在四禪之中修學神通可以隨修隨得，馬上修馬上得。所以示現神通不是因為悟而有神通。那我們現代的人不同，連個初禪都沒有，所以不可能悟了就有神通。

我們現在要求的是：只要把看話頭的功夫做得很純熟，我們就幫他開悟；我們不要求有四禪的功夫，因為對繁忙散亂的現代人要求四禪境界是不可能的事情，我們對現代的人所要求的功夫只是看話頭而已，相當於淺的未到定功夫而已。用這樣的功夫悟了以後就想立刻有神通是不可能的，所以悟與神通是不相干。

現代的人求開悟，有因緣的話很容易，沒有因緣的話還是很難；但是比起古人來，現代的人要悟是容易多了。因為資訊的傳播很發達，所以真悟得本的人不忍眾生沉淪，不忍眾生所悟不真、輪迴生死，終究會有人站出來講，把真實悟得的法拿出來奉獻給有情眾生，所以現代的人要悟容易，修定難。

話說回來，想要學神通的話不是不好，神通的本身非常好，我們不反對，我們也讚歎修學神通；但是我們主張修學神通最好是悟明心性以後，知道它的虛幻並且修到第四禪以後再來修，這樣可以免除掉鬼神給予的很多困擾。

《楞嚴經》卷九說：「欲得菩提，要除三惑。不淨三惑，縱得神通，皆是世間有為功用，習氣不滅落於魔道。」那就是說，想要獲得菩提，要證得真如佛性的人，應該要除掉殺、盜、淫三種心，要除掉不明白殺盜淫心之虛幻的無明迷惑，這三種迷惑要悟明心性以後才能漸漸的斷除掉。如果迷惑沒有斷除淨盡的話，就算是獲得了五種神通，那也都是三界之中的有為法，是有為的功用。不除三惑、不滅習氣的話，捨報之後就會落於魔道之中。

為什麼習氣不滅的人會因為神通落於魔道？因為貪、瞋、癡不除，殺、盜、淫心不除而獲得神通的話，那就會常常跟鬼神打交道。和鬼神打交道的時候難免就會有恩恩怨怨，有了恩怨以後捨報時鬼神就會來找麻煩，然後我們就會希望自己能獲得更有力的鬼神作奥援，來對抗有怨的鬼神，所以捨報之後自然而然就會和鬼神相聚而落於魔道。因此學神通最好先悟明心性，悟了「理—般若」之後再來修學禪定神通，否則不免要被神通的境界所轉，習氣不滅落於魔道或神道，結果自己還在那邊洋洋得意，我們只好為他說一句：「深可哀哉！」

第三十六則、一念不生之心是定心，不是真如：

一般學禪的人，聽到說：「不可以在光影門頭認識神」，他就往內心裡面去尋找。在參究的過程裡面，他忽然生起一念，認為當下這一念不生時的靈明覺了，或者能覺能知的心就是真如，就是真實的我，然後就勇敢承擔下來。

但是這個心還是定心，仍然是虛幻的，不實在的，祂不是真心。因為一念不生之際，並不是真的一念不生，也不是真的無分別，祂只是離開語言、文字而已。離開語言、文字的時候，仍然能夠分別父母、師長、一切眷屬。所以見到父母、師長來的時候，不必透過語言、文字，就立刻知道這是父母、師長，然後就起身奉茶、招呼、請坐。雖然沒有語言、文字，可是他心中已做分別，念已經動了，所以不是真的無念，不是真的無分別，只是無語言妄想而已。

如果這個心就是真如，那麼一般人把語言、文字放下來，而去做觀察的時候，那不就是了嗎？如此說來，參禪就太簡單了，一切人都可以悟，沒什麼困難。可是黃檗禪師為什麼講：「此門中，千人萬人只得三五人」呢？為什麼《華嚴經》又講，想求明心見性，需要「無量無數劫，一心虔恭求」呢？明心見性不是這麼簡單的事情。這件事對已悟的人而言，雖然很簡單、很單純，但是沒有悟入之前，實在非常的困難。

真如並不是離開了語言、文字的覺知的心。這個覺知的心雖然離開語言、文字，而仍然有分別，能分別就是識神。這種功夫還沒有到我們《無相念佛》書中所講的思惟觀的境界。這一念不生的靈明覺了——一念不生時的能覺能觀能知而又常寂常照之心，是頭腦、意識的作用，正是一念無明的境界，更不離無始無明的境界，這個心正是輪迴生死的根本。如果這個心就是的話，那我們睡著時，這個心應該還是照樣靈明覺了常寂常照啊！為什麼睡著就不覺了呢？

這個無妄想妄念的能知能覺的心，眾生以為祂永恒不滅，其實只有一期的生死，人捨報死亡的時候祂就消失了。如果這個心就是真如的話，那真如就成為斷滅，那就不叫真如，所以這個心不是。

彌勒菩薩曾經開示說：「分別是識，無分別是智。」所以我們可以觀察：在一念不生之際的靈明覺了寂照之心，有沒有分別？既然有分別，那就是識，就不是智慧，所以我們學禪的人不應當被迷惑。

可是也不能聽說這個心不是真如，就把祂捨棄，變成一念不生。因為這個靈明覺了的心是我們參禪的工具，是打破無始無明的武器，我們應當用這個無妄想而能分別的定心來尋覓無分別心。

參禪這件事情真的是很困難，所以祖師就講：「釋迦老子，拈花微笑，一場敗闕，結盡衲子深冤。」真的是難。但是會的人又說這個叫做金屎法，不值一文啦！為什麼？因為「不會如金，會者如屎。」不會的話，把這個找不到的真如當做金子一樣可貴。會的人，卻認為祂跟狗屎一樣，不值一文。這一則是說一念不生之靈覺心是定心，不是真如。

第三十七則、放下與提起：放下有它的層次和次第，不可以遇到一切人都叫他放下，放下就不能悟了，所以對不同層次的人，說不同層次的放下。

第一：初學禪的時候，總是妄念紛飛，攀緣不斷，不能夠使心安住於念的前頭，所以呢，我們叫他要放下五欲和善法、惡法的攀緣，叫他要專心的學習看話頭的功夫，這是第一個層次—要放下五欲和善法、惡法的攀緣。

第二：提起看話頭的功夫。看話頭的功夫已經鍛鍊好了，能夠參話頭，也能夠做思惟觀，那就應該叫他提起求悟的心，不可以做無事會，在那邊等待開悟，否則就永遠不悟。所以不能放下求悟的心，必須是用思惟觀，尋尋覓覓。在這段時間要叫他放下求名求利的心，叫他放下世間法的攀緣，只要生活足夠就可以了。同時也要叫他放下對於佛教裡面各種教相、以及佛法名相的攀緣，而提起話頭專心的參禪，提起疑情，細密的參尋真如。這個時候不可以叫他放下求悟的心，如果放下求悟的心，疑情就消失掉了，就會落入定境定法裡面去，就不是禪法了。

第三：已經開悟明心的人，應該叫他提起悟境去體驗真如，以經教和祖師的公案來自己印證，不可以就叫他放下真如和悟境。如果悟了馬上就放下真如和悟境，他的體驗就不能夠深入，所以這個時候不應當放下。

第四：體驗了真如、印證了真如以後，仍然不可以叫他放下真如和悟境，而應該再繼續提起疑情去參究，尋求破重關——眼見佛性。眼見佛性以後，也不可以叫他就放下眼見佛性，反而應該要提起，於四威儀中體驗佛性現前的境界；並且要常常照看這個境界，保持內攝外緣的均等，要能夠使得眼見佛性的功夫永續不斷，這就是重關見性的保任，所以見性以後也不可以叫他就放下真如佛性，而應該提起，保任一段期間。

第五：眼見佛性了了分明、永不散失以後，漸漸可以放下眼見佛性的境界。經過一段長時間以後，可能心中仍會有些記掛，有時候會重新再提起，觀察佛性還看不看得見？看過之後發覺佛性仍能眼見，心就安定下來，知道眼見佛性的境界不會喪失了；到這個階段，就應當要叫他暫時放下真如佛性，再提起疑情去參究牢關。這個時候才是放下真如佛性、菩提涅槃的時候。

達摩大師講：「上智人妄證菩提，妄見法身佛；上上智人內照圓寂，明心即佛，不待心而得佛。是知三身與萬法皆不可取，不可說。」這意思是說，對於已經明心見性的人而言，雖然證得真如菩提，雖然眼見佛性，卻也是妄，所以說「妄證菩提，妄見法身佛。」但是還沒有證菩提，還沒有見法身佛—沒有見佛性之前，不可以說是妄。必須要親證菩提、眼見佛性之後，邁向牢關的時候，才為他說這也是妄。

這個階段應該是在參禪的人見性不失已經好多年之後，還在執著真如佛性的時候，我們才叫他放下佛性，提起疑情一心去參究牢關。如果能夠參得透，便能夠真的放下真如佛性。

有一則公案：有一個僧人問：「一物不將來時如何？」趙州云：

「放下。」這個僧人又說：「一物也不將來啊！叫我放下個什麼？」趙州就說：「挑起去！」這意思就是說，一個證菩提、見佛性的人，認為一切是空，但是他執著於這個空，所以說：「一物也不將來」。執著這個空也是一種執著，所以趙州叫他放下。可是他還放不下呢！說「我什麼東西也都沒帶得來，只是個空。」趙州聽了，知道他還執著在這個空上面。「好麼！你就挑起這個空，到處走去吧！」便叫他挑起去。這則公案講的就是這個時節！

我們也常常看見有些人用修定的法做為禪法，叫人家修定到一念不生的時候，內外統一的時候，就告訴這個修禪的人：「你要放下，放下你就悟了。」這是倒果為因。放下並不能夠使人開悟，放下只是悟的許多條件之一。放下只是躲避或者降伏煩惱，但是沒有辦法斷煩惱。

修禪的斷煩惱而後能放下，這個是開悟所得的果報，而開悟必須以參禪為因，不是修定以後把它放下可以得悟。而是應該要藉著定心來參究，到了「一念相應慧」現前的時候，便能自然而然放下煩惱。如果沒有提起疑念來參究，或者參究而沒有一念相應，就叫他放下的話，那是塞斷了人家悟的門戶，而自己也永遠沒有開悟的機會。

也有禪師開示云：「我現在的教法先修數息，再參話頭及放下。參話頭必須不離本參，就是不離當前這念心。放下就是保持當前這一念，清楚明白，常照常寂。」殊不知當前這一念清楚明白常照常寂的心猶是妄心。並不是放下話頭或保持當前這一念清楚明白常照常寂的心就可以稱為悟，因為這一念心仍是識神，不是真如。常照是一邊，常寂是另一邊，亦照亦寂則具足覺知，覺知之心即非真如。以此清楚明白常照常寂之心為真如者即是常見，《大寶積經》卷一一九云：「於心相續剎那滅壞，愚闇不了意識境界，起於常見。」即是此類人也。

為什麼這樣講呢？因為如果沒有一念相應的話，就找不到真如，解脫的智慧就永遠不可能升起。雖然能夠修到無念、離念、靈明覺了，內外統一、時空統一、虛空粉碎、大地落沉、常寂常照，但是這一些境界都還沒有破一念無明，連無始無明的境界都還沒有到，何況要破無始無明呢？依舊是凡夫一個！所以還沒有到該放下的時候，不可以放下。必須參到一念相應慧現前，時時體驗真如，時時眼見佛性才算數。

如果還沒有到參究牢關的時節，也不可以放下真如佛性，而應該遵照趙州古佛所開示的：「挑起去」，一直保任到真如佛性永不退失、眼見佛性的境界永不退失之後，才暫時放下真如佛性而提起疑情去參究牢關。牢關參透了，自然就能夠把悟境和真如佛性全部放下。如果還沒有明心見性，還沒有到參究牢關的時節，就不可以叫人放下求悟的心，也不可以叫人放下真如佛性的保任與體驗，否則就不是善知識，就是以聲聞的無念為禪。《大寶積經》卷一一一云：「生死無邊際，常住於實際；一念慧相應，生死無疲倦。」初參明心，一念相應，找到真如後，不可放下，須仔細體驗到明暗雙雙的時節之後，再參重關，不落妄覺之性。一念相應時眼見佛性而不退失。最後參牢關，到一念相應後，參禪事畢，方可完全放下。若未有一念相應慧便放下不參，而保持這清明寂照的心便是誤認識神為真如。

第三十八則、禪學非禪：所謂禪學，譬如：研究禪法的起源、各種公案的類別、祖師所講語錄的意義、開悟的現象和各種因緣的差別、祖師生平的考據，和他的禪風、度眾的方法等等的研究，都是禪的學問。

乃至還沒有明心見性，而故做悟狀、解說祖師的公案或者語錄，這個也屬於禪學。

禪的學術研究不是禪，因為是意識思惟所得的緣故！參禪不在學問，必須要有正確的參禪功夫，和正確的知見，真修實參才算數。所以我們早期共修，正在講「博山參禪警語」的時候，曾經有一位留學美國的博士，他來聽禪時就明講：「我用分析歸納的方法，看能不能悟。」所以他每週做筆記非常勤快，回去就分析思惟，但是過了五週以後，還是沒有辦法悟，結果就放棄學禪了。

禪不能用學術研究的方式來求悟，而必須靠功夫和正確的知見，真實的去參究。如果沒有功夫，就算是悟了，也都是解悟，不能夠眼見佛性。如果看見人多的地方就趕去湊熱鬧，倒不如自己努力去修學參話頭的功夫，在家裡面默默的、實實在在的參究，要來得穩當。

六祖大師開悟的時候，五祖弘忍大師跟他開示說：「不識本心，學法無益。」意思是說，不能明白認出哪個才是真如的時候，法學得再多，禪、佛法的學問做得再多，也沒有什麼利益。所以我們學禪的人，不要去做禪學的研究，而應該真參實修、眼見佛性才是正法。

如果有人不相信我們講的這段話呢，那我們倒要舉出一則公案做為例子來證明：

《天平從漪和尚，行腳諸方，參得些蘿蔔頭禪在肚皮裡，到處開大口道：我會禪、會道。參訪西院思明和尚時，思明和尚見他所悟非真，而又傲慢、輕薄，卻不理會他。從漪和尚便道：「莫道會佛法，覓個舉話人也無。」一日思明長老遙見從漪，便喚云：「從漪！」從漪和尚舉頭，思明長老云：「錯！」從漪行來兩三步，思明又云：「錯！」從漪走近前來，思明云：「適來這兩錯，是思明錯？是上座錯？」從漪云：「是從漪錯。」思明長老又云：「錯！」從漪休去，思明云：「且在這裡過夏，待共上座商量這兩錯。」從漪當時便行。後於天平住院時謂眾云：「我當初行腳時，被業風吹，到思明長老處，連下兩錯，更留我過夏，待共商量這兩錯。我發足向南方去時，早知道錯了也。」》

這一段公案大意是說：天平從漪和尚，他行腳到過很多地方參訪，學得許多的禪法，可是克勤圜悟大師說從漪和尚那些禪叫做蘿蔔頭禪。

從漪和尚便到處開大口說：「我會禪會道。」有一次去參訪西院思明長老的時候，思明長老知道他悟得不真，而且又傲慢、無禮、輕薄，所以就不理會他。

從漪和尚看看沒有人跟他談禪說道，他就批評西院這個地方：「不要說你們會佛法啦，想找個能跟我講禪的人，一個也沒有。」這話傳到思明長老耳朵裡。有一天，他遠遠看見從漪和尚的時候就召喚「從漪！」從漪和尚聽到人召喚，他就抬頭看看是誰？他這一抬頭，思明長老就講：「錯！」從漪和尚聽到這個「錯」字，弄不清楚，就往前走。才走兩三步，思明長老又講：「錯！」等到從漪和尚走到長老跟前的時候，思明長老說：「剛才我講的這兩個錯，到底是我思明錯？還是上座你的錯？」這從漪和尚說：「是從漪錯。」思明長老又說：「錯！」從漪和尚一聽又錯了，轉頭就走。思明長老在他背後就挽留說：「不急著走啦，留在這裡過夏不是很好嗎？這個夏天我們兩個人好好來商量剛才這兩錯到底是什麼意思吧。」這從漪和尚不聽，當時便行，到南方去了。

後來到了天平山度眾的時候就講了：「我當初行腳的時候，是被業風所吹，到了思明長老那個地方，讓他連下兩錯，還要留我跟他一起過夏，要商量這兩錯。可是我沒有留下來，我舉足向南方走去的時候，我已經知道什麼地方錯了啦！」

講過這一則公案，我們倒要問問那些研究禪學的專家，且道：「如何是思明長老連下三錯之處？」如果不是真的會了，而強做解釋，那就不免行家之前出乖露醜。

這思明長老特煞慈悲，一則公案，連下三錯，若是平實則不然：如果咱家遠遠看見從漪和尚的時候，我就喚：「和尚！」如果他抬頭看我的時候，我就說：「是！」我不講「錯」。然後等到他再走兩三步過來的時候，我又說：「是！」我還是不講「錯」。等到他走到我眼前來，我就問他啦：「剛才這兩是，究竟是平實是？還是上座你是呢？」不論他說「從漪是。」或是說：「蕭老師是。」我都會跟他說：「錯！」且道思明長老這三錯，跟平實這兩是一錯有什麼差別啊？

這從漪和尚被傲慢習性所障住了，所以他不肯低下心來過夏參究，自己以為會了，他就離開思明長老，到天平山去住院度眾了。那個時候他還開示說：「我發足向南方去時，早知道錯了也！」咱家如果是從溈和尚的話呢，我就不這樣講，我就跟大眾講：「我發足向南方去時，我早知道是了也！」

諸位大德，這一則公案裡，是是錯錯，究竟如何是錯？如何是是？如果悟得真時，是非對錯，揮灑自如，也沒有這許多葛藤可打啦。那麼這些是非對錯，都不是禪學研究的專家所能夠正確開解。所以我們學禪的人，不要以禪學為禪，不要做禪學的研究，也不要去讀禪學研究的書籍、或者公案研究的書籍，千萬要自下功夫，真參實修才是重要。

第三十九則、具參學眼目，方識善知識：能夠分辨什麼是善知識的人不多，千人萬人之中，也不過三、五人而已！其餘大多是依賴過去生所累積的福慧善根，以及今生佛、菩薩冥冥中的安排而巧遇善知識，那也不過幾百人、上千人而已。一般人大多是捕風捉影，追逐表相，不明究裡，會把水銀當做真銀，所以就向人多的地方湊熱鬧去了。這一種人聽到人家說：「末法時期不可能開悟。」他就信以為真，不肯去探究善知識為什麼會這樣講；究竟是他吝嗇呢？還是他沒有悟呢？還是末法時代眾生根器低劣呢？還是末法時代沒有禪師呢？他不肯去探究末法時期是不是真的不能悟，自己就把開悟的大門關閉起來，實在讓人覺得非常悲哀、可憐。

譬如有人說：「講開悟的人，就是沒有悟。」如果是這樣的話，上至世尊，中至歷代祖師，下至現代一切說禪說悟的人，應該都是沒有悟囉？因為世尊及諸大菩薩、歷代祖師，都講開悟—尋覓真如佛性的方法，那應該也沒有悟啦！

我們學禪的人應當要有個知見：人人皆有生緣。我們每一個人的法身慧命出生的因緣，多得數不完，所以千萬不要妄自菲薄。而且歷代祖師開悟以後，發願再來的人很多。但是往往因為還沒有遠離隔陰之迷，所以重新入胎之後，上一期生死中，清楚明白處處做主的意識消滅了，便忘了過去生曾經悟過。這種人如果遇到個真的善知識的話，一兩年、三五年他又可以重新悟入，可以重新眼見佛性。

還有一種人，是無師智，自參自悟、自見佛性。所以我們學禪的人，不該拾人牙慧，也跟著人家傳播錯誤的知見—說末法時代不可能開悟。應該細心的去探究真實的情況。想探究真實的情況就需要具備參學眼目。

參學眼目的具備，不是從佛學的名相研究中可以得到。如果懂得唯識學的名相，或者佛法教典中的名相，自己覺得很了不起，那就會障礙自己修道的路，因為一定會懷疑善知識的緣故，而善知識未必知道名相。唯識學之研究者，學問雖然很博大，但是卻沒有真實的、了義的、究竟的法。知解雖然學了很多、聽了很多，研究得很透徹，但是本身卻沒有真實的去證驗。像這樣子，即使解說得再多，那些言語、文字都不是真實的義理。

用唯識的名相、佛學的名相；來考問一個善知識，不是聰明之舉，因為善知識往往不瞭解名相。學禪和聞法、研究佛法不一樣，學禪的人不喜歡閱讀唯識學的名相、教相。而唯識研究很透徹的學者呢，會輕視一個真正證悟的人，因為他隨便舉一個名相就能把證悟的人問倒了。

甚至於有時候一個證悟的人，他連一本經典都沒讀過，我們只要問他一句：「須陀洹是什麼？」他便答不出來了。我們就有這麼一位師姊被人問過。她只有小學畢業，當時也沒讀過經典，只知念佛，當她悟後，人家問她：「須陀洹是什麼？」她沒讀過，不知道須陀洹是什麼。她本身在受用須陀洹的境界，住在須陀洹的境界，可是卻不明白須陀洹這個名詞是什麼？然後考問她的人就講啦：「這哪裡叫做悟，連個須陀洹是什麼都不知道。」

有的時候，一個人修學唯識，學得很透徹的話，他遲早會與禪相應。如果學得不透徹，一知半解，他跟禪就一定不相應。這種情形自古就有，不是現在才有。天童宏智正覺大師曾說過一句話：「句裡明宗則易，宗中辨的則難。」這是我們已見性的人，今天所學的差別智課程中的一句。我們學唯識就是從句裡明宗，這個很容易。從唯識學的名相裡面去瞭解真如並不困難，但是你若想要從這些文句裡面，所瞭解真如的本質中把真如尋找出來就很困難。

譬如有人學百法明門論而不透徹，偶然來此共修之時，聞我說第七識為心王、第八識為心所。便生煩惱，認為我說法錯誤，便生疑謗。殊不知心王心所，有依緣而說、依依而說之不同，悟前悟後亦不相同。

若在悟前依所緣及能生而說，則是說百法。百法中一至八識之法俱是心王法，簡稱心王；百法中五十一心所法俱是八識所緣之法，名心所有法，簡稱心所。此是依法而說一至八識法為心王，能生五十一心所法故。

若以能依所依而說，即是以一至八識自身互相能依所依而說，則第七識是心王，第八識是心所（此是悟前未轉依位）。何以故？第八識恒而不審，一向與無記相應故，一向與末那俱轉，自實是主而不自作主故。又一向為末那所依，故依依而言，阿賴耶是心所，能知心及作主心之所依故。

《瑜伽師地論》卷51云：「由此末那識我見慢等恒共相應，思量行相。若有心位，若無心位，常與阿賴耶識一時俱轉，緣阿賴耶識以為境界，執我起慢、思量行相。」此謂未見諦者意依第八識為我所，依第八識故，誤認末那自身「恆、審、思量」為我，是為心王，內執阿賴耶為我故。

依依而言：六識不得為心王。意識須依末那而轉方能思惟，故不名心王。又意識依末那而起故、審而不恒故（譬如睡眠、昏迷、入無心定中、死亡，意識即斷）審而不恒，即不得名心王。

依依而言：前五識亦不得為心王。此五識皆秉末那之意而作諸業，與八七六俱轉，自不得轉故，不得名心王。又此五識乃是心法，是阿賴耶之見分，不得名心王。又此五識非恒非審，有間斷故，不執我故，不得名心王。

是故，依末那而說依，其所依即阿賴耶，為其心所，即是四阿含中佛說凡夫之我及我所。故《成唯識論》卷四云：「如瑜伽說：『有藏識故得有末那。末那為依，意識得轉。』彼論意言：現行藏識為依止故得有末那，非由彼種。」據此論言即知第七識為我，以第八為我所。又云：「如是已說此識（末那）所依。所緣云何？謂即緣彼。彼謂即前此所依識（阿賴耶），聖說此識（末那）緣藏識（阿賴耶）故。有義此意緣彼識體（阿賴耶）及相應法。論說末那『我、我所執』恒相應故。謂緣彼體（阿賴耶）及相應法，如次執為我及我所。」

阿賴耶為主人而不自作主，任由末那作主，依末那之意而起諸行，末那不知此理，執之為自內我。凡夫恆有此執而不明此理，誤以作主之末那為王為我，故世世流轉生死。故經云：

阿賴耶為依，故有末那轉。依止心及意，餘轉識得生。

八識心王為51心所有法之主。所即是處所，八識心王既為51心所有法之處所，則51心所有法應簡稱為心法，不應簡稱為心所。然古德譯經時既簡稱為心所而相沿成習，所譯經論復不得擅改，後人唯有沿用一途。末學此處所謂心王心所猶如阿含佛說凡夫之我與我所，乃純就能依所依心體而說心王乃作主之末那，第八識為彼所依之處所，故名心所，非指心所有法之心所也。故依一至八識自體能依所依而言，末那是作主之心王，阿賴耶是其所依之我所心所。

若在悟後，《成唯識論》卷四云：「能審思量名末那故。未轉依位恆審思量所執我相。已轉依位亦審思量無我相故。」以阿賴耶一向無記，雖能鑒機照用，而一向恒隨末那俱轉，故悟後轉依，以七八俱為心王。何以故？悟後末那證知自身非能獨自本然存在，知自身因依於第八而永恒不滅，則第八是心王，自身是臣屬，我癡我見我慢我愛則滅而得解脫。如《成唯識論》卷五云：「解脫經中亦別說有此第七識。如彼頌言：『染污意恒時，諸惑俱生滅。若解脫諸惑，非曾非當有。』彼經自釋此頌意言：有染污意從無始來、與四煩惱恒俱生滅，謂我見我愛及我慢我癡。對治道生，斷煩惱已，此意（末那）從彼便得解脫。爾時此意（末那）煩惱非唯現無、亦無過未；過去未來無自性故。」

觀乎此論，即知解脫與否，端在末那識。以阿賴耶恒而不審故，一向須賴末那而轉。故末那於悟後轉依位雖明阿賴耶為心王，自身為臣屬而脫我見等四煩惱、依於阿賴耶同得解脫。然此解脫功德須末那作用方得，故末那雖不自為心王，其實則與第八同為心王，而不作心王想。若入涅槃時，前七識俱滅，51心所有法不起，則百法俱泯，既無心王亦無心所可言。

修學《百法明門論》者中，有部份人只見百法相分枝末，反而忽略心王本體根本，捨本逐末，專在法相上做學問。不知依緣而說，則相對於五十一心所法時，一至八識俱為心王法。依能依所依而說，應以八識本體而分心王心所時則不如是。淺學之人不明此理，聞我道七是心王、八是心所（我所），便生疑謗。須知法無定法，何況名相？

所以學禪的人，遇到唯識學專家的時候，真是格格不入。學唯識的人，會以他深厚的唯識學問來考驗一個真善知識，但是真善知識尚未研究唯識之前，並不瞭解唯識學的名相，而只談實證，就會格格不入。

佛學學問不能使人得到解脫，到了來生，這一些東西就全部忘光了。但是真修實證者雖然沒有學問，卻是個究竟解脫或分證解脫的菩薩。而佛學博士雖然博學佛法，到頭來仍舊只能以有無神通來判斷別人是否有修證，與俗人無異。

一個學禪的人，就像永嘉玄覺大師講的：「直截根源佛所印，摘葉尋枝我不能。」又云：「分別名相不知休，入海算沙徒自困。」大意是說：叫我去一片葉子一根樹枝那樣去攀折尋覓的話，我做不到，我已經找到根本了，我去找那些枝葉做什麼呢？解脫才是重要的，那些名相是枝節，不重要。如果要去研究唯識的話，窮我們一個人的一生也研究不完，有一天忽然警醒時，這一生已經即將過去了，結果真如在哪裡呢？還是找不到，這豈不是就像永嘉大師所講的：「入海算沙徒自困」？

所以學禪的人，應該是悟後才去讀唯識學，因為讀起來會很親切。可是他偏不想讀，因為比起真如佛性來，那些法相是枝末，所以歷代祖師悟了之後，去讀唯識的人少之又少。而研究唯識的人，大部份人窮其一生不能悟入，因為被這一些法相所障住了，便不肯跟善知識學禪。所以想學禪的人，去尋覓善知識的時候，千萬不要用唯識學的法相或佛學經典上的名相來試探這個善知識。

譬如說馬祖大師座下有八十四位善知識，都是開悟見性的人。但是黃檗禪師卻說他們：「問著個個屙漉漉的。」大多答不出來。他們有自受用功德—解脫的功德受用。可是你考問他的時候，他因為沒有讀過經典，只能直截了當的告訴你什麼是禪。一句話，或者一個動作，只是這樣而已。如果我們用佛學名相來問這八十四位大善知識的話，大概你會說：「唉！怎麼你答不出來？這馬祖大師也是糊塗，怎麼印證你開悟了？」那我們就大錯特錯了。

我們應當要有一個正確的知見—佛學的專家未必就能夠分辨什麼是真的善知識，什麼是假名善知識。佛學專家尚且如此，何況我們一般人呢？為什麼會這樣？因為沒有參學眼目的緣故。要怎樣才能夠具備參學眼目？那就應當要去尋覓真的善知識，跟他學習參禪的功夫，有了功夫以後，再學習參禪的知見，真的悟了以後才具備參學眼目，才能夠辨別真假善知識。

不能夠分辨真假善知識是什麼道理呢？是因為過去生誹謗善知識的緣故，所以今生沒有因緣、沒有能力、沒有參學的眼目，不能辨別真假善知識。想要認識真的善知識，就需要具備定與慧的知見，也必需要具備參話頭的功夫，並且還要眼見佛性。也就是說，悟了之後才具備參學眼目，才能夠辨別真假善知識。

還沒有具備參學眼目的人，千萬不要人云亦云，跟著人家屁股後頭去誹謗善知識。因為那個善知識也許是真的。如果有人誹謗假名善知識，我們跟著誹謗，那個業比較小。如果是真善知識，我們跟著人家去誹謗他，那問題就大了。而且會障礙我們今生和來生見道的因緣。

有些人常常喜歡誹謗某些禪師，但是我絕不亂批評。如果一個人有了參學眼目以後，他絕對不會人云亦云，他會自己去判斷。因為誹謗真善知識，就是破壞正法，這個罪業非常重。世尊在《大乘方廣總持經》裡面也說過，在無量劫以前，他曾誹謗一位真善知識，「這善知識就是後來的極樂世界阿彌陀佛」。結果下了地獄七十大劫，求出無期，非常慘痛。所以我們學禪的人，務必要很小心。

這一則主要是說：想要具備參學眼目的人，應該趕快修學參禪的功夫，早日追求眼見佛性的境界，才能夠認識真的善知識，才能夠避免被假名善知識所耽誤。

第四十則、佛法非禪，禪法非禪：佛法非禪是因為佛法裏面有聲聞法、緣覺法、菩薩法。這三乘之法裏面又分為四種：了義之法—稱為第一義悉檀。還有對治悉檀、為人悉檀、世界悉檀。這一些通稱之為佛法，告訴我們如何可以了脫生死。可是一樣是佛法，其中卻有所差別。而這些佛法從聲聞法裏面可以了脫生死、取證涅槃；從緣覺法也可以了脫生死、取證涅槃；從菩薩的法門明心見性，以及菩薩聲聞、菩薩緣覺一樣可以了生脫死；這一些佛法也不離為人悉檀，世界悉檀和對治悉檀，但是這一些不是禪。

禪稱為教外別傳。在了義經裏面，關於真如佛性，世尊和諸大菩薩說得非常多，但是卻又講真如佛性這個東西「千聖不傳」，祂就是要我們從經教裏面，先有一種概略性瞭解以後，再叫我們自己去體會，所以自古以來，祖師常講：「向上一路千聖不傳。學者勞形，如猿捉影。」這向上一路，經上講得那麼多，差的就是學的人能不能一念相應。而這一念相應的法，這向上一路，諸佛世尊、諸大菩薩、歷代祖師都不明講，所以學的人想要真正的明白，那就要非常辛苦，到處奔波，忙得一塌糊塗，依舊無法悟入，就像是猿猴在水面上要撈水裏的月亮一樣。

歷代祖師也都不明說，即使一宗一派到他手裏快要斷了，沒有辦法再傳下去，他也寧可默然而只是繼續使用機鋒，絕不明講。這就是說「向上一路」才是禪，教外別傳才是禪。所以我們上回禪三，在禪堂外面懸了一幅字：「會佛法眾如恆河沙，得祖意者百中無一。」就是這個道理。

佛法可以講得頭頭是道，真如佛性可以說得天花亂墜。聽的人也不能分辨真假，但是究竟哪一個才是真如佛性呢？找不到！所以說來說去都是佛法，那不是禪；禪就是真如佛性，禪就是佛法大意的總持；所以祖師說：「十二部經盡從這裏出去。」「這裏」就是真如佛性；所以禪門裏面有的人問：「如何是祖師西來意？」有的人問：「如何是佛法大意？」講的就是真心本性。

從一個學佛人的立場來講，經教讀得愈多愈好；但是從學禪的人來講，經教只要瞭解一個大概就可以了，把了義經的意旨瞭解一個大概就夠了，重要的是如何去把真如佛性找出來。

我們常跟各位同修吩咐：跟別人學的禪法，到我們這裏來，要全部丟掉。但是跟別人學來的佛法，你可以留下來。因為佛法不是禪，不是禪法。如果到我們這裏來學禪法的話，就要對我們這裏所講的、所傳授的方法要全盤信受，如果有所懷疑，那就是自己在障礙自己。

接著我們說，一切的人所說的禪法都不是禪，包括我們這麼久以來所說的這一些禪法，也都不是禪。一切禪法是由參學的人或者證悟的人搜尋禪門歷代祖師修學禪的證悟的那些知見和法門，把它蒐集起來，整理出來，用來幫助學禪的人來參究。所以不論是講、說或者是文獻，也不論真的知識或者假的知識所說的、所寫的那些禪法都不是禪。

禪法是我們指示月亮的那隻手指；禪法是手指，不是月亮，所以不要把禪法誤會了就是禪。禪是真如佛性，真如佛性才是真實的、究竟的佛法，又稱理、般若、智慧、真心本性、本地風光、菩提、涅槃、心性、覺、如來、如去、佛心、妙明圓覺、法身、沒絃琴、無縫塔、無盡燈、心月、吹毛劍、鏌邪劍、石上無根樹。還有很多，講不完的名詞。這一些名詞，都是真如佛性不同的稱呼，這個才是正法，真如佛性才是佛的正法，教外別傳才是佛的正法。

經教名相是表相的正法，以經教名相來代表佛的正法，但是它只是代表，真實的正法是藉著經教名相所顯示出來的真如佛性才是正法；而正法絕對待，不可說，所以我們談到現在為止，乃至以後所說的都是禪法，都不是禪。

禪主要的是在每一個人自己去明白真心，去眼見自己的本性，然後自己親眼看見，自己來加以肯定，自己親自獲得功德受用。功德受用可以言傳，但是真如菩提絕對待，離六塵，不能示現於人。所以凡有所說都是戲論，凡有所說皆非實義，知道這一個道理才可以參禪。

第六節　疑　情

第一目　疑情不能發生的緣故

疑情不能產生有幾個原因：

第一個原因：定力不夠。不會看話頭、不會參話頭，或者雖然會看話頭會參話頭，但是功夫微弱，定力不夠，妄想很多，所以疑情不能產生。

第二個原因：生死心不懇切。因為生活太幸福了，譬如說先生很溫柔體貼，公公婆婆又很照顧，兒子女兒也很孝順，那就覺得世間蠻好的，出離生死的意願不夠強烈，就沒有很強烈的參禪動機；或者說，事業作得很順利，家庭很美滿，子女孝順乖巧、功課又很好，都不必操心，那這樣的男人也不容易有強烈的生死心。所以厭離世間，厭惡生死的人才會生起疑情。因此有功夫以後要加上事業不順利，或者家庭不和睦，或者子女不乖巧不孝順，這樣的人，他會覺得世間是可厭倦的，然後他的生死心就會很懇切；這樣的人，有了參禪的功夫以後，知道參禪的方法之後，他就會很容易生起疑惰，所以生活太好的人不容易參禪，除非有大因緣。因此貪著世間的人不容易修行，不容易參禪。

第三個原因：所用的話頭或者公案和自己不契合。一般人參禪喜歡找有趣的公案，有趣的公案對他而言並不一定適合。還有的人參禪選擇話頭不適當，譬如說，某一個參禪的人，他的根性不適合從法而入，他選的話頭，偏偏是「萬法歸一，一歸何處？」那就格格不入；又譬如說，還沒有明心的人選擇的話頭是想要見佛性的話頭，那就和自己不契合，參起來的時候，格格不入，那疑情就不容易生起來。所以我們在第四節裏面介紹一些公案、話頭、把它們分門別類介紹給大家。但是諸位開始選擇話頭或者公案來參究的時候，應當和善知識先研究過，然後再決定用什麼話頭、什麼公案來參究，這樣疑情才容易生得起來。

第四個原因：不瞭解禪的法門，誤以為沒有事情就是修禪。他聽過善知識開示；應該要把妄想丟掉，要有定力才能參禪。所以他就以為要修到無念、離念的那個境界裏面去才能悟。或者說，學會了看話頭以後，就把看話頭當作參禪，所以只看而不參，然後看住話頭就在那邊等著悟境現前，將心待悟，那這樣的話，疑情也生不起來。

第五個原因：知見錯誤，被假名善知識誤導，而認為應該要離開一切妄想雜念，以無念為禪，以修定的方法—數息、隨息、止心、觀心、離一切念的方法當作禪法。那就想要修到一念不生、修到身心統一、內外統一，然後希望把自己放到境界之外去，那是錯誤的修法。知見錯了，所以就無法生起疑情來探究真如佛性。

第六個原因：自己信心不夠，所以時進時退，有時參，有時又擺下來。信心不夠是懷疑世間到底有沒有悟這回事情？懷疑末法時代真的能夠開悟嗎？懷疑我真的能夠開悟嗎？懷疑自己之後，又懷疑這位老師講的到底對不對？

有的時候，學禪的人，遇到一個禪師不識字，在現代或者可以說「只有國民小學畢業」，經本也沒讀到一、二本，心想：「這個真的是悟的人嗎？」隨便跟他問個「什麼叫四念處？」他都答不上來，怎麼可能悟呢？就懷疑這個師父了。有的師父七歲、八歲就出家了，他沒學到什麼學問，他也沒有讀過什麼經典，但是他悟了，有的人就懷疑。那就好像六祖的時代，神秀大師的那些弟子們都說：「惠能法師一定不是真悟，他一個字也不認識，我們神秀大師才是悟的人。」一樣的道理在懷疑著，讓很多的懷疑在心裏攪拌，所以一面參一面疑，結果禪的疑情就升不起來。

第七個原因：以指為月。禪門裏面有句話說：「抱著指頭當月亮。」月亮指的就是真如佛性，那麼指月之指是指出一個方向，告訴我們月亮在哪個地方。修禪的方法就是指出月亮的那個手指，告訴我們怎麼樣去找真如佛性，而修禪的方法不是真如佛性。如果把修禪的方法當作真如佛性，那就會像克勤圜悟大師罵那一些人一樣，到處去聽，聽了以後把它記錄下來，然後記在腦子裏背起來。圜悟大師說：「擔著一擔禪，到處去賣弄口舌說：『我會禪，我會道。』」，那其實叫做口頭禪。所以以禪法為禪的人，他誤會了，疑情也就不會升起來。這一些錯誤的現象，我們要把它丟掉，不要犯了過去學禪者的老毛病。

第二目　疑情五階

一個人學禪有了功夫以後，想要進入見山不是山的層次，於一個自參自悟的人來講，有五個階段：

第一個階段：嚼釘子。我們看木匠在工作的時候，他嫌釘子找來找去麻煩，就抓一把放在嘴巴裏面，然後從嘴巴吐出一根釘子來釘，一面釘一面吐。有時候跟徒弟講話交待工作，一不小心，舌頭就被釘子刺到。我們剛開始看話頭的時候，也會覺得格格不入，平常我們攀緣慣了，剛開始看話頭，覺得很彆扭，那就好像在嚼釘子一樣，常常會丟掉，心裏面蠻煩惱的。

第二階段：精進的人會丟了再提，丟了再提。這樣經過一段時間以後，漸漸不會丟了，那我們說這個階段，味同嚼蠟。看話頭真的沒有味道，已經習慣於看話頭，但是疑情還沒有升起來時，平平淡淡，就好像口香糖嚼到後來，既不甜也不香，什麼滋味都沒有。

這個階段雖然味同嚼蠟，但其實它很重要，心一定要能夠定得下來看話頭。看話頭的功夫如果沒有作好，把答案告訴你，你還是看不到佛性。所以我們現在有三位是見性的解悟，知道佛性是個什麼，可是就是看不見，為什麼?因為過去那一段時間，我常常講：「要把看話頭的功夫練好。」他們不鍛鍊，一直急著去參，結果參出來了還是看不見，現在才肯信我的話，只好走回頭路—去看話頭。像這樣子，話頭看起來就痛苦了。

這看話頭的階段沒滋沒味，但是很重要，將來能不能眼見佛性，就看這一段時間功夫有沒有作好。看話頭的功夫具備了，才能見性，看話頭的功夫作得很好，見性就很清楚。所以這個階段很重要，雖然味同嚼蠟，但是這階段必須作上六、七個月，乃至一、二年。

第三個階段：就像成人在舔棒棒糖一樣。小孩子伸長舌頭舔棒棒糖很正常，可以說是天經地義，對他來講沒什麼難為情。但是如果一個成人也學小孩子一樣拿根棒棒糖一天到晚伸著舌頭在那邊舔，人家看著會說：「這麼大的人了，還跟小孩子一樣舔棒棒糖。」所以棒棒糖雖然好吃，看到人來，趕快拿到背後去藏起來，讓人家看到了，心裏面覺得難為情。

我們常說，看話頭看到疑情升起來的時候，有一些滋味。有滋味的時候，坐下來就會定定地看著一個地方，心中一直看話頭，在話頭裏面有疑情在。如果有熟人走過來的時候，會覺得人家在看我時覺得好奇怪，好像跟人家不一樣：「嗯，這個人腦筋似乎有一點不正常。」我們覺得有一點不好意思就會暫時把疑情擺下來，招呼招呼談談話，然後找個機會溜走，再去看話頭，再起疑情去。這個就是說有疑情有滋味，但是還覺得不好意思，怕人家覺得我們很奇怪。

第四個階段：那就是天經地義像小孩舔棒棒糖一樣，理直氣壯。有人罵小孩：「那麼喜歡吃糖。」小孩卻說：「糖很好吃嘛。」理直氣壯。當一個人看話頭到後來疑情很強的時候，他會覺得生死事大，別人覺得奇怪不奇怪跟我有什麼相干？我了生脫死重要，才不管你覺得我奇怪不奇怪，所以別人要看，讓他看去；別人覺得奇怪，讓他覺得奇怪去，與我不相干。

民國七八年（一九八九年）我去印度朝聖的時候—那時候還沒有參出來—在香港啟德機場轉機，等飛機要等五個鐘頭，所以在轉機室裏面行李安頓好了，我又開始參；看著話頭，眼睛盯著地上就開始參起來。那時同機有二個人就講我：「那個人好奇怪喔！睡覺不閉眼睛。」因為我忘了眨眼睛，一看下去，天昏地暗，管不了眨眼睛這個事情。十幾分鐘、二十幾分鐘不眨眼睛很正常。另一個就講：「對啊！以前張飛睡覺就不閉眼睛的。」由於當時我還沒有進入見山不是山的境界裏面去，（因為要入那個境界要一、二十分鐘）所以他們講什麼？我都聽得見，但是我連抬頭去看一眼「是誰在講話」都很懶，不願意去看。覺得生死事大，我哪有時間去管這一些事情。那就是說，到了小孩子舔棒棒糖的階段，理直氣壯的階段，什麼都不管了，只有這個事情才是最重要的。

第五個階段：進入見山不是山的階段。參話頭參到後來，疑情很強的時候，就把外面的境界都忘了。這種狀況剛開始時，會時斷時續；有時進入忽略現實的狀況，有時又會退回到第四個階段，又感覺有身心世界在。發覺退出來之後，馬上又繼續參，嗯！結果又進去了。到後來就住在忽略現實狀況的時間比知道有身心世界時間要長，這就是在靜中忽略現實的狀態。

那麼在這個階段裏，我們說此人功夫是「水潑不進，銀山鐵壁，綿綿密密。」這個時候，如果突然間升起一念來反觀話頭的時候，你會發覺話頭不在了，沒有話頭，只有個疑。這個時候不需要再把話頭提起來，只要一直疑下去就對了，這就是真正話頭現前。

在這個境界裏面，我們稱之為黑漆桶，為什麼？因為我們在這個境界裏面，就像住在一個很緊密，裏面都用黑漆漆起來的桶子裏面，我們住在這裏面的時候，伸手不見五指，裏面究竟是什麼狀況？不知道，外面是什麼狀況？也不知道。那就是說，我們所要明白的真如佛性是什麼？沒有弄清楚，還不瞭解，裏面還是一片黑暗。而外面我們也忽略了，忘了有身心世界了。

這個時候，他雖然張著眼睛，我們在他眼前揮手，他不知道；我們叫他的名字，他沒有聽到。眼不見色，耳不聞聲。如果他心中起一個念的時候，當下就會退出這個境界。有一個念，有一個妄想，乃至念頭（念的前頭）出現，就退出這個境界了。

如果我們等著開悟的話，也沒有辦法進入這個境界；或者有一個心在等待要進入這個境界的時候，我們也進不去。要進入這個境界，只有不停看住那個話頭，然後專心的住在疑情裏面，漸漸進入那個境界。進入的時候，是什麼時候進入？自己不知道。只有在離開這個境界的當下才知道：「噢！我剛才在那個境界裏面。」這叫忽略現實的境界。

到這個時候，疑情是非常的強烈，世界一切事情他都不放在心上。有這種境界的人，將來悟的時候，會悟得很深入。這五個階段都走過的人，他將來度人的時候，方便善巧會很多。而如果有善知識來幫忙的話，那最多只有到第四階段，不需要經歷看山不是山這個階段就可以悟入。以上是疑情升起的五個層次。

第三目　忽略現實階段不一定要經歷

第一點：經歷忽略現實的原因是因為沒有真的善知識來幫忙，他必須要自己去摸索，所以必須要經歷過這個階段。如果是再來人的話，他雖然沒有人幫忙，但是自己辛苦的參究以後，一年、二年、三年還是可以悟入。如果過去生沒有悟過而今生他已經有禪法的知見，而且有看話頭的功夫，那麼他今生十年，大不了二十幾年，那麼善知識只需要一、兩句話，再給他揮揮手，或者豎起拂子，打他一香板，那這個學人當下就可以一念相應，眼見佛性，不需要再經歷忽略現實的過程。

所以見山不是山的過程固然是一種奇特的體驗，但是參禪的人不一定要經歷這種過程；所以也不必因為自已從來沒有體驗過這種過程，然後就覺得我去參加禪三禪七，大概沒希望悟入。其實用不著這樣想，因為並不需要一定經歷過這個過程才能悟入。

第四目　疑情的忽略現實狀態與一念不生的入定不同

入定是一念不生，因為修學止觀法門到了沒有妄想的時候，再把覺觀、觀照的心捨掉，就會進入未到定，這個是離念法、無念法，而進入定境。在定境之中，沒有覺知，是無記的狀態，智慧永遠不能現前。

如果依教生解，自已認為已經悟了，然後教人修離念法的知識，自已沒有體驗過見山不是山的境界，就在禪七之中，對一個已經進入這種狀態的學人一香板打下去的話，那這個學人可能會被他驚嚇到，而失心發狂。因為在未到定裏面，或者一念不生的境界裏面，他是落於無記，而住在見山不是山的狀態的人就不一樣。

做為一個禪師，應當要很小心觀察，香板千萬不能亂打。因為疑情的相繼不斷而進入見山不是山的狀況，他由於疑情的作用，在參究尋覓，疑念相續不斷，他心無旁鶩，所以忽略了疑情以外的一切境界；雖然不離定力而疑情不斷，在參究真如。在思惟觀、直觀的當下，一直在參究。雖然沒有語言文字而稱之為直觀，但是他有一個分別真假的作意同時存在。

學人因為專注參究而忽略掉外境的時候，身為禪師不可以隨便就下手。必須要先引他離開那個境界，進入我們所引導的方向。在這個狀態參禪的人，他專注於我們所引導的那一些意旨裏面；深入了疑情，這個時候，對於外面的境界，他會忽略掉，但是對我們沒有忽略，很專注的在我們所引導的狀況裏面，這個也是見山不是山的境界。這個時候，才可以大機大用，突然間施設一個機鋒用出去，大用現前，當下就是金毛獅子出生──又一個人悟了。所以疑情的忽略現實狀態跟一念不生是不同的，它不是無記的狀態，這一點大家是應該要注意的。

第五目　參究必須有念──疑念相續方能開悟

參究必須有念：必須是疑情的念相續不斷，才有希望開悟，六祖大師說：「無念為宗」，這個無念並不是無一切念，它的意思有兩層。第一層意思是說：「於世間善惡好醜，乃至怨之與親，言語觸刺欺諍之時，並將為空，不思酬害，念念之中不思前境。」是說對於世間的善惡、好的不好的、漂亮的、醜陋的，乃至對於怨家仇人，或對於自己的至親好友、親戚眷屬、父母子女等等，這些人對我們講話的時候，牴觸我們，或言語刺傷了我們，和我們有爭執、欺侮我們的時候，都把它認為是虛幻的、空幻的、不實在的事情，我們不會生起籌劃加害對方的心。我們在念念之中不去思惟執著眼前任何的境界。這是無念為宗的第一個意思，是指對世間善惡、利害、牽掛的妄想，要把它丟掉。

但是參禪之中，必須要有一個清淨的念—參究的念。所以六祖又講：「若只百物不思，念盡除卻，一念絕即死，別處受生，是為大錯。」假使什麼事都不想，把一切的念都除掉，成為無想無念；這樣的人，如果有一天他的功夫非常的好，到四禪以上的時候，他把念捨掉，那麼進入到一無所有的狀態裡面去，就提前捨報死了。死了之後並沒解脫，還要到別的地方重新再去受胎，這是大錯特錯的事情。

從六祖以上這段話來看，就知道無念為宗不是叫我們保持沒有念。真如的無念，也不是真的無念，還沒有證到這種境界的人，他並不瞭解真如這種無念之念的存在和運作。所以六祖又講：「真如自性起念，非眼耳鼻舌能念。真如若無，眼耳色身當時即壞。」意思是說，真如自性還是有念，這個念，不是眼耳鼻舌身意所能念，所以不是能聽能知的一念心。此真如之念，非解悟者之所能知。真如如果沒有了的話—祂離開了的話，眼耳鼻舌身意，當時就壞掉了。所以無念為宗，不是完全的無念。

接著講到於念無念，六祖說：「於念無念」，是指：「真如自性起念，六根雖有見聞覺知，不染萬境，而真性常自在，故經云：『善能分別諸法相，于第一義而不動。』」六祖這一段話是說，真如自性起念的時候，透過六根六識能隨緣應物，善能分別七轉識諸法，可是真如本身不染萬境，於一切境界沒有染污，而真如自性時常都是本然的存在，自然而然的存在。並引《維摩詰經》講：「能夠對於各種法的相貌生起的次第，遷變的過程清清楚楚的了然分別，但在真如自性的本身，祂卻從來都沒有來去，從來都如如不動」。

從六祖所講的這一段話，就知道無念為宗，並不是指真正的無念，真如如果真的無念的話，必定會取證涅槃。但是想證得這種真如於念無念的境界，卻必須藉著定力來參禪，證悟以後才能到這個境界。所以參禪的人必須要藉著定的力量來生起參究的疑情疑念而觀察分別。這不是離念，這不是無念，不是一念不生。必須是遠離世間一切的念，而提起參究疑情的念；於遠離語言文字之際，心中生起分別觀察的念，而在六根六塵之中來尋覓真如佛性，在穿衣、吃飯、舉手投足，行走奔忙的一切境界因緣之中觀照。所以必須有念，如果離念無念就永遠無法明心見性。

第七節　略談幻覺與魔擾

第一目　幻覺與幻境

學禪的人免不了要打坐；有時候動中參，有時打坐的時候參。打坐之中參究容易會有幻覺，我們先談身體的幻覺。打坐之中腰酸背痛，腿腳酸痛是很正常的現象，痛之後，因血液不通所以產生麻的現象。有的人一打坐便渾身癢，背上癢抓過了，換胸前癢，胸前抓過了換腿癢，大腿抓過了換臉上癢。如果有這種現象，不必管它，隨它癢去，癢到最後它就消失了。如果只是一個地方癢，抓過就沒有了，我們不抓白不抓。不然就會一直與癢對抗，沒辦法參究，所以要觀察情形來做適當的處理。

另外有的人打坐參究的時候身體會動，有的人是下意識的動—那就是配合呼吸在動；吸氣時身體緩緩往後仰，吐氣時身體緩緩往前傾。另外一種下意識的動是覺得前後或左右晃動有一種韻味，很喜歡那種動，所以下意識就自己會晃動，但是自己沒覺察到。

氣動也有兩種：一種是肌肉沒動而在皮膚下快速的上下跳動。這種氣動大部分是在穴道部位，從頭頂到腳底都有可能。另外一種是身體急速搖動—有規則的搖動。這二類都是屬於氣動，與禪無關，不必理會。

下意識的動，我們要能覺察，把它排除掉。如果是氣動，我們無法去管它，就不理它，由著它去動；心裡不要被那種境界所轉，必須安住在參究的話頭和疑情上面。

幻覺還有許多種，譬如身體輕安，參到後來感覺到身體好像不存在、沒有重量，感覺也沒有了，那叫做輕安。知見不夠的人，當他到這種境界出現的時候，突然間反觀身體，因為沒有感覺，以為身體丟了，就害怕而張開眼睛。但是身體不會丟，身體要送給人也沒人要，所以不要害怕，只要安心的繼續用功就好。輕安是因為修定進步的關係，不值得害怕。

還有是清涼。清涼有兩種：一種是在皮膚表面覺得清涼。另外一種是從腳往上升或者從頭往下降，升降的時候，身體內外成一個水平面的涼上來或者涼下去─身體裡面涼、身體外面皮膚也涼，這是另外一種清涼的現象。這也是好的現象，但是不要執著它，必須繼續在話頭疑情上來用功。

此外還有昏沉，那就是定力不足或體力不繼、疑情太微弱，落入昏沉的狀態裏面去。接下去就會變成散亂的狀態，一面昏沉、一面打妄想。

另外有一種人，心裏會很煩躁，不曉得是什麼緣故，也沒有什麼事情，可是心裏面定不下來。尤其是女性，在月事來的時候特別明顯。有這種煩躁現象出現時，仍然要安定下來，繼續在話頭疑情上用功。

前面講過有輕安清涼的現象出現時，有的人會出現喜悅的情緒，我們有喜悅的情緒表示修行得力，已經用上功夫。但還是要把喜悅擺到一邊，繼續提起疑情和話頭參究。以上是在我們色身真實的能夠感覺到的一些現象。我們從禪的立場乃至修定的立場來講，都必須把它歸納為幻覺，因為它不是真實的真如之體，所以屬於幻覺。

然後我們接著要說幻境，這幻境有兩種：一種是虛幻的，一種是真實的。虛幻的境界，通常是在我們身體疲勞、精神不繼之後落入昏沉的現象裡面時才會出現。出現時就好像我們在作夢一樣看見某一些境界，不管是美的、醜的境界，或者是喜歡、不喜歡的境界，都是幻視。

再來是幻聽，朦朦朧朧之中聽到某一些聲音，或者是音樂或人講話的聲音，或是其他不屬於人道的有情眾生講話的聲音，這個是屬於昏沉之中類似白日夢的境界，所以屬於幻境。

通常修定的人，在初期的半年、一年之中常常會發生這種幻境。剛開始發生的時候，大多屬於觸覺方面的幻覺、幻境，譬如打坐時身體變大。身體變大時，我們是在觸覺上感覺到它真的那麼大，不是幻想來的。有的人打坐時，這種境界出現的時候，色身的上半身就像房子那麼大，手臂就像大油桶那麼粗。

這種現象出現時心中不要害怕，只要定定的用心看著它，眼睛不用張開，用心冷冷的看著它。心裡面要有個知見：「打坐參禪中，任何境界出現都死不了人，那我看你要怎麼去變？隨你去變。」沒有這個知見，心不夠篤定，眼睛就會張開，看看有沒有真的變大。張開眼睛看的時候，發覺身體還是像平常一樣，沒有變大。但是那種變大的觸覺還是繼續存在，心裏產生一種矛盾衝擊—眼睛看沒有變大，身體的感覺是很大，這是一種幻觸，很奇怪的一種經驗。有一位居士向學生開示，認為出現這種現象便是證得初禪天身，成為佛教界的笑話。可見他尚未證得初禪，因為初禪天身並非如此。

若因為害怕而張開眼睛看的話，過一、二分鐘或五、六分鐘以後，變大的觸覺會漸漸消失掉。但是以後在打坐中參究的時候，若不小心落入定境，它還會繼續出現。如果心裏面有正確的知見，不去管它，根本不想張開眼睛看，冷眼旁觀而不畏懼，那麼最多不會超過二十分鐘就會消失掉。因為我們知見正確不害怕、不理它，所以這種過程過去了以後就不會再出現，因此知見很重要。

除了身體變大以外，有的人會變小，有的人身體會拉長，有的人身體變扁了，這些全部都是幻觸—觸覺上的一種幻境。但是因為它不是妄想、想像的境界，而是在我們清醒時出現的真實的觸覺，所以稱之為真的幻境。

除了這種幻觸以外，少數人會出現幻視、幻聽、幻嗅的狀態。一般說來在參禪的狀態裡面，在禪法上用功時，這種幻觸或幻境都不會出現。通常是落在定的修法或落入定的境界裡面去時，它才會出現。

我們學禪學定的人應當有一個知見：從來沒有人在打坐的時候，出現的虎狼能把我們吃掉；從來沒有人打坐時出現的俊男美女能成為我們的配偶；從來沒有人打坐的時候，出現金銀財寶而成為富翁；也從來沒有人在打坐的時候，把我們的任何財物搶走，這些境界全部都是虛幻的。

我們的色身以及能知能覺的這個心，尚且是虛幻，何況是在定中出現的狀況呢？所以萬一不小心落入定境，而出現各種狀況的時候，我們以不變應萬變。我們應當知道萬變不離其宗，變來變去都是三界之中的幻覺，所以不要被它所驚嚇，也不要因幻境的美好而沈醉，不要去執著。

以上所講的這些現象，在修定的過程當中會發生，在參禪的過程裡面不會發生，所以在數息七或一般修定的禪七裡面會有。而在禪七裡面，如果在禪法上用功，不落入定法定境的話，就不會有這種現象。如果有人看話頭而不是用思惟觀的話，這是屬於修定的法，那麼也會有這種現象發生。

對於一切色聲香味觸的各種法，我們都應當不執著，如果能夠不執著也不害怕，魔事就不會發生。《楞嚴經》卷七云：「心尚不緣色香味觸，一切魔事云何發生。」所以我們對於定中或者參禪中所出現的各種真的、假的幻境，都不要去管它，冷眼旁觀，回歸禪法，這種現象自然而然會消失掉。

第二目　魔擾與魔境

魔境的產生是因為知見不正，或者求「有」或者下意識裡面喜歡「有」，然後魔就會示現境界來引誘。知見不正是什麼？一個參禪的人，誤以為真如法身有一個身體形象，所以參究的時候就一直希望看見佛的形象。或者把知覺心當作是真如，然後一直往知覺心裡面去深入追求。因為知覺心不是真如，不是絕對，所以祂就會相對的出現一些現象。我們心裏追求某一些境界現象，魔就投其所好，引誘我們成為魔的眷屬，所以會出現魔境。

求「有」是說喜歡定的境界—欲界天的境界、色界天的境界、無色界天的境界、以及因為定而產生的神通，這就是三界裡面的「有」。當一個人知見不正確，追逐這些東西的時候，魔就會投其所好，示現某一些神通的境界，來引誘參禪或修定的人。修行的人如果能夠一心出離而不受它的引誘的話，魔就會示現惡劣恐懼的境界來嚇唬人。所以魔境的出現，大多屬於讓人快樂喜歡的境界，藉以引誘我們進入他的境界之中；如果我們不受引誘，他就會改用惡劣的境界來驚嚇我們。一個知見正確的人，不會被魔的威逼利誘所左右，所以會繼續在禪法上面來用功。到這種狀態，魔就會換一個方式，祂就會在冥冥之中發動這位參禪人的眷屬、親戚及好友、同修道友，來激勸參禪人去廣修各種福業、做善事、勸募、起造佛寺、救濟，做各種義工，舉辦各種活動。我們因為人情的緣故，不好推辭，所以就一天到晚被拉著到處去修福行善。結果就荒廢了我們的功夫及參禪的那些境界，使我們離開了禪法，使我們心散亂。我們漸漸又會樂於世間的各種法，出離心便漸漸淡薄，乃至消失掉了。

但是有一種人卻反過來——必須去修各種的福報、福業。有的人在學佛的過程裡面，布施、起造佛寺、供養三寶、救濟、勸募，做各種的福業，一直都很順利。當他有一天開始修禪的時候，種種的逆境就出現了，家庭、事業、人際關係，都出現問題。這就表示這個人修學第一義的福報還不夠，必須還要再去修各種福業，然後才可以來修禪。

一個人如果接觸到真正的禪法，也能夠學會參禪的功夫，在這些過程裡面，並沒有什麼障礙，那就表示這個人有修學了義法的福報，福慧具足。若已到了參話頭的階段，就要暫時把一切修福的事和業放下來，專心在智慧、般若—也就是禪法上去用功。等到明心見性之後，要修福業可以繼續修福。還沒有明心，還沒有見性之前應當把一切福報修集的事業暫時放下來。所以有緣的人要精進的修禪，福德因緣不具足的話，就應當和有情眾生廣結善緣，多多修集福德資糧；修過一段時間以後再來修學參禪的功夫，看看有沒有障礙。如果還有障礙，就得放下參禪法門，繼續去修各種福業，和有情眾生廣結善緣，並且要每天把所修福德功德迴向怨親債主，將來同得解脫。

魔境大多是打坐的時候，入了定境而產生，在參禪的過程裡面很少產生，所以不須害怕。而且參禪的人參到真疑現前的時候，魔是進不了我們心中的，祂對我們是無可奈何的，所以不須要害怕有魔的出現。至於他化自在天魔，大多是在未到地定很深的狀況或者剛進入初禪的二、三個月之中會示現五欲的境界、尤其是淫慾的境界，來誘惑修禪的人。

陰魔大部分是以傲慢心，或者是以突然出現的一種悲心，讓人悲憫眾生、痛哭流涕，或者出現很強烈的歡喜心乃至出現很強烈的昏沉、煩躁、散亂的心，這是陰魔。

鬼神魔大多是讓人產生瞋恨、怨惱的心，所以祂會用惡劣的聲音，惡劣的觸覺、惡劣的幻視來擾亂參禪人。對於知見不正確的參禪人或求「有」的人—喜歡神通的人或下意識裡面喜歡神通的人，祂就會示現某一些鬼神的神通，使參禪的人離開禪法。魔的種類各不相同，我們應當能夠判斷這是那一種魔。

第三目　如何避免魔擾

想要避免魔的干擾，應當要常常做三種布施，所謂財施、法施、無畏施。財物布施時，心裏不要期待可以獲得怎麼樣的回報，或者未來生可以獲得什麼樣的福報。佛法布施的時候，不要期望來親近學法的人，會對自己有什麼樣的供養。無畏布施的時候不要期待接受我們布施的人或畜生的回報。

在悟之前布施無法做到三輪體空，但是我們也不要有希求回報的心態，這樣可以免除掉魔的困擾。如果常常有魔困擾的人，應常常在佛像之前，將布施、持戒、修行各種慧業以及修行福業的各種福德、功德迴向怨家債主、親友，同學佛道，一同悟明心性，一起解脫生死，所以迴向的時候必須具體。

有的人迴向時很灑脫很籠統。每天晚上就在佛前唱誦：「願以一切修行功德迴向法界。」這樣就完了，表面上看起來很灑脫，骨子裡卻很籠統。所以迴向的時候，對於一個學法有障礙的人來說，必須很具體的迴向。在佛像前具體的唱出自己的名字：「我某某人，願以今天或這一週、這一個月或過去所有修學福業或慧業的福德功德迴向我某某人過去生以及今生的一切怨家債主共同修學佛法，悟明心性，同得解脫。」同時還要呼籲我們的怨家債主一同修學佛法，一同出離生死。這樣發諸於內心誠懇的迴向和請求，時間久了以後，怨家債主和過去生的親友會感受到我們的誠意而不再來遮障我們，因此可以減少或除掉魔的干擾以及怨親債主的干擾，我們在修學禪法上就會比較順利。

第四目　求悟必須要有因緣

求悟必須要有因緣，應該信賴善知識的安排，不可心急。有的人在參禪的過程裡面，不肯把功夫做好，不肯信任善知識，卻一天到晚在打聽悟是什麼樣的境界？悟是悟個什麼答案？這個現象很不好。有的人是善知識怕耽誤他，不肯告訴他那些答案，然後他就轉向佛菩薩去請求，求佛菩薩告訴他。

當他打坐參禪的時候，果然就有魔假冒佛菩薩出現告訴他答案，他就以為自己悟了，他不肯向善知識求證，就直接告訴別人：「我開悟了。」大妄語的惡業便成就了，將來的果報非常慘痛。這叫做未證言證、未得謂得，這要非常小心。

我們曾經談到過：想要悟入，需要福德因緣具足，要有功夫、要有信心、要除掉慢心。這些條件不具足時，善知識寧可幫我們把開悟的時間延後，他不會讓我們在條件不具足的狀況下悟入。

參禪應當要沉穩，要有長遠心，不要心急。急著求悟而不擇手段，到處打聽乃至求佛菩薩幫助開悟，而不是由善知識來幫助開悟，常常會出問題。所以我們要相信善知識的安排，不要心急，等待合適的因緣，在那狀況下自然而然的悟入，這樣的體驗受用才會大，也不會有魔的出

現，是最安全的方法

第五目　勸人修福應觀因緣

勸人修福很好，學佛的初期應修福，所以菩薩六度以修福為首要。乃至菩薩進入初地也以布施波羅蜜為主要修行法門，修福很重要。但是我們勸人修福應當要觀察我們所敦勸的對象，如果他已經進入到修慧的階段，已經學會參禪的功夫，已經在參究的時候，我們就不應當勸他再去修福。應當暫時放過他，讓他專心去參禪或體究念佛。

我們勸人修福應當要常勸，但是更應預防被魔所利用而耽誤別人修慧、阻礙別人修慧。如果以修福的行為去纏著一個已經找到無門之門的修慧者，導致他不能修慧，妨礙他參禪開悟，不但魔王魔子魔女是魔，我們自己本身就是魔。若遮障別人修慧，不論是出家人或在家人，都是魔的眷屬。

第二篇　悟時與悟後

第一章　悟之表象與種類

第一節　悟之表象

我們今天要進入第二篇—悟時與悟後。

第一章講悟之表象與種類。悟之表象，依根門來分，有六門。每一門中各有動靜兩種，而以動中悟者為多。根門就是指六根六門，眼根是一門，耳、鼻、舌、身、意，總共六根，所以有六門。

第一門：眼見色而悟入。譬如：當年世尊在人天大眾圍繞的時候，祂就用手拈起一枝花，這青蓮花據說是梵天天主所供養的。世尊用兩指拈起來只是微笑，沒有講話，人天大眾悉皆惘然，弄不清楚世尊葫蘆裡面賣什麼藥，只有金色頭陀—大迦葉尊者會意微笑。所以世尊講：「吾以清淨法眼涅槃妙心，實相無相正法眼藏，教外別傳，付囑迦葉尊者。」這個是不說而說，見色明心。

又譬如說阿難陀尊者在世尊入滅的時候，他還沒有悟入。後來他問大迦葉尊者，大迦葉尊者只回答他一句話：「倒卻門前剎竿著。」他問這教外別傳，世尊究竟是傳個什麼法。大迦葉尊者叫他去門前把剎竿放倒。剎竿就是上面掛著布幡的竹竿。這也好像是眼見色而悟入，其實是從身根悟入的法。

那麼譬如說，有人問：「如何是祖師西來意？」禪師卻答：「百草頭上祖師意。」祖師意就在那些草上面，自己去找。有人問：「如何是佛法大意？」趙州講：「庭前柏樹子」自己去看。有人問：「如何是佛法大意？」藥山惟儼禪師講：「問取露柱。」露柱就是古時候插在地上，專門綁驢馬轠繩用的木樁，叫做露柱。這一些都屬於眼見色而明心。

第二門：聽到聲音，從耳根而入。譬如香嚴智閑禪師在開墾竹林的時候，把瓦片丟出去，碰到了竹子，「空」的一聲，悟了！又譬如克勤圜悟禪師聽到雞啼的時候，他也悟入了。又譬如臨濟門派，凡有學人入門，便大喝一聲，這都屬於耳聞聲而悟。

第三門：是鼻嗅香而悟入。祖師們的公案，我還沒有找到這麼一個例子，只有在《楞嚴經》裡面，有個香嚴童子，聞香而悟。因為我們這個世界的人，鼻根不利，所以很難悟。但是有個香積國，只要聞到飯的香味，一個個都悟了，鼻根猛利的原故。

第四門：舌嚐味而悟入。《楞嚴經》裡面有藥王菩薩、藥上菩薩，因為嚐味而悟入。祖師的公案裡面，我只見到一則跟舌頭有關的，但是也沒有悟入。有個當官的人，姓韋，他的官名是監軍。這韋監軍去參訪玄沙師備禪師時就問：「如何是日用而不知？」玄沙師備拿起一顆果子叫他吃，這韋監軍吃下肚子，又問：「如何是日用而不知？」玄沙師備禪師講：「這就是日用而不知。」結果還是沒有悟入。

第五門：身受觸。譬如：德山宣鑒禪師，凡有學人入門，一棒就打過去；首山省念禪師，凡有學人問祖師西來意，他拈起竹篦就打。像我們前兩次禪三，我都用竹如意打。又譬如有些居士、耳朵一癢，他也悟了。這都是身受觸而悟入的。

第六門：意知法的根門。其實若要講意知法，前面所講的五種根門，都不離第六種意知法之中，一念相應。因為在眼見色的同時，也是意知法相應嘛。耳聞聲，乃至身受觸也都不離意知法而悟。

至於純粹由意知法中，也就是說純粹是在靜中打坐的時候用思惟觀參究而非因外緣悟入的；譬如在下，是在打坐的時候用思惟觀參究，沒有任何外緣而直接悟入。有些祖師打坐的時候一直往心內深觀，而讓他悟入，但這方法只能見性，不能明心。一般人用此法，一千人中有九百九十九人會落入定境中，很難悟。用意知法在動中悟入者，其實大部份是藉著前面所說的五種根門的因緣而在動中悟入。

譬如說石霜楚圓禪師，悟前參訪汾陽善昭禪師的時候，每一次參究的時候，汾陽善昭禪師或者破口大罵，不然就是談一些不相干的事情：不是舂米就是砍柴，不是砍柴就是挑水，都是粗俗的事情。有一次他就抱怨：「我每一次請教師父，師父您都跟我說一些與禪不相干的俗事，又常常罵我，難道這個罵就是禪師您的慈悲嗎？」這汾陽善昭一聽，不得了了，脾氣就上來了，破口大罵：「你這個惡知識，居然敢稗販我。」拿起拄杖就打。這拄杖打下去，石霜楚圓就開口要呼救──要叫人來救命。這個時候，汾陽善昭禪師突然間左手伸出去摀住石霜楚圓的嘴巴，這一下他就悟入了，就這麼簡單啦。真奇怪！我們從小被父母親不曉得打了幾回，就沒有一個悟的。

以上所說的這些現象總共六種根門，從六根對六塵而悟入。參禪的悟入就不外這六根六塵，離了這六根六塵就沒有辦法悟入啦。可是諸位可別被這六種現象所欺騙囉。因為這六種現象都只是表象而已，真正悟的人就知道其實和這六種表象是不相干的，可是又不能離這六種表象來參。因為這六根六塵是一種表象，所以我們不在這裡面多所著墨，因此概略的說一下就帶過去了，期望於諸位的呢，還是要自己仔細的去參究，去體會；因為跟你說明白說破了，那你一定不肯承擔的，所以還要諸位自己苦苦參究，辛苦的尋覓，然後才有可能自己承當。

第二節　悟之實質

所謂開悟，是說在參究的過程當中，不離定力而一念相應，生起了智慧。這個智慧能斷三縛結、五下分結、乃至五上分結，而與定力相應，所以得到禪悅及解脫正受。從破初參悟得真如，到重關眼見佛性，乃至牢關會末後句，及體驗牢關參禪事畢，皆是一念相應慧，也都或多或少與定力相應。所以所謂的悟，我們可以把它定義如下：「藉由定力參詳而了知有情生命之最初與最後的根源，因而導致無生解脫慧生起的一念相應的過程，即是開悟。」

在悟之前需要修動中的功夫—參禪的功夫，以及聽聞參禪的知見。悟了以後，卻發覺到真如佛性不是因為修行而得，是本來就有的，也沒有一個門可以進入讓我們看見真如佛性。所以祖師常說：「無門為法門」，就是這個道理。而真如不是從修行而得，祂從無始以來本然存在，沒有一個相貌形象可以拿出來示現給人看，也沒有任何一法可以傳給任何一個人。

我們講禪法，而禪法是一種建立，是一種施設；所以禪法可以講，但是禪不可說，說出來的就已經不是禪。悟—不能夠講，因為說出來的已經不是悟了，而且眾生也不會相信的。禪法可以講，可是禪法的自性本來空寂、禪法的自性本來就沒有來去，本來就不可說，已經用語言、文字說出來的，那就是禪法，不是禪法的自性。

在還沒有悟之前，有個開悟可以追求；等到悟了以後，才知道悟的這個法也是本來空寂。悟之前需要學禪法，悟了以後才知道禪法的自性也是空寂。禪不是悟，禪是真如，悟只是找到真如時的一個現象。禪與悟雖然是真實的存在，它不是建立，也不是人的施設，但是沒有辦法提示出來給人看。所以說有悟是錯，說無悟也是錯。因為說出來的，已經不是悟啦。別人講的是別人的，與我們不相干。

悟的實質，不離一念相應慧。凡是沒有一念相應，而靠語言、文字思惟分析所得的結論，那不是悟。必需要自已辛苦參究之後，突然間一念相應，那才是悟。

第三節　漸悟與頓悟

有大師在書裡面開示，他說：「很簡單，你必需從最基本的開始，並通過訓練和修行的過程，經過一段長時間，可能會達到最高點，這即被稱為漸悟。」又云：「開悟來得很快的，我們稱為頓悟，需要長時間修持的，我們稱為漸悟。」事實上，開悟這回事只有頓悟，沒有漸悟。只有漸修頓悟，沒有漸悟。《圓覺經》裡面也講漸修頓悟，而不講漸悟與頓悟。

經裡面說的那些前方便，稱之為漸修，透過漸修之後，悟的時候只是一剎那，只是一念相應。悟不是因為修行的漸漸累積增加而獲得，所以沒有漸悟，為什麼呢？悟—如果是因為漸漸修行增加累積而得的話，那將來一定會漸漸的因為因緣的散壞而失掉了。

真如不是從修行而得，真如無門可入，所以《楞伽經》講：「無門為法門。」祖師又講：「道從門入，不是家珍。」如果道是有門可入，是漸漸修行漸漸累積而成的話，那麼，這不是我們自家裡面本來具有的珍寶。所以祖師又講：道如果是因為修行而得的話，將來必定散壞。真如佛性一悟就具足，一悟就發現祂本然的存在，不是因為修行的漸漸累積增加了悟境，然後才具足的。

南泉普願禪師講：「道不屬修。」我們在悟之前，雖然要經歷漫長佛法知見的聞熏，和定力的鍛鍊修持，而漸漸具備了悟的條件，但是悟的本身卻與這些不相干。

譬如我們想要知道果實的美味，就應當要爬到樹上去把它摘取下來，才能夠嚐到它的味道。我們爬樹之前，先要學如何爬樹，然後去練習爬樹的功夫。但是果實的美味，不是我們從爬樹的開始就知道，也不是在爬樹的過程裡面，漸漸知道那果實的美味。乃至爬到了那樹上，果實摘到了手，還不知道它的味道。必需要把它剝開，送進口裡咀嚼的那個時候，我們才會知道它的味道。

但是我們雖然知道了果實的味道，而知道果實的味道，跟爬樹是不相干的。爬樹不能夠知道果實的味道；但是要知道果實的味道，卻必需要爬樹。所以一個人學禪漸漸的修行—從禪法的知見聞熏，參禪功夫的鍛鍊修學，參到即將開悟的前一剎那，仍然不知道悟是什麼？仍然不知道悟的內容是什麼？仍然不知道我們悟了以後，究竟有什麼正受？在那前一剎那都還不知道。到了悟的時候，方才知道原來悟只是一念相應。

一念相應只在一剎那之間。悟不是點點滴滴累積增加而得，而是一剎那之間一念相應而得，所以只有頓悟而沒有漸悟。但是雖然只有頓悟沒有漸悟，我們卻不可以除掉漸修而期待頓悟，因為漸修是頓悟的基礎。而頓悟只是一念相應，並不是累積幾十次、幾百次的悟以後才圓滿，而是一悟即得。所以《圓覺經》云：「知幻即離，不作方便。離幻即覺，亦無漸次。」就是這個道理，所以只有漸修而頓悟，沒有漸悟與頓悟。

唯識所說漸悟菩薩，乃是已經完成禪宗頓悟的過程—找到真心—之後，依其所證真心阿賴耶識而進修一切種智者，方得名為漸悟菩薩。以禪宗之頓悟為基礎而修學種智，因此得入初地無生法忍；從此地地增上乃至等覺位之無生法忍，皆是依上地善知識聞熏而漸悟。若未經禪宗之頓悟明心，不能入漸悟菩薩位，無力驗證阿賴耶及末那識故；但禪宗之證悟真心，只有頓悟而無漸悟，一念相應即證故；非因聞熏過程中漸漸累積而漸漸悟入故。

第四節　開悟不可以說嗎？

有大師講：「說自己已經開悟的人，他就是沒有悟。」然後過一會兒他又會講：「我從來沒有說過我已經開悟。」這樣子兩句相因，大家就會認為這個人已經開悟了，一定是聖人了。這一種善知識，自古以來歷代皆有，不是現在才有。

因為自己沒有悟入，他不敢承認已經悟了，反而指別人說悟的人就是一種執著，就是沒有悟。這種錯誤的說法，誤導了許多學禪的人，都不敢去親近一個真正悟入的人。

祖師們那麼多公案都說悟，譬如《六祖壇經》，永嘉玄覺大師《證道歌》，三祖僧璨的《信心銘》，還有祖師講《參同契》。更多的祖師寫了更多的歌謠都講悟，世尊也講悟，《景德傳燈錄》、《續傳燈錄》、《指月錄》，通通講悟。乃至淨土宗《蓮宗寶鑑》，也講悟。這麼多的祖師、菩薩都說悟，怎麼可以說我們現代的人不能悟呢？怎麼可以說現代的人悟了不能講呢？

我們中國人有一種習性很奇怪，那就是「崇古貶今，貴遠賤近。」都是崇拜古時候的人，貶抑當代的人。所以有的時候，我們有老師會跟我說：「抱歉啦！因為老師你還沒作古嘛，你還沒有成為祖師嘛，所以人家會不相信嘛，所以我們不免要多引用一些祖師所講的東西。等到五十年、一百年後你作古了，人家就相信你了。」我說：「也對！」所以我必需要引用一些祖師所講的東西來作為佐證。因為中國人的習性就是崇古貶今嘛！而歷代悟得真的祖師也是一樣，他們在講真實之理的時候，當代的人多數不信他，只信已作古的人說的。等他作古以後，後代人才信他。

還有一種習性就是貴遠賤近：遠來的稀奇高貴，近處可得的，不稀奇不高貴。所以有一句話說：「遠來的和尚會念經。」至於我家隔壁那個寺院雖然那麼大，那些和尚我看不會唸經啦！因為太近嘛！這種習性，自古以來就是這樣。禪門裡面，有很多人是這樣，尤其是舞文弄墨的佛學研究者更是如此。

達摩祖師初到東土，他在起程之前，他的師父般若多羅三藏就跟他講：「汝所化之方，得道者不可勝數。」達摩祖師在中國也講過：到末法時代，中國地區參禪的人「潛符密證，千萬有餘。」在末法時代，私下悟得真如，私下親證真如佛性的人很多，只是沒有名氣，人家不知道。這樣的人，不只一千人，不只一萬人。也許達摩大師所說的千萬，真的是一千萬也不一定。那麼既然有這麼多的人可以悟，怎麼可以說我們現代的人不能悟呢！

也有大法師勸我說：「悟了以後不可以讓人家知道，應該要善於隱藏，也不要跟人家講悟的體驗。」這個話有一點奇怪。菩薩從大悲心而生，菩薩怎麼可以效法聲聞的心態呢？更何況聲聞羅漢入滅之前，還不辭辛苦的度人，怎麼菩薩反而不如聲聞呢！

我們在電視上常常看到一個廣告說：「好東西要和好朋友分享。」如果我們悟得不真，那沒話說。如果說已經參得禪，已經證得真如佛性，就應該要告訴同修們，應該要幫助同修們同樣可以悟入才對。所以不應當說「悟不可以說」。真正的悟了，不必害怕承認開悟；沒悟的人才會不敢承認開悟。

可是掉轉話鋒，我們反過來講，雖然說悟了可以承認已經開悟，但是也不可以隨便為任何人來講。而應當要觀察當事人的根器，是不是能夠契合。說到這裡，不免要拿我自己出乖露醜一番。

一九九〇年底悟入了之後，到一九九二年中，一直都是滿腔熱誠，到處要把這個體驗奉獻給所有的同修，所以見了人就跟他推介無相念佛法門！告訴他們學會了無相念佛就會看話頭，會看話頭就有悟入之處啦！今生一定可以悟了。

我滿腔熱誠逢人便說，就不懂得去觀察：那個人是不是適合跟他講這些話？那個人有沒有福德因緣去聽這些話？那個人能不能夠聽得進去？我不懂得觀察，所以講了很多，都變成馬耳東風。言者諄諄，聽者渺渺。甚至於有的人兜頭就一盆冷水從我頭上倒下來：「你別開玩笑啦！什麼時代啦！還可能悟？你算什麼？」所以悟了之後雖然可以講，但是我們要講的時候要看當事人的根性、他的福德、他的信心、他的知見夠不夠？再觀察這個人有沒有慢心，然後我們才能決定要不要為他講禪法，如若不然，還是默然比較好。

同樣的，悟固然可以講，但是也不可以跟還沒有悟的人講牢關、圓覺的境界。如果認為這個人根性可以，要為他說的話，我們必需要從明心見性開始說起。在解說明心見性之前，必需先要為他講鍛鍊功夫的知見和方法；等到他明心見性，並且學過差別智，建立擇法眼之後，才能跟他講牢關、圓覺的境界，不然難免會產生誤解。

因為圓覺、牢關的境界之中，沒有開悟可言，沒有見性可言，也沒有牢關可言。所以還沒有悟之前不可以說悟，也不可以說沒有悟這回事情。還沒有透牢關，未得圓覺境界之前，雖然已經見性分明，也不可以說沒有悟。因為對於明心以及見性的人而言，悟是一種真實的過程，是一種真實的解脫功德受用，所以不能講無悟。否則就是還沒有渡河，就把船捨掉了；或者說渡河渡了一半就把船丟掉，這個就稱為顛倒、邪見。如果有善知識講「無悟可開，不要求悟。」那我們千萬要小心，不要去跟他學，因為這個人不是真正開悟的人。

第五節　悟之種類與正受

這一節分成解悟與證悟兩個大部份來說。解悟與證悟又各開初參、重關、和牢關三個次第。我們首先講解悟。

第一目　解悟三關

第一關：破本參。解悟的破本參，是依照了義經而明白什麼是真如、真心。解悟而知道真如，或者跟著解悟的善知識而明白真如，或者閱讀解悟的善知識的著作而明白真如，乃至閱讀過去祖師之中解悟者的語錄而明心的話。這一類都稱之為解悟。因為世智聰辯、閱讀思惟而得的悟，十之八九會落在識神之中。而以了義法的知見的思惟當作是開悟，這個只能稱為知見，而不能稱為見地。

所謂見地是指真正悟得真如的人，他的所見所知才能稱為見地。但是雖然沒有見地，一個解悟的人，照樣能夠說各種深妙的經論，只是他遇到了各種境界的時候，他就沒有辦法乾淨俐落的通透。如果他來解釋祖師的公案，那就會錯誤百出。這一種解悟，稱為相似般若，不是真實的般若。它能夠斷身見，而不能斷我見。它沒有證悟者的功德受用。這一種人自已認為已經悟了，但是還有一個覺照的「我」存在，所以他的慢心很重，所以他解悟之後不久，就會成為一宗一派之師，就會廣設大道場，到處說法，受人頂禮供養。

因為是解悟的關係，所以覺明不現前，所以雖然斷了身見，但是他的解脫功德受用很小。他的過失就是所悟的真如不真實，稱為因地發心不真。這一種人慢心很重很深，他不肯低下心來參訪別人，所以無法得到真正的善知識。

第二關：破重關的解悟，也就是見性的解悟。見性的解悟，就是說他明心以後，聽聞或者閱讀善知識的著作，或者他自行參究，而悟明了佛性是什麼，悟明了佛性的真實的意義，但是他無法眼見，這就是重關的解悟。他不能眼見佛性，過失完全在於他缺乏定力和知見。

如果前一關明心是解悟的話，那麼重關的解悟一定會以六根知覺之性為佛性，這是妄覺之性。如果明心的時候，明得真而能深透成片的話，那麼他會以這個見無所見的這個見，也就是見到眾生真如的性用，當作是見性，而不能眼見，這也算是重關的解悟。雖然兩者所參究得的不相同，同樣是重關的解悟。

我們參禪的人想要眼見佛性，必須要真實的明白真如本心，必須要切實的去辨明真覺與妄覺，然後配合定力參究，一念相應，才能夠眼見佛性。如果定力不具足，或者不能夠辨明真覺與妄覺的人，或者明心不是真實的悟的人，都無法眼見佛性。只有真正的明心並且加上有足夠的定力的時候，一念相應，才能眼見佛性。

《大般涅槃經》卷二十七云：「聲聞緣覺定多慧少，不見佛性。十住菩薩雖見佛性猶未了了，以首楞嚴三昧故能得明瞭。」意思是說，聲聞和緣覺這兩個法門的修行人，因為專修定，慧很少，所以沒有辦法眼見佛性。而十住菩薩偏修於慧，定力微弱，所以雖然眼見佛性，不能夠非常的清楚分明。要想眼見佛性清楚分明的話，這位十住菩薩就應當要修習首楞嚴三昧。藉首楞嚴三昧的力量，才能夠見性明瞭分明。

什麼是首楞嚴三昧？有二十五種修行的方法，我們常常提倡的無相念佛，就是首楞嚴三昧之中的一種。所以沒有這個功夫，就無法見性了了分明。所以這個功夫作得不夠的人，一念相應之後，見性的時候，就會見得朦朦朧朧。這個功夫作得越好的人，見性的時候，就更可以了了分明。所以無相念佛的功夫一定要做好。禪門裡面，看話頭的功夫，相當於無相念佛的功夫，一定要做好。藉這個三昧的力量，才能夠眼見佛性，了了分明

第三關：牢關的解悟，是說這個人，他世間的智慧，非常的高，可以說是辯才無礙，人間少有，加上他本身文學的造詣很高，所以用這種優越的條件，廣泛的閱讀或者研究禪宗祖師的各種公案和語錄，因而破解了祖師所設的牢關的意思。但是因為前面的明心和見性，都是解悟而

非證悟，再加上本身並沒有定力的配合，所以這一關也是一樣，無法真實的體驗，祇得到了解悟。

如果三關都是解悟的話，解說祖師的公案，就有差錯，沒有一貫性。乍聽之下，似是而非，沒有真正領悟的人，也不能夠辨別。如果前面的兩關，是真的證悟，而這一關是解悟的話，那他解說祖師的公案，就一定正確，不會錯誤。這裡面的真假虛實，祇有一個真正明心且真正見性，並且具備差別智而且已體驗牢關的人，才能夠辨別。明心見性後，未學差別智，尚未發起擇法眼的人，還是不能辨別。

所以有些人因善知識引導開悟以後，還會到處逛道場。因為他沒有差別智，他明心悟得不深，落於片段，他沒有擇法眼；或者雖有差別智具擇法眼，而停留於悟前的判斷，未起意去檢查善知識，使他未能辨別一切的善知識。所以看到哪裡有大名氣的大師演講，就趕場去。哪裡有遠來的大師辦什麼活動，就趕了去。但是他無法從所謂的大師的言談舉止、著作裡面去判別這個大師是不是真悟；他暫時還沒有那個能力。

那就是說明心的部份，悟得不真實、不深入、未能成片。見性的部份見得不真實，再加上差別智的學習不夠，擇法眼還沒建立，或者沒有檢查善知識的觀念，所以無法去辨別。不要說辨別一個善知識是不是真的悟，乃至去辨別什麼是聲聞禪、祖師禪，他都辨別不了。而實際上這裡面差異非常的大。因此我們已悟的人，要把自己的見地，拿出來運用，不可以同未開眼的人隨波逐流。

那麼聲聞禪落在什麼地方？聲聞禪落在行住坐臥一切身念處、受念處之中。從身念處、受念處之中，注意每一個當下的動作。然後你去觀察而開悟證實色身的虛幻。色身虛幻的緣故，身見斷除，所以三縛結便斷除，這是聲聞禪。而聲聞禪的開悟，不能夠明心，無法明白真如，也無法眼見佛性。在南洋及歐美有許多這樣的南傳的善知識在講禪，大多屬於這一類。

我們中國的禪──祖師禪，是釋迦世尊的教外別傳，悟了之後明白真如、眼見佛性，聲聞禪行者見不到。這個呢，對於一個真正悟的人，必須要從自己的見地出發，去觀察聲聞禪的修法，才能夠明白。悟得真，見性見得真之後，差別智學得很好而建立擇法眼，才有能力去判別。所以一般說來，明心見性和牢關全部都是解悟的人，所說的東西，雖然他實際上還沒有證悟，但是一般人是無法辨別的。乃至明心見性的人，差別智不夠，擇法眼還沒有建立而仍有權威崇拜心態的人，一樣是不能辨別，所以這方面能夠辨別的人很少。

至於牢關的解悟，是一種什麼樣的狀況？我們這裡暫時要賣個關子，留到後面的第三篇第三章第二節第五目裡面，談到牢關的八則公案之中再說。

第二目　證悟三關

現在我們要進入到第二目裡面來談證悟。證悟同樣分為三關；這三關是因為禪宗史上的演變而產生，因為根性越來越低劣，所以禪法就必須越來越細膩。從世尊在西天拈花微笑，傳到中土五祖，都只有一關。到了六祖的時候，聞他人誦《金剛經》而明心解悟，所以講：「菩提本無樹，明鏡亦非台，本來無一物，何處惹塵埃。」這還只是明心的解悟。一直到了他在寺後的柴房，日夜不停的舂米、踏碓、砍柴，沒有一句怨言，沒有絲毫的慢心。五祖觀察後認為：這個人的知見可以用，這個人也沒有慢，這個人信具足。然後選在三更半夜為他一個人講《金剛經》。講到「應無所住而生其心」，這下才算一悟徹底。所以六祖的悟，其實是五祖的開示下才悟的。在此之前所寫的那首偈，只是解悟而已，並沒有真正明白什麼是真如。但是一般的善知識不敢講這個話，而實際上的情形卻是這樣。

「應無所住而生其心」；如果悟的是片段，對這句話還沒有辦法完全的明白。悟得真，能夠成片而不間斷，那就是說像諸位這樣明心的，才會真正的明白「應無所住而生其心」是什麼？因為此心非彼心啊！一般的心都是有所住。祇有真如這個心，才是無所住，但是雖然無所住，卻能時時生其心。真正明白這句話的人，同時也會明白《維摩詰經》講的「菩薩諸有所作，舉足下足，當知皆從道場來」。這兩句經文的意思是一樣的，完全沒有差別。

那麼，六祖算是兩關，以後漸漸的就有三關。在歷代祖師之中，有很多是明心而不見性的人。也有許多是見性而不到牢關的人。也有一部份能夠到牢關的人，但不多。並且有人到了牢關而不能過。過牢關的人，那就寥寥無幾啦！所以，石霜楚圓禪師罵諸祖，罵得真是有道理。他不是譁眾取寵，不是故弄玄虛，確實是那樣的。至於為什麼會有這麼多的差別呢？那就是說每一個人的定力與慧力，參差不齊的緣故，所以會有這許多的差別。

第一關：破本參的證悟，也就是破初參的證悟。破本參、破初參，就是開悟，就是明心—真實明白自己的真如，也同時明白一切有情眾生的真如。一般說來，在打坐之中，參透悟入的人，不能眼見佛性，亦不能明心。若有定力，仍不能明心。

在動中從眼、耳、鼻、舌、身五根中，一念相應的人，有的只是明心，但也有人同時眼見佛性，這個是要具備看話頭的功夫，乃至初禪的功夫，經過長期的艱難困頓，自參自悟而得。如果有福德而遇到真善知識，且沒慢心又肯信受善知識開示的話，那麼他因為原來有功夫，心地比較細膩，所以在引導開示之後，突然間施用一個機鋒，就可以明白真如是什麼！他就可以隨時親自體驗真如。如果定力不夠的話，就無法眼見佛性，那就應當鍛鍊看話頭的功夫。

一個開悟的人，他已經真實的了知真如不是妄想、思惟、分別、覺觀的心，不是能聽能知之心，也不是無念時（常寂常照）之心，而能夠時時刻刻觀照真如，確定這個真如是真實不滅的本來面目。而這本來面目，沒有一個我可得，沒有一個能知能覺能觀的人，也沒有一個能聽的人，但是卻可以不離一切的知覺而觀聽了知各種的機用。在各種煩惱境緣之中，證悟者可以時時觀照真如的不生不滅，不來不去，不一不異。

悟了之後，只是明心而不見性的人，內攝多、外緣少，因此常常會住於真如的空境之中，住在理一心的狀態裡面，遠離了妄想分別。這種理一心的狀態，能夠維持多久？那就完全要看這個悟的人，他本身定力的強弱，以及煩惱習氣的深淺而有所不同。但是他的見地，永遠不會退失掉。因為他所悟真實的緣故，因為他有真善知識護持的緣故，因為他有《維摩詰經》與《圓覺經》及一切了義經法力護持的緣故，所以見地永遠不會退失掉。

悟的現象裡面有一種是在坐中悟。坐中悟有一種現象很不好。那就是說在打坐之中悟入的人，十之八九，會以無妄想時能知能覺的心或者無妄想時的靈明覺了的心，或者是無妄想時覺照的心，作為真如。這個不是真如，這個還在一念無明之中，還沒有到無始無明的境界。所以坐中悟的人，必須要尋覓真正的善知識來勘驗；更須要提防假名善知識錯誤的印證，以免在一念無明之中，誤認妄心為真如。如果不明白這個錯誤的話，在這境界被印證了，那麼我們說他呀！一死之後永不再活，就死在這裡啦！

定力很強的人，知見如果具足的話，他在坐中自參自悟時，因為心很細膩，所以悟得真實。悟了之後，由於定力很強，他不會像一般開悟的人那樣跳起來；他反而會沉靜得近乎冷酷，而坐在那邊身心不動。他以心眼來照見真如的運作，以心眼來照見真如動與不動的狀態。

他下座之後，會在一切的境緣之中來體驗真如。以真如的不生不滅，永恒不壞來對照色身。對照能知能覺、能聽能知的妄心，乃至對照世界。這個時候突然就親證身心世界虛幻不實的那種境界；因此呢！世界身心的真實感消失掉了，他就親證到了「人生如戲，世界如幻，菩薩道如夢」的那種境界。無漏智—無生的智慧，就出現了，因而得到了解脫的功德受用。《維摩詰經》講：「菩薩諸有所作，舉足下足，當知皆從道場來。」就是深入悟明真如者的境界。這個不是解悟的人，所能夠明白的；這個也不是開悟明心，悟得片段的人，所能夠明白的。

接著我們要說有一種人—應該說是大部份的人—定力雖然很強，但是他已經參很久了，還沒有辦法悟入，心理上也還沒有悟的準備。然後因為某一種因緣，而從善知識那裡突然悟入，喜出望外的結果，就會喜極而泣，悲喜交集，然後就會哭泣，掉眼淚。那麼，不管是在動中悟的，或者是在靜中悟的，因為悟得真的關係，所以悟境和見地都不會退失掉。

如果沒有定力，或者是定力弱的話，那就不容易自己悟入，須要善知識的幫忙，才能夠悟入。這種定力不足的人，在確定已經明白真如，能夠體驗真如的時候；他會心中狂喜，非常的踴躍，不停地哭泣。悲喜交集之後，理一心的境界，會漸漸的退失掉。但是他的見地，仍然照樣不會退失掉，照樣能夠時時刻刻照見真如。因為他的定力不夠，理一心的境界，也就是禪悅的境界，很快就會過去。所以悟境很快會退失掉，覺明現前的現象，也會迅速退失掉。我們說他悟境的覺受，就像是雨夜之中電光見道，速得還失。

在雨夜之中，沒有星星、沒有月亮，什麼都看不見。當天上打雷的時候，電光一閃，路看得清清楚楚，只不過那一兩秒鐘，又看不見了。定力不夠的人，悟了有這種現象，禪悅的覺受很短暫。所以理一心的境界—沒有妄想的境界，很短暫就過去啦！他留下的只有見地。也就是說，他很明白真如是什麼，他也可以時時刻刻體驗真如。但是這種人有一缺點：如果他對第一義的知見不具足，又遇到惡知識跟他講：「這個不是真如，你錯了！」尤其是那個惡知識名氣很大的時候，他就被轉了，退失掉啦！那麼如果他沒有遇到惡知識的話，因為他悟得真實，所以身見、我見會斷除，這種人也是證悟、開悟。

這種人跟解悟明心有何不同？不一樣。明心的解悟，祇能斷身見，不能斷我見。明心的解悟，他會把能知能聽的心，當作真如；把這個能夠覺照覺知的心，當作真如；所以不以色身為我—身見斷了，但是他還有個知覺的我在。事實上，如果是證悟的話，這個真如不自覺有一個我，不一樣的。所以這個人雖然功夫不夠，若是悟得真的話，我見還是會斷，與解悟不同。我見斷的人，身見一定斷；但是身見斷的人，我見不一定斷。這就是明心的解悟和證悟不同之處。

我見、身見斷了的緣故，疑見、禁取見，隨後也就跟著斷。那這樣的人，從此永不入三惡道。明心這一關，悟之真假，非常重要；因為解脫的功德智慧，就從這裡出生。見性當然是很篤定，親眼看見無形無色的佛性時，就好像一個人重新出生一樣，截然不同。但是，真正解脫功德及智慧的出生，在眼見佛性之後，還是要回到明心這一關。因為如果不明白真如—悟得不真的話，會被我見所束縛，被我見所轉，因此貢高我慢的習性，都無法除滅。祇有明心悟得真，並且眼見佛性之後，才能夠除滅掉這些習性。

悟得真的時候，會時時去觀照有一個我在覺受，有一個我在覺觀，有一個我在分別一切善惡美醜，有一個我在領納一切的境界。不管領納的是污穢的，還是清淨的境界；不管領會的是世間的，乃至寂滅的境界，這觀照領納的心，全部都是妄；沒有一個真實不滅的我存在。

真實的無我，解脫的功德，就在真實的無我見地中出生。所以六祖聽到五祖開示：「應無所住而生其心」是什麼意思之後，大悟啦！五祖就說：「不識本心，學法無益」。我們看到很多人印《六祖壇經》時，都把這句話忽略掉不印，很奇怪！可是藏經裡面明明有，他們卻不印。這句話當然是很尖銳。還沒悟的人聽起來，當然是很難過。尤其是講了義經的人，聽到說不認識本心，不明白本心，學法沒有利益，當然更是難過，但事實上正是這樣。

因為如果沒有真的把真如弄清楚的話，就會落在一個「我」之中。雖然不以色身為我，卻會以能知能覺，或者能夠覺照，能夠領納的心為我，那這樣就不能解脫。像這樣的話呢，善根最好的人，頂多也不過如世俗之人斷身見，或落入聲聞法而斷我見，沒辦法學菩薩法，不能明心見性而見法界實相。所以五祖講這句話是非常懇切的。

真正明白了本心，明白了真如之後，來學一切法才會親切。所以藥山惟儼禪師平常不許徒弟看經，自己卻常常在看經。徒弟們說：「我要學和尚看經，行不行啊！」「不可以，如果你要看經的話，你牛皮也得看透才行。你沒這個眼力，不要來看經。」那就是說一般人沒有開眼之前，其實是看不懂的。我們在沒有悟之前，讀經時往往自以為懂了。悟了之後，才知以前根本就不懂，都落在意識層面裡頭。所以明心這一關才是最重要的。

見性雖然很重要，牢關雖然很重要，但其實最重要的是明心。見性之人，如果明心明得不真，見性就會見得不真，就會把妄覺當作佛性。所以不能夠眼見佛性，就落到感覺裡面去，所以重關見性往往錯會。因為他不明白什麼是真覺、什麼是妄覺。所以明心這關非常的重要，是以後見性和牢關的基礎。

第二關：我們講證悟的重關。重關並不是有很多關，重就是再一次、第二次的意思。譬如說，我們一個字寫不好，老師說重寫—再一次。譬如說我們作一道算術題，作錯了，老師說「重算」，重就是再一次的意思。重關就是第二關的意思，是初參以後再一關。那麼重關在禪門裡面，就是指的眼見佛性這一關。

這眼見佛性，我們把它分成四種人來講。眼見佛性，全部都需要定力。什麼樣的定力呢？能夠看話頭的定力。

第一種是因為善知識──老師或者同修的幫忙而明心以後，再靠老師或者同修的幫忙而眼見佛性，兩關都靠善知識幫助。第二種人是先解悟真如，斷了身見，但是我見還在。隨後他解悟了佛性，明白佛性是什麼，但看不到。兩關都是解悟之後，有一天大悟了見性，見性時他同時明白真如。不是先明真如，然後再眼見佛性。

第三種人是先從同修或者老師處悟明真如之後，再自己參究、自覺而眼見佛性。

以上這三種人，大多沒有經過見山不是山的過程，如果有的話，也是很短暫。如果有經過這過程的話，是因為老師的引導逼拶針錐，以及突然間使用機鋒時的一種暫時的現象。但是他自己不會覺察到有這種過程。

第四種人，稱作無師智。通常都是第一第二關同時過。所以當他明心的時候，就同時眼見佛性。真如與佛性──性、相、體、用，了然分明，因為他是真心真覺的緣故。這種人稱為「歹命人」，他必需要自己摸索，從話尾去摸索到話頭。他建立功夫要靠自己，建立知見要靠自己，摸索參究也都靠自己，在見山不是山的過程裡面去參究，參到廢寢忘食。

在見山不是山的過程裡面，沒有名相，也沒有妄想，也沒有妄念，祇剩下疑情，我們稱之為思惟觀。在疑情之中，尋尋覓覓。經過多年勤苦以後，突然間一念相應。然後他因為經歷很長一段時間的見聞熏修的關係，因此知見足夠，明白這個沒有錯，勇敢承擔下來，就安住於真覺之性裡面。因為從動中修來的定力很強，以及一念相應慧的緣故，所以他悟得本真，不會落到妄覺之中，這種人明心與見性的當下，就能親眼看見自己和有情眾生的佛性。他就能夠真實明白真如的真實空和佛性的有。

佛性是一種空性，但是佛性是在一切的境相上顯現，所以佛性雖然是空性，也具足了有。因為空有兩邊都很明白，清楚分明，所以不落兩邊，悟的當下就住在實相之中，不會像明心的人偏向空的一邊。那麼從此以後，可以時時刻刻體驗真如與佛性的運作，而世界身心的真實感，頓時消失了，因此而得到解脫的功德正受。

如果沒有看話頭的定力或者沒有動中功夫的話，往往就會以六根的感覺知覺作為佛性，只能體會而不能眼見佛性，就落入妄覺裡面去。因為沒有遇到真知識的緣故，所以便會以為這就是見性，就會未證言證，以聖人自居，因而生起增上慢的心態來。因此我們學禪的人應當要知道——佛性在六根中，時時都可以看見。如果眼見自性的話，便能夠隨時隨地照見一切有情眾生的自性，永遠不會退失掉，除了定力退失掉的人以外。

而佛性的看見，必需眼見為憑。眼根若見佛性，則六根一時俱見；這個就是禪門裡頭，講的六根互通——六神通。不是一般的那些鬼神的通。意思就是說眼能見佛性，耳、鼻、舌、身、意，也都能見佛性；就會看到佛性與感覺不即不離。佛性和感覺是混合在一起的。如果定力不退的話這種眼見佛性的境界，就會永不退失。

完全靠自己參究而證入這種境界，在末法時期人家聽了不會相信的，所以他就不敢跟你印證。因此這種無師智，無法得到別人的印證，不可能有法系的傳承。他祇能藉著經教、自己來印證。祇能藉著祖師的公案來自己印證。但是這種無師智，在悟後，世尊還是會給予授記，或者是示現這個人過去和今生得法的因緣。

這一類無師智，大部份是屬於再來人居多。而今生悟的也有，但比較少。因為悟境很深，容易遭到嫉妒，遭到排擠。在末法時代，福德因緣少的人，會懷疑不信，而失去了本身的法利。

《楞伽經》云：「自建立自通者，過世間望，彼諸凡愚所不能信。」所以我們幾個共修道場之中，在三四年裡，有四五十個人明心或見性，一般人是無法相信的。大多會在背後批評、訶責，罵我們是虛妄騙人的。因此，甚至有法師跟我講：「虛雲老和尚參禪參了廿五年才悟。歷代祖師也有很多是歷盡艱難困苦，才能夠悟入。還有更多祖師講經說法數十年後不講了，進入叢林參到死都不悟的，哪有像你們這樣容易就悟入的？你們這些可能都有問題。」這位法師跟我說：「我打算卅年能開悟就很好啦！不敢求見性！」我說：「那你就卅年吧！」

實際上，明心開悟這件事情，雖然自己沒有定力，如果能夠遇到真的善知識，其實一樣可以悟的。重要的是在於我們要能夠恭敬、虔誠，信任信賴而沒有懷疑，沒有慢心。我們在座有很多明心的人，也有很多見性的人，經歷過這個階段之後，你們都很明白的知道：明心，如果是自參自悟，必須有很好的定力。若求善知識幫助，其實不一定要定力，但是信心、恭敬、虔誠、不懷疑、沒有慢心，非常的重要。為什麼？因為如果具備了這些條件，善知識就能夠幫你明心。我們如果信心不夠，有所懷疑，不夠虔誠，心地傲慢。善知識不可能跟我們幫忙的。能不能得悟，其實都掌握在善知識手中。所以祖師們常常有一句話說：「爾鼻孔在我手裡。」就是這個意思。因此，我們學禪要很小心，很恭謹。

另外要強調的一點是：如果我們遇到的不是真的善知識的話，那我們跟他學上十年廿年乃至卅年、四十年啊！還是不可能真的悟入。諸位！自己本身不會游泳，如何教人家游泳？所以有句話說得很奇怪！說：「我有沒有悟不重要！重要的是我能不能幫你們悟。」這句話很奇怪！你沒有悟，怎麼幫人悟？所以這個說法很奇怪。必須本身悟了，知道悟是怎麼回事，然後才能夠指引別人嘛！

《維摩詰經》講：「自疾不能救，焉能救他疾。」譬如說你自己當醫生，自己知道我這個是感冒，可是你自己感冒，都治不好，如何治別人感冒？因此我們選擇善知識，得要很小心，很細膩的去加以觀察，去求證。選擇到了真的善知識，才有機會悟入，不然就要靠自己。

如果我們自己沒有定力的話，雖然遇到真善知識，他也只能幫你明心，無法幫你見性。欲眼見佛性，功夫必須要作得好。如果功夫作得不夠，即使參出來啦！也是朦朦朧朧，霧裡看花。陸亙大夫說：「這株花很漂亮」，南泉普願禪師說：「時人見此一株花，如夢相似。」講的就是這個時節。這句話很多人不懂，很多禪師也不懂，實際上講的就是這個時節。如果功夫不夠，見此一株花，如夢相似—不分明。得要功夫夠、善知識幫你引導機鋒，悟得重關的時候，就眼見佛性，了了分明。所以見性必須要有功夫。沒有功夫的話，我把答案告訴你，照樣看不見。

有的人，有一種不好的習慣，喜歡打電話到處問。或者到處聽、到處問：「什麼是佛性？」有的人，見性之後，一時心軟，就想：「我跟你點了，看你能不能夠看得見？」就明明白白把答案講了。結果反而害了他—看不見！那就是說想求眼見佛性的人，功夫必須老老實實去做。若沒有很深厚看話頭的功夫，即使遇到真知識，也衹能幫你明心，無法幫你見性。我們即使賴著他，賴上一百年，還是無法眼見佛性，衹能解悟佛性。所以百丈大師云：「汝欲見佛性，當觀時節因緣。」

我們有很多同修，可以很容易眼見佛性；這個原因有四種：第一、他能看話頭，具備思惟觀的功夫。第二、他們信心具足而沒有慢心，不被慢心所遮障。第三、他們參禪的知見正確，於參得答案時，容易一念相應而得眼見。第四、他們身旁已有許多眼見佛性的同修，從旁幫忙的緣故。如果有上述四種條件，他遇到真善知識時，當下便可以明心而眼見佛性。悟不悟，見不見性，與參禪時間之久暫都不相干。若本身因緣不具足，所遇又非真善知識的話，莫說三十年，三十劫亦不能明心見性。

我們今天繼續談見性重關的部份，有三種層次。在談到見性的三種層次之前要先聲明：有一些人是以心靈無念的心為真心，這個不是悟，所以這個部份我們不去討論它。另外有一種人，因為聰明伶俐，而沒有動中的功夫，沒有定力，他解悟之後會自以為是，然後就把妄覺當作真覺，自以為已經見到佛性，就會趕快去向信徒勸募，去籌建道場，然後就為人師去也。但是這個也不是見性。

我們說真正見性的人，有三種不同層次。第一種人─他在參禪之前，所修的定力，大部分落在定境方面，他是從靜坐之中，所修得的一念不生的功夫。在定中一念相應的時候，雖然也看見了佛性，但是不能夠清楚分明。當他下座出定之後，不久就看不見了。這是因為功夫是靜中修來的，而見性是要在動中見，所以他的功夫與見性的境界，不能相應，因此產生了下座出定後漸漸不能眼見的現象。

第二種人─他已經有一念相續的動中功夫，但是力量微弱，在動中雖然能眼見佛性，但不清晰。這個狀況就牽涉到一則公案：陸亙大夫見南泉普願的時候，他指著一株花。可是南泉跟他講：「時人見此一株花，如夢相似。」講的就是這個時節。但是自古以來，很多善知識，不懂這句話是什麼意思。因為沒有經驗過這種境界，所以不能夠瞭解。那就是說功夫作得不夠的人，見性的時候，就看得不清楚，不分明。

第三種人—他從動中修得的一念相續的功夫非常強，可是有好處也有壞處。好處是他見性的時候，會見得很真實。壞處是未見性前的明心開悟之時，如果悟的不是片段，是大悟成片，那麼二六時中，時時刻刻，可以體驗及照見真如的運作，也照見一切有情眾生真如的運作。因此他會以為真如的運作是用，就是佛性。那就會誤以為親見這個見不可見的真如的運作，就是見性。

這種現象，我們同修之中有很多人經驗過。大悟啦！悟得成片啦！就以為是見性了；但是這個見無所見，見不可見，仍然不是見性，而是明心的大悟。因此如果有真善知識的指點，就知道這只是大悟明心，體驗真如，照見不可見的真如，而不是眼見佛性。因此善知識觀察到他的因緣許可的時候，一句話點破了，他就能夠眼見佛性。眼見佛性之後，才知道明心大悟境界的正受，並非見性。這時才真實的明白，眼見佛性和明心大悟的見不可見是不一樣的。這種見性分明的人，他不會像明心的人，住在那種內攝的狀態。

我們講見性之後，一根若見，必定六根俱見。禪師講：「見性之後，就有六通。」許多人誤解了。就跟大眾開示：「見性之後，就一定有六種神通。」那是誤會啦！也就表示這個人，還沒有見性。見性之後的六通，指的是六根互通—每一根都能見性，六根互相通流；而不是指六種神通。也不是指身根作眼根用，或者耳根作鼻根用，不是這個意思。因此見性之後，會有幾天乃至幾週，有一種很明顯的現象。那就是他會到處看，到處摸來摸去。走路時敲敲牆壁，會注意去聽；吃飯時很專注去嚐。那麼洗澡的時候，見性的覺受，更加的明顯。

見性的人會隨時隨地去體會佛性現前之後在六根互相通流的新鮮感。洗澡更是如此。所以往往有人初見性的時候，我會叫他洗澡去。那有的女眾會覺得奇怪，說：「幹嘛啊！勘驗見不見性，還要問我洗澡的感覺？」真的是很尷尬！不是的，一點兒都不尷尬，等她去洗澡以後，自然就知道其中的道理了。

所以有位已明心很久的師兄，在這種涼爽的天氣，被狗突然咬了一下，就見性啦！打電話給我的時候，我跟他說：「你洗澡去。」他說：

「我也沒有流汗。」我說：「你洗澡去，洗過了，明天再告訴我。洗澡的時候，要仔細去體會祂。」第二天，他打電話跟我說：「老師啊！我活到四十一歲，每天洗澡，現在才知道什麼是洗澡。」

見性在我們這個世界的人，從眼根，耳根和身根比較容易見。尤其是眼根和身根，特別容易見，特別容易體驗。那麼這一種見性，必須是眼見為憑，耳見為憑，乃至身見為憑。這見性的境界不是六根性用的感覺，不是用體會感覺，而是見。所以明心明得不真，而把妄心的感覺，當作是見性，那是一種誤會。感覺六根的性用，是生來就一直在體會的，但是死後就消失了。可是佛性的眼見，是從出生以來，一直不曾看見。是具備了定力之後，加上「一念相應慧」才第一次看見，這是一種奇妙的體驗。這種奇妙的體驗，能不能夠體驗得很強烈、很具足，那就要看你的功夫做得夠不夠？功夫做得不夠的人，見性的時候，朦朦朧朧，就是南泉普願禪師所講的：「時人見此一株花，如夢相似。」

如果功夫夠，一念相應的時候，那個體驗真的是奇妙得不得了。體驗了這個境界，而心裡面不會很踴躍、不會掉眼淚的人呀！祇有兩種原因：一種是功夫根本不夠，見得不分明，體驗得不夠具足強烈。第二種人是另一種的極端─定力強得不得了。所以見性的時候，木訥寡言，完全住在那個境界裡面，心是不動的，連一點波濤都沒有。這是兩種極端。

這個佛性不是感覺之性，不是我們一般人妄覺之性。要論感覺的性，每一個人與生俱來都有。但是佛性不一樣，是在我們具備了功夫之後，一念相應，才第一次看見。絕不是感覺，絕不是感覺之性。這就好像說，經上講一切眾生皆有佛性，可是這個佛性，祂的出現，並非是我們平常所體會那個樣子。雖然祂是本然的存在，但是我們從來就沒有見過。

《大般涅槃經》中，世尊開示說：醍醐是從牛奶裡面提煉出來的，但是醍醐這東西，雖然不離牛奶，也不能夠說牛奶就是醍醐。牛奶必須經過加工成為酪，再加工成為生酥、熟酥再提煉才成為醍醐。但是也不能夠說牛奶裡面沒有醍醐，因為醍醐從牛奶而生。因此沒有見性而解悟的人，看到《大般涅槃經》講這個道理，則會迷迷糊糊。尚未解悟的人，可想而知，更會迷迷糊糊。

但是見了之後，這一切都明白了。祂是很單純的事情，很本然的事情。眾生之所以不能眼見，就是因為煩惱。煩惱障住了，所以定力慧力不能出現。因為煩惱障住了，心就很複雜，不單純，定力慧力出不來，所以就無法一念相應，就看不見啦！所以要見佛性，必須要除煩惱，煩惱除了才能夠有定力。定力出現了，一念相應了，才能夠眼見佛性。

這一種眼見佛性的體驗很奇妙。因為很奇妙的緣故，所以我們的心，會向外去攀緣。想要時時眼見佛性的緣故，時間久了之後，定力就會漸漸地散失掉，到最後又看不見了，仍然是不見本性。如果有善知識咐囑、交待、護持，告訴我們眼見佛性的保任──「應當要每天繼續去做動中功夫，保持、增進定力。一切時中見性的時候，必須要保持內攝外緣的均衡，不要把心完全放出去。這樣就能使真覺佛性，常常在眼前出現，永不退失。」

在明心階段，如果真正悟得真，悟得成片的人，他的見無所見的境界，永遠不會退失掉，他的見地也永不退失。但是見性的階段不一樣，跟開悟明心不同，會隨著定力的退失，而無法保任眼見佛性的境界。學禪的人，能不能眼見佛性，除了一念相應慧之外，其實是與他的定力強弱息息相關的。絕不是以六根的感覺為佛性。

見性分明之後，就應該從自己的證量而深入了義的經典，去加以思惟整理。不久之後即能貫通教典，可以進入實相。進入實相的人，他雖然住於空的境界，但是他也不離一切有的境界。我們說他的境界是即相離相，空有不二。禪門裡面所謂「大地無非清淨身，溪聲即是廣長舌。」淨土宗所謂的「一句佛號，概括事理。」天台宗所謂的：「空有不二入中道」。法相唯識宗所謂的：「三界唯心，萬法唯識」，至此已可以真正的瞭解，真正的明白。

這種人大都是因為他一念相續的功夫很強，然後透過見山不是山的境界，長期在那個境界裡面用思惟觀的功夫，從法而入，明心的同時也眼見佛性。定力很強的緣故，覺照真心的時候，佛性同時現前。身心明淨、安住不動，在靜聽一切音聲之中，體會真心本性的體與用。

這樣覺照觀察非見聞覺知的真心，以及具足見聞覺知的佛性，幾十分鐘以後，他才會睜開眼睛來觀察自己的身心，乃至整個世界。他就親自體驗到整個身心世界，都是虛幻不實的那種狀態。所以世界身心的真實感消失掉了。對於世界身心的執著，大部分都可以消除掉，因此而得到了解脫的功德受用。從此以後，就開始在歷緣對境之中，修除習氣，不久便獲得薄貪瞋癡的境界，繼而初禪就會不求自得。

以上是說明開悟乃至見性，都必須有體驗，若沒有體驗，不能身歷其境，就不是悟。如果是依教思惟而得的結論，然後自己以為是開悟的話，他的心落在六根六塵或者六識之中，所以他心中會有所懷疑，不敢肯定自己是開悟了！更不敢向人承當。那就不離根塵以及六識，就免不了要永沉生死。

例如：古時有位瑞巖師彥禪師，他還沒有悟之前，每天坐在懸崖上，自己叫自己「瑞巖」。自己又答：「諾」。又交待自己：「惺惺著！他時異日，莫受人瞞。」然後又自己答應：「諾」。結果諾了好幾個月，都在弄識神。

後來遇到巖頭全豁禪師，他就問：「如何是本常理？」巖頭說：

「動也。」他又問：「動時如何？」巖頭說：「則不見本常理。」轉了一圈，又轉回來，還是沒辦法悟。《景德傳燈錄》的記載，巖頭又跟他講：「肯即未脫根塵，不肯即永沉生死。」據傳燈錄記載，他在這兩句之下悟了。但是，說句不客氣的話：「說他在這兩句之下開悟，也是勉強。」如果不是巖頭全豁禪師門下，人丁寥落的話；如果不是他憐惜這個兒子，而在以後，每天跟他開示引導的話，從這句話要悟入，也是難呀！恐怕悟的也是不真。

所以悟，必須是要有體驗，親自去證驗真如是什麼？真如如何運作？不但這樣；證悟的時候，還要把每一個時刻之中，真如連續不斷的運作當下，相對的妄心如何連續不斷的運作？都要證驗清楚分明。這才是真的難啊！明暗雙雙底時節啊，是自古以來，許多禪師們無法完全弄通的地方。所以悟要悟得深，悟得通透，明暗雙雙，了然於胸，不容易啊！

同樣地，明心要體驗、證驗，見性更要證驗。見性如果是解悟，幾乎沒有功德受用。見性必須眼見為憑。因此禪的修行必須體驗，反對體

驗的人，就是沒有證悟，這是絕對的事實。所以我們話又講回來，要能夠證驗，就必須把動中功夫做好；看話頭看得很純熟，憶佛要憶得很好很細膩，念不會遺失，才能真的眼見，才能真的開悟：證驗真如明暗雙雙的境界，眼見佛性清楚分明。若未親自體驗證驗，空有顯赫的傳承和豐富的佛學學問，仍舊不能了生脫死，所以證驗很重要。

第三關：我們要略為談一下牢關。想要破牢關，仍然必須要有定力，而且更需要親自去證驗初參明心—明暗雙雙的境界，和重關眼見佛性的境界以後，再親近善知識才能過牢關的。在過牢關之前，須要先對祖師所留下來的各種公案的密意去深入體會，一則一則深入去悟明。這就是重關之後所應當學習的差別智—後得智。每一則淆訛公案的密意，都必須要逐則參究悟明。以自己明心和見性的見地與功德來加以印證。

有的人誤會這一種過程的累積，以為是漸悟，不知道這是差別智的體究，這種體會不是證悟，所以重關就是見性。重關的證悟，只有一次。過了重關以後，對祖師公案的逐則參究悟解，是差別智的增益；對於解脫的增益不大。這一種差別智—智慧上的增益，與證悟之有很大的解脫相應不一樣。有解脫相應的悟，只有初參的明心，重關的見性以及牢關的體驗，三關各有不同層次的解脫相應。

重關見性之後的幾十次乃至幾百次的公案解會，既然沒有解脫的增益，而只有見地的增益，就不該稱為悟。所以重關不是很多關，不是累積很多次的悟。所以如果有人說大悟幾次、小悟幾十次、幾百次，那麼他的悟必定有問題。近年也有禪師在書中講：「……開悟了，並沒有了生死，悟後起修才是真修，再用參話頭的方法，破除法執……煩惱分分破，真如分分現，我們這一念心就呈現空明的境界，甚至就有感應，就有神通，此即是破了重關。」此即不見性的人，不能以父母所生眼，看見自他一切有情眾生之佛性，而以感覺為佛性。亦必開示廣大徒眾：「這無念的心就是菩提心。什麼是菩提心？清清楚楚、了了分明的這一念靈覺心即是。」以清楚分明一念靈覺的妄心為真如，必將以妄覺為佛性，不能眼見，故不知何謂重關。不明重關者，必不能真正明白何謂牢關；便以為牢關是破無始無明，殊不知無始無明在初參明心時，即已參破。因為誤以「清楚分明，一念靈覺」的妄心為真如，故其明心破初參，不能破無始無明，不能了生死，便誤以為要到牢關才破無始無明。

如果真正過了牢關，隨著他的定力深淺的不同，會分別得到薄貪瞋癡或者斷五下分結，乃至斷五上分結的解脫功德正受。這些功德難以述說。而一個過牢關者，他的見地，也難以述說。講出來了，凡夫也沒有辦法相信。所以我們在後面第二章禪悟正受及諸功德之中，不談過牢關的正受及功德。把它留給一切再來菩薩親自體驗。

牢關雖然偏於慧，但也須要定力相應，才能得到大解脫。想要破牢關，就須要先具足初參及重關的證悟，再學差別智。差別智成熟之後，具有擇法眼，就可以依照我們在後面第三篇第三章第二節之五裡面列出的牢關公案八則去參究。如果還沒有具足開悟明心及重關見性的證悟，也沒具足差別智，沒有獲得初禪以上的定力，請不要去嘗試。不然的話，只會增加枝節葛藤，浪費生命。對我們自己的解脫和幫助眾生的解脫方面，終究無益。

第二章　禪悟正受及諸功德

第一節　禪悅正受

第一目　覺明現前

下面我們要進入第二章—禪悟正受及諸功德—第一節禪悅正受。先講第一目：覺明現前。一切解悟的人都沒有覺明現前的現象。明心的人或者見性的人，如果悟得真，都會有覺明現前的現象；但以見性的人比較明顯或特別明顯，這裡面會有差別。明心的人，如果不知道還有見性重關可以過的話，那他覺明現前的現象，就會很強烈。

但是在我們共修團體之中與別處不一樣。我們禪三的三天裡，要連過兩關（編案：此是蕭老師早期弘法時之作為，今已改變）。明心而不見性的人，看到別人連過兩關，心裡會有壓力，會有失落感。會繼續去參究：「什麼是佛性？要如何才能眼見佛性？」因為分神了的關係，覺明現前的現象，就不強烈。因為心並沒有專注的在體驗真如的運作。所以開悟明心的人，如果沒有聽到說還可以繼續過第二關—求見佛性的話。那麼他就會安安份份的去覺照真如與清楚靈覺的妄心隨時隨地如何的配合運作。因此他就會有覺明現前的現象，會很強烈。但是如果他沒有深厚的一念相續的動中功夫，而是修一念不生—打坐修來的靜中功夫的話，雖然遇到善知識，也能夠開悟明心。但是他的悟境禪悅和覺明現前的現象，不久就會退失掉。但是他的見地，永不退失。

如果看話頭或者憶佛—無相念佛的一念相續功夫很深厚的人，那他的悟境，必不退失，可以常住於真心的空境；身心明淨，得到禪悅，而不是喜樂。如果他的悟是因為師父、老師的幫忙而悟的話，他心理上沒有準備，喜出望外而悟的時候，就會狂喜而泣；時間久了以後，同樣會轉為安祥禪悅。

見性的人，這一種現象特別明顯，如果他的定力很好，但他不是自己參出來，而是靠著善知識的幫忙，突然間明心，而且眼見佛性的話。那他不但是狂喜而泣，還會抱著人痛哭流涕—內心禪悅的洶湧，難以形容。所以每一次禪三，都看到有人抱著人痛哭流涕。不是傷心，而是內心非常踴躍，歡喜得不得了。

從來不知今已知，從來不見今已見，在自己的預料之外悟了、見了，所以身心裡面的那一種狂喜踴躍，在狂喜而泣之後平靜下來的幾週幾月之中，還會繼續存在。猶如瀑流一樣，外表上看來他很安祥、很寧靜，但深心裡面的那種踴躍，沒有證悟的人是很難瞭解的。因此他會常常住在身心明淨的狀態裡，所以就可以遠離睡眠蓋。

遠離睡眠蓋之後，會有一些現象出現：當他打坐的時候，他認為我這個色身現在需要休息，他想：「那就打瞌睡吧！」咦！照樣可以打瞌睡。如果他上座之後，認為我這色身，這個狀況下，不需要讓他休息，我應當精進用功。雖然有一點累了，仍不需要打瞌睡，那就是真的可以不打瞌睡。這就是遠離睡眠蓋，覺明現前的作用，自己可以控制。我們每次禪三，見性的人之中，都有好幾個人是這樣子。但是見性見得不分明的人，就作不到啦！這是一個見性很清楚分明的人，才能夠有的境界。

另外有個現象是晚睡早起，但有的不是晚睡早起，是根本就睡不著。我過去也是這樣，兩個禮拜都沒睡覺。躺在床上作什麼？不作什麼！

也沒有妄想！就是住在無念的狀態裡面－一面觀照真如佛性，一面觀察身體的哪一個部份有點緊張沒有？有在用力沒有？觀察到啦，就放鬆。不停的重複，一直到天亮。

但是，這種住於真心狀態的期間，有長有短。短的話兩三個禮拜，不容易睡覺。長的話乃至有人拖延到將近三個月，睡不著覺，或者晚睡早起。那這裡面的差別在哪裡？就在於一個明心或見性的人，因他的定力強弱不同而有差別。這段期間雖然沒什麼睡覺，可是精神還是很好，身體也不覺得什麼疲倦。但是有一個後遺症－時間久了，火氣就上來啦！口乾舌燥啦！講話的時候，不是吐氣如蘭，而是口臭。因為上火啦！嘴破啦！喉嚨痛啦！牙齒搖動啦！這些現象就出現啦！

我們說這一個時期在睡眠時，最好不要去住在真如或者住在體會佛性的狀態裡面。雖然很新鮮、很奇妙，但是暫時要把它放下。平常去體驗就好啦，該睡的時候還是要睡。所以睡覺的時候，最好是用無相念佛的方法去憶佛：憶佛的時候，不要去強烈的執取憶佛的念，也不要住在真如裡面，而把觀照真心的念捨棄掉。

我們應當要知道：「真心清淨，不觀自在。」一般都說常觀自在，我們偏講不觀自在。祂本來就在，你觀祂也在、不觀祂也在，所以要放下祂。睡覺的時候能夠放下祂，才能夠迅速進入睡眠，而免掉這種過患。非睡眠的時候，則是清明如故，可以遠離睡眠蓋及掉悔蓋；這樣子要進修禪定，就有很大的幫助。

如果沒有定力的話，悟境會退失掉；覺明就不現前，身心就無法明淨，想要修得初禪就很困難。一個覺明時時現前的人，時間久了之後，還是可以像常人一樣的睡眠。乃至於過了牢關之後，更可以享受睡眠，大睡特睡。為什麼？無事人嘛！

那麼明心而不見性的話，住在空的境界裡面，因為還沒有見性的緣故，所以心裡面還是會有牽掛。他就會討厭喧鬧的環境，而喜歡不受打擾，然後自己又另外升起疑情，又繼續參究：「什麼是佛性？如何才能眼見佛性？」所以兩者不相同。

那麼這一回禪三，照樣還是有些人明心也見性啦。睡不著覺，時間久了，上火怎麼辦？教諸位一個秘方，很好用：去買冬瓜來，洗乾淨，把子去掉，連皮帶肉用榨汁機榨原汁；每天喝三兩冬瓜汁就夠了。不要去喝椰子水，椰子水非常寒，有副作用；冬瓜清涼降火，不會有副作用。如果嫌生的冬瓜汁不好喝，加一點蜂蜜也蠻可口的。一次可以把一週、二週的量榨起來，用塑膠袋分開裝好每日用量，把它冷凍起來，就不需每天榨啦！這個方法非常好，諸位可以參考。

第二目　定慧等持

一個人明心而且見性的話，他的禪悅正受，除了前面講的覺明現前的現象以外，還有一個現象，就是定慧等持。見性的緣故，所以心無徬徨，清明無暗，要想定就能夠定下來，想要如一般人一樣擾擾攘攘也可以，沒有約束。那就是說：打坐的時候，要想思惟真如佛性一切諸法，也可以思惟。要想定下來，住在真如佛性的體驗裡面也可以。他的智慧在運作的時候也不離定力的運作，這叫做定慧等持。

在見性的初期，往往還會有一種罣礙，會擔心佛性可能會隱沒不見了，所以在見性初期會常常去看佛性。這樣經過一段時間以後，他就知道，只要能夠保持內攝外緣的均衡狀態，保持我們的定力—動中的功夫不散失掉，就可以永遠眼見佛性。因此他很清楚的瞭解到，因為有動中功夫的緣故，所以見性的境界永不退失。他也知道這種見性的境界，沒有別人能夠強行奪取。經過這一段時間，有了這些體驗之後，就不再耽心眼見佛性的境界會喪失，而能夠在四威儀中，常常保持一心的狀態或繼續無相念佛，在悟後起修禪定觀行之中亦不離無漏慧之運作，此即是定慧等持。

見性初期我們強調要保任佛性的眼見，所以要求大家在平常多看佛性，在眼見佛性的時候保持內攝外緣的均等。但是經過一段時間的保任而不退之後就可以放下祂，而回到憶佛的方法，或者保持一種清明的一念不生的境界，或者保持在時時觀照真如的境界。在這個時候，心是在一種定的狀態，而無漏智永不消失，那就是六祖講的「即定之時慧在定，即慧之時定在慧。」

接下來要一直保持住禪悅的狀態。在禪悅狀態裡面，雖然我們有這個五陰在世間的五欲之中活動，卻能夠不被五欲所控制。但是因為明心見性是「見空及與不空」，所以也不會因為在世間活動時不能離開五欲境界的行為而產生煩惱。因為在一切五欲的境界和煩惱行為之中也不離實相。已經見性的緣故，所以也不會有聲聞人那種「沉空滯寂」的煩惱，所以鬧市裡面，照樣可以安住。

時間久了以後，偶然會再把佛性提起來看祂還在不在？也許再過兩、三個月突然又想到：「現在還看得見嗎？」再看一下，還在。這樣經過幾個月，或者一、兩年之後，他就發現原來佛性永遠都在，再也不會丟掉了。既然是這樣，從此就對於眼見佛性的境界不屑一顧，看都懶得去看祂。

初見佛性時，覺得好新鮮，好奇妙。後來習慣了，沒什麼嘛！就懶得去看祂了。然後接下來，純粹就是依道共戒而住，時間更久了以後，不但是遠離法喜，連禪悅都會把它丟掉。一個人有禪悅之後就再也不會被法喜的境界所移轉、所動搖。

一般人沒有嘗過禪悅的味道，對他們而言，法喜就已經很好了。譬如說：今天有道場辦個朝山，我們去幫忙，雖然很累，可是看大家朝山很歡喜，我們也跟著歡喜；身體是很累，心裏面卻很歡喜。如果再加上有感應的話，那就更不得了。但是如果明心見性了，住在禪悅之中，那種法喜你是不屑一顧的。

可是即使是這樣，這禪悅久了之後，我們還是會把它丟掉，因為有禪悅，就是妄心的作用，還是要捨。因此禪悅的境界可以住一個月、兩個月乃至半年一年，終究還是要捨掉。捨掉之後，就只是住在一種安祥的狀態裡面，也不是禪悅，也不是法喜，更不是喜樂，只是安祥。

可是這個安祥是由於已經親證了菩提及眼見佛性的境界，然後捨離禪悅之後的一種自然的現象，而不是刻意去培養安祥。如果刻意去培養安祥的心境，也是妄心的境界。若不是眼見佛性，若不是親證真如，即使保持安祥一百年還是不得解脫，所以不能夠以培養安祥、注意有沒有離開安祥的境界而得解脫。不能夠倒果為因。

第二節　見地正受

所謂的「見地」，不是知見。知見是聽來的，修來的，思惟得來的，見地則是「證所得慧」，是親證真如，眼見佛性而獲得的智慧，是無漏智。因為他親眼見到佛性的空與不空，親眼見到真如的日用—見無所見，稱為見道。因見道而生的見解才叫做見地。

一個明心見性的人證得菩提之後，對於戒的看法有四種：

第一目　戒的見地

第一：不著有戒。所謂「有」的戒，就是指佛教及外道那些正戒，譬如在基督教裡面有十誡，在回教裡面也有一些戒，那是正戒，叫人家不要做對人們不好的事情。佛教裡面也有五戒，這也是「有」戒，為什麼稱為「有」戒？因為有五陰。

以五陰為根本來制定的戒，所以稱之為「有」戒。五陰是「有」，這個五陰在世間活動也不離「有」，所以從五陰的「有」而制定各種的戒，因此這種戒稱為「有」戒。明心見性的人不再執著這種有戒，所以他不受五戒而以道共戒為戒。

第二：不非戒取戒。所謂非戒取戒，便是外道邪戒。譬如六十二種外道有很多種戒，有牛戒、水戒、火戒、食自落果戒、常立不坐戒、常蹲不臥戒，或者長坐不臥戒，攏攏總總非常之多。施設這些戒，是因為那些外道不明實相而施設的戒法。那麼一個明心見性的人證得實相，他瞭解這些戒都是外道不明實相而施設的戒法，自然能遠離非戒。

譬如有的人持水戒，是因為有外道看見一條魚死了之後，竟然升天了，那他就認為說：人要想求升天就要持水戒，每天要像魚一樣至少泡水幾個鐘頭，並告誡他的徒弟—沒有每天這樣做是犯戒。但是他不明白這一條魚是因為過去生，牠惡業多，善業少，所以先受惡報，這些惡業受完了，剩下來的只有善業。所以牠只好升天享福去。他只看到魚的這一生，沒有看到魚的過去無量生，所以施設了水戒。像這一類錯誤的戒，是根本就不應該施設的戒，所以稱為非戒，非戒而施設這樣的戒，叫做非戒取戒。明心見性的人因為戒禁取見已經斷了，所以他不非戒取戒。

第三：不取相戒。不取相戒是說他以道共戒攝心而住。一般佛子受持戒法都有戒相，那就是說：從五戒、八關齋戒、菩薩戒、式叉摩那戒、沙彌戒、沙彌尼戒、比丘戒、比丘尼戒等一切戒，都有戒相。規定人們不可以做什麼，或必須做什麼，都有戒的表相。但是明心見性以後他發覺到這些戒，都是因為五陰而有。而他從真如的立場來看這些戒的時候，認為這些戒其實對他沒有意義，所以他以道共戒為戒，攝心而住。他從所證的真如佛性出發，來看待世間的一切事。該做就做，不該做就不去做，不被一切戒的戒相所束縛，這就是不取相戒。

第四：不取佛戒。對已悟佛弟子來講，佛戒也是一種施設。戒是佛所制定的，但是佛制定了這些戒，是為了一切佛弟子的五陰而施設。如今既然已經明心見性了，是誰持戒呢？持戒是妄，持戒是色身持戒，是受、想、行、識持戒，在真如佛性之中沒有戒可持的，所以在《念佛三昧修學次第》一書裡面，我們談到大精進菩薩，他悟了以後，「亦不出家，亦不見佛，不受禁戒，不披僧伽黎」，就是這個道理，因為凡是有戒可犯有戒可持，那都是五陰的事情。真如佛性之中，沒有一切的戒可犯，也沒有一切的戒可持，即使是佛所制定的戒也是一樣的。所以明心見性之後，對於戒的看法，他是「不著有戒，不非戒取戒、不取相戒、不取佛戒」，他以攝心為戒，依道共戒而住。

第二目　定的見地

第一：他知道非定不禪。我們以前講過，若是真知識，對於沒有功夫的人，他也可以讓他明心開悟。但是如果對方沒有功夫的話，即使他有心，也沒辦法幫對方見性。所以修學禪法，最重要的就是明心之後還要眼見佛性，然而眼見佛性必須要有功夫。

我們有幾位同修在重關的見性解悟之後，發覺看不見佛性，然後再回頭鍛鍊功夫，終於看見佛性。這樣的人對於「非定不禪」四字的體驗最深刻。

在我們所安排的共修次第裡面，可說是環環相扣。要參禪之前，先得要學會看話頭的功夫，看話頭的功夫之前先要會無相念佛，無相念佛的功夫之前，先要學會無相憶念拜佛，環環相扣，不能夠跳過去。

會看話頭之後，再幫你明心，明心之後要看你的功夫夠了再幫你眼見佛性，眼見佛性之後再學差別智，差別智學好了，具備擇法眼，你才能夠牢關解悟。牢關解悟之後，你才能體驗牢關所悟的境界。這些過程環環相扣，一步都不能跳過去。

可是就偏偏有人不信邪。我說要做功夫，他偏不做。有的人還好，是自己參出來的；有的人是四處去打聽，打聽得來還是看不見；功夫不夠的人，自己參出來時還能朦朦朧朧、霧裡看花一般稍微看得見佛性。如果是聽來的或者從經典去找到答案的人根本就看不見。然後他來找我，我說：「我也幫不上忙，你去看話頭吧！」「那看話頭不是走回頭路嗎？」我說：「對呀！你就得要走回頭路，因為人家辛辛苦苦走過這段路，你沒走過嘛！」

禪這件事情很公平，非常的公平，你若沒有功夫，我最多就是幫你開悟明心，可以體驗真如；但是你想眼見佛性，我可幫不上忙。這下好了，因為真的看不見，只好回頭乖乖的重新再一步一步的去把功夫做上來。但是走回頭路真的很痛苦，為什麼？因為明明答案已經問出來了，偏偏就是看不見。只好老實的去做功夫，終於後來功夫做好了，有一天突然一念相應就看見了。

那麼這樣的人對於我所說的「非定不禪」這句話他最相信，因為他真的去體驗過了，沒有定的功夫真的無法眼見佛性。六祖不是講了嗎？「唯論見性，不論禪定解脫。」要眼見佛性真的須要功夫！所以對於定的見地，明心見性的人第一個體驗就是「非定不禪」。

第二：他已經能夠體會定力與定相和定境的差別。一般人聽說「修定」，那就一定要把腿盤起來坐在蒲團上，不許人家來打擾。誰要來打擾我，我就恨得他牙癢癢的。其實修定不是這樣的，坐在蒲團上正襟危坐，用七支坐法有模有樣，那個叫做定相。像這樣透過定相，應用某些方法：或者數息、或者觀心、或觀念的起處、或持名念佛，漸漸的使心安定下來，妄想少了。雖然還有妄念，那我們說他已經有一些功夫了。

到後來終於妄念也很少了，他可以住在某一些定的境界裡面，那我們說他已經證得一些定境了。但是雖然證得某些定境，他這個功夫是在打坐之中才有，他一下座就散亂了；照樣大發脾氣，照樣是貪瞋癡。那就是說他的定力偏在靜中一邊，而一個能夠見性分明的人，他就是能夠把靜中修來的功夫，帶到動中來。那就是說——他的定力已經培養起來了。

換句話說，定力的鍛鍊不但靜中要做，動中更要做；動靜之中都能夠不散亂、制心一處。不但能夠制心一處，還要能夠有一個正念，清楚分明而不會遺失。一個見性分明的人必定具備這種功夫，所以他能夠清楚的分別定相、定境和定力的差別。定力的定義就是「心不隨定，亦不捨定。」因為心如果隨定的話，就會進入定境而不能參禪；心如果捨定的話就會散亂了，那話頭就看不見了，不能保持正念。

然後接下來他也知道，定的目的和功用。定的目的是要讓我們能夠參禪，不會落入意識思惟妄想之中，能夠真參實證。定的功用，就是因為定的力量而產生作用，使我們能清楚的眼見佛性。使我們能夠親證某一些定的境界，減少我們許多的煩惱。因為他明白了這些道理，所以他不會被定境和定相所拘束。

第三：他也明白了禪與定的差別。我們在第一篇裡面談到禪的知見共四十則之中，也說過一些以定為禪的現象。一個明心見性的人，定的功夫他已鍛鍊了，參禪的過程他也體驗了，他走過來了，所以對於修定與參禪的差別，他已經了然於胸。所以當有人以持咒、持佛名號、止觀、數息的各種方法，當作禪宗的禪來修的時候，他知道他們是錯了。錯在什麼地方？為什麼錯？他完全能夠瞭解。到這個地步他已經很清楚的了知：禪是般若，不是禪定；禪定是功夫，是事修；所以禪定是定，禪是般若。

第四：他知道修定並不是僅僅在靜中修一念不生的功夫，主要的是在動中修學正念相續的功夫。正念相續並不是在心裡面保持沒有妄想的狀態，而是有一個清淨念。譬如：體驗真如的念，眼見佛性的念，憶佛的念。如果是修數息的話，只用一個數目字的聲音在心中，不停的延續下去，也是正念。乃至更細膩的時候，把那個聲音也捨掉而住在那個數目字的意念裡面，好比我們參禪的人講的看話頭，這才是正念相續，而不是心中完全無念的狀態。

第五：他明白接下去要走的路就是修學禪定和各種無量百千三昧的事修的功夫和境界。因為明白這個道理，因為是見道的緣故，所以他就知道，修定其實並不僅僅在靜中修，動中也要去修除煩惱，因為要往俱解脫的路前進的緣故。（註：此依解脫生死而言。佛道則至第三地方修禪定。）

參禪而明心見性是慧的解脫。菩薩的慧解脫，還沒有辦法自己做主生死，生死還要待緣。想求俱解脫的話，他就必須要修四禪，有了四禪的功夫以後，才能夠提前捨報，或者刻意延後捨報。捨報的時間自己做主，來生要在什麼地方，什麼樣的家庭出生，也是自己做主。這就須要四禪的功夫，所以他知道接下去要走的路是什麼樣的路。

第六：在悟後起修的過程裡面，他漸漸的會明白，修除煩惱和習氣，是修定過程中很重要的一部份。一般人總以為修四禪八定，就是必須要打坐，不停的打坐，不停的鍛鍊功夫。但是真正走過來的人，他會告訴我們：「要修初禪、二禪、三禪、四禪的功夫，除了一方面增強功夫以外，另一方面必須要除斷煩惱和各種習氣。」尤其是當我們修學很久終於進入二禪—無覺無觀三昧之後。從這個過程之中，他更深深的體驗到煩惱習氣不斷，是不可能進入二禪以上的境界。所以他最後會明白：修除習氣和煩惱，也是修定的人所必須要下功夫的地方。

第三目　慧的見地

我們在第一目講戒的見地，第二目講定的見地，其實這兩個部份的見地，應該也屬於慧的見地，但是為了方便分別解說，所以另外提出來說明，現在我們純粹的來談慧的見地。

第一點：明心見性者能夠安住中道實相。凡夫是住於有，不然就住於頑空；聽一個悟的人講真如佛性是空性，然後他就落在空的一邊，就以為是一無所有，這就叫做頑空，像虛空一樣一無所有。如果又聽悟的人講真如佛性是真實的有，然後他就會以為既然是真實的有，那就應該有個相，有個形。所以凡夫不是落於空的一邊，就會落於有的一邊。

而明心的人，他已經明白真如的真實存在，但是真如不可捉摸，祂是一種真實存在的空性。悟得片段的人，有體而無用，不能完全明白真如的運作；因為有體無用，就不能融會事與理。明心大悟的人，悟得成片，他就能夠瞭解一部份的有，也就是真如的—見無所見，而不能眼見佛性。而明心見性的人，即空即有，一方面體驗真如的空性，也體驗真如的運作，但是他能夠眼見佛性，所以他不會偏於空的一邊，也不會落入有的一邊。他行於中道，但他卻又很清楚的明白，其實所謂中道，並沒有一個中道可行。

所以明心見性之後，融會事與理，而了知真心本性的「性、相、體、用」也就是實相，實相就是法界一相，法界一相就是真如佛性。雖然無相而能生萬相於一切的五陰之中，非即非離，亦即亦離，猶如水與波浪一樣。真如佛性，雖然不是見聞覺知，而具有見聞覺知的性用，祂不是善惡，而能夠示現有善惡，祂不是垢淨、定亂、生死，而示現有垢淨、定亂與生死。親眼看見實相的空有不二的緣故，所以雖然眼見色、受、想、行、識的空，而能不離五陰，行於一切佛事。雖然知道世間一切法，乃至一切的佛法都是五陰所生，都是假名施設，但是卻能夠隨順於世俗，而不生煩惱，永離斷見、常見。

凡夫認為色身壞了，那就一切都消滅了，這個叫做斷見。有的人認為色身就是我，如果色身的我不存在，那麼這個能知能覺的心也不存在了，除此能知能覺的心之外沒有別的生命的主體存在；這個叫做斷滅論，稱為斷見。有一種人從宗教體驗中知曉人是有過去生的，所以人一定會有未來生，因此他認為這個能知能覺的心是永恒不滅，稱之為常見。而明心見性的人不落斷見，也不落常見裡面。

有一種自性見外道，說人乃至一切眾生中有一個自性永恆不滅。在禪門裡，自古至今，有許多悟得不真的禪師也是一樣，認為這能知能覺的心是永恆不滅。「摸頭頭知，摸腳腳知，在眼能見，在耳能聽。」因為禪師也這麼講，所以他就誤會了，結果就跟自性見的外道一樣，認為我們身中這個能知能覺，能見能聽的心，就是真如，就是真心，然後就把妄覺當作是佛性。這一種自性見外道，六祖罵他們為「將滅止生」，他們不是悟得本來不生，而是錯誤的認為—停止在沒有妄想的狀態裡面的這個心就是真如。他們不知道這個心不離覺、知，這還是生滅心。

但是一個明心見性—明得心真，見得性真的人，他知道這裡面的差別所在，所以不同於自性見的外道，他所證的是—真如本來不生，所以祂永遠不滅。他不是「將滅止生」，這是見性人的第一個慧的見地。我們今天就談到這裡。下面還有兩點，下一週再談。

第二點：於禪宗各種公案真實能知。如果悟的人是無師智，雖然無人教導，但是他的差別智，也會漸漸的成熟，禪門裡的公案，他能夠真正明白，不是意識思惟揣摩研究所得的緣故。如果不是真正體驗證悟而靠意識思惟分析得來的，他並不能真正瞭解傳燈錄裏公案的真實意旨。

而一個真正悟的人，不但不會被錯誤的解釋所左右，乃至他能夠直接去辨別古時公案裏，哪一位祖師是真悟？哪一位是解悟？哪一位是究竟解脫？哪一位只是明心而不見性？又有誰是見性而不到牢關？有誰是到了牢關而沒有體驗？他都能夠瞭解。只是因為他還沒有過牢關，所以牢關裏面的公案所顯示真正的意旨，他還不能完全瞭解；或者是古時的文字與現在語意有些不同，被文字所遮障，所以他無法完全體會。

但如果是無師智，自己建立功夫而自參自悟的人，兩三年內，他還是能完全明白而無遮障。如果有未悟的人，或解悟的人，妄說公案的話，他會知道此人是真悟與否？他的境界在哪裏？所以他能夠在古人以及當代的大小善知識之中的所有著作裏面，去鑑定這些人的境界。

如果不是無師智的話，而是依靠善知識的幫忙建立知見和功夫而悟入的，還是需要跟隨他的老師去學習差別智—後得智，才能很迅速的在半年或一年中達到這個地步。也就是說，到達對於禪宗公案如實能知的境界所需時間之長短，係因悟者是不是無師智而有所差別。

第三點：閱經親切。明心見性以後，對於了義經裏面所講的法相，他已經知道了，因為這是他所親證的內容。他也知道在某一些非了義經所講的事相裏所蘊含的真實之理—譬如說，一般人讀《觀無量壽佛經》

，在悟前都是依文解義，到悟了以後，才能明白《觀經》雖然偏重於事相和功夫的修行，但是裏面卻是有權有實，有事有理。

《觀經》裡各種的觀想法門都在事上講，但是它也說到理的部份，在第八觀說：「是心作佛，是心是佛。」雖然還在事上，卻已經講到報身佛了。到第九觀完成的時候，完全是理—已見十方諸佛，故名念佛三昧；見十方諸佛，就是明心見性—親見一切有情眾生的自性彌陀。所以《觀經》的修法，雖然偏重於事修功夫上，講的是權法，但是也有了義之法—真實之理在內。明心見性的人有法眼故，能在各種經典裏加以判別。

明心見性的人讀了義經時，會發覺經中都是在敘述自己心裏面的事情：明心而且見性的人讀《金剛經、心經、圓覺經、維摩詰經、大般涅槃經、法華經》其實都是講他心裏面的事情。明心而不見性的人有點兒不同，他讀《大般涅槃經》和《法華經、圓覺經》，就隔著一層皮了，可是讀《金剛經、心經、維摩詰經》卻很親切。

如果明心是小悟，悟得片段，讀《金剛經、心經》時，還是很親切。但是讀《維摩詰經》時就會有隔閡，必須是明心大悟成片的人讀起來才會親切；所以閱經親切的功德受用，會因悟之深淺而有不同。

有位師姊，明心見性後，在台中搭公路局車子回來，剛好鄰座是位大法師，兩個人就聊起來了。這位師姊坦然以對，大師則說：「你讀這麼多了義經都沒有用啊！應該真參實修，實證了才算是。」這位師姊聽了實在啼笑皆非，因為她沒讀過經典，只是講心裏面的東西，任憑她如何解釋，大法師都不相信。

如果有一天她把了義經讀過，照本宣科講了義經時，她不會依經解經，而會以她所親證的實相來解說。**在禪門裏有一句話：「依文解義，三世佛怨；離經一字，即同魔說。」如果講經跟經典所說的不相符合，那就是魔說；講經不能依文解義，也不能離經一字，**所以講經是難。一個明心見性的人，講了義經的時候，他不會依經解經，但是他所講的一定會和經典所說的一直相符合，所以他讀經典會非常親切，因為是他親證的境界。

第三節　解脫正受及諸功德正受

一般而言，明心的人必斷三縛結。見性不退的人，必得薄貪、瞋、癡。過牢關的人，可斷五下分結，乃至斷五上分結，但是情況也不一定；見性的人因定力不同，而有退與不退的差異。但是明心與牢關，永遠不會退失掉。這些開悟的解脫正受和各種功德正受，是因為每一個修證者的禪悅和定力的不同，導致有退與不退的不同；因為這種境界的退與不退的不同，而導致每一個人的功德正受有所差別，所以不一定一樣。因此下面要講的總共有九目，讓大家做參考。**因爲退與不退而導致功德有所不同，因此以下講的是以不退的原則來跟各位報告：**

第一目　斷三縛結

第一：斷身見（我見）。見到真心本性的空而恒常不滅，而知道真如佛性是本來無生，所以色身為我的「身見」斷除掉了，以「受想行識為我」的我見也斷除掉，從此他以不生滅、無分別的真如為我，而這個真如、空寂、無色、無念、無受想行識，無有分別，名為無我；這是一切有情眾生的本源，是宇宙萬有的本體。

因為身見及我見全部都斷的緣故，所以自性見也跟著就斷了；前面提到：初入聲聞禪和解悟的人，只斷身見，而不斷我見。解悟的人他雖然口頭上說：「五陰都是假。」認為自己所證得的是真實的空，其實他只斷身見而不斷我見。我見不斷的人，他就會以明明白白清清楚楚處處做主的靈覺之心做為我；所以他的自性見無法斷除。清清楚楚明明白白處處做主的心，這個靈明覺了的心，就是受想行識，稱之為「名」，所以「身見」斷了「我見」不斷。

如果悟得真，知道色身不是我，他更知道清清楚楚明明白白這個靈覺之心，也是虛妄，所以「我見」也斷；「我見」斷之後跟著斷「疑見」。因為已經親見生命真象，能分別真覺與妄覺的緣故，若有定力，不久就看見佛性遍一切處。真正明心悟得深而透徹的人，他的禪悅在幾週或幾月後會變得淡薄，但是他的見地永遠不會退失掉。然後他的「疑見」的斷除會偏於空性，這是因為明心而未見性的緣故。

明心而且見性，並見性不退，隨時隨地可眼見分明的人，因為真心本性常常都在眼前示現的緣故，所以絕不懷疑世間有佛、有佛法、有出家在家僧寶、有聲聞僧、有菩薩僧。他也絕不懷疑他的老師、師父，也不懷疑自己能悟，也不懷疑世間有解脫的境界。他也建立了解脫的知見，知道法界的實相只有一相─只有空寂的真心法界。所以他也在一切相裏見到佛性的出現，見到佛性的即相離相，因此對實相沒有懷疑，對於「空」與「有」兩邊都沒有懷疑與取捨，這就是中道；但是說一句中道，就已經錯了，所以稱之為假名中道。

因為證得生命的本來實相的緣故，所以疑見斷除掉了，對於生命實相的「疑」斷除的緣故，所以他知道有今生、前生、來生三世。他確定三世之中，確實有因果的存在；而因果的果報，不是真如在受，是五陰在受，稱為異作異受。

過去生的五陰所造作的一切業，落謝了成為種子，留在八識田真如裏，到了今生由「我」這個新的五陰來受各種苦，來享受各種的福報。我今生的五陰所修學的各種境界，造各種善惡業的業因，種子落謝了留在八識田裏，由我來生的五陰繼續去受。真如從來不受報，五陰卻不停在受報。所以他雖然確定有因果，但是因果非我─真如不受果報，生生世世的五陰則要受果報，所以說非有因果，非無因果。因為已經明白實相，離開斷常之見的緣故而獲得解脫正受。

真悟的人，永離斷常二見，一般眾生不是「斷見」就是「常見」。「斷見」的人認為：人的精神跟肉體的關係，就好像一把刀子跟它的鋒利的關係一樣—刀子之所以鋒利能夠切割，是因為有刀體。刀體不在了，刀的鋒利就不在。

「常見」則不一樣。常見論者認為說：人或是一切有情生命，都有一個靈魂，這個靈魂生生世世一直輪迴，這叫常見。

諸位也許覺得奇怪，這樣的靈魂跟我們講的真如有什麼不同呢？常見就是自性見者，就是自性論者，是與真如不一樣的。一般人講靈魂、外教裏面講靈魂、多神教裏也講靈魂，認為靈魂不生不滅，永恒不壞。人死了就換了一個色身再來；就好像屋子壞了，我換一間屋子住。

但是他們不知道這個能知能覺的心是會壞滅掉的—人的色身壞了，祂就會跟著壞了。所以一般宗教以為永恒不滅的靈魂，其實是會毀滅的，是生滅的。

過去生那個能知能覺的心，不是今生這個能知能覺的心；今生能知能覺的這個靈明覺了，不是未來生那個靈明覺了的心。一般宗教把生滅的心，或者中陰身—靈魂，當作是不生滅，但是真如不是這個能知能覺靈明覺了的心，更不是靈魂—中陰身。

真如稱之為無分別心，真如在這個世間也解脫，到天上、到地獄祂也解脫，祂從來不痛苦。例如，我今天胃痛得很，因為在禪三時，喉嚨發不出聲音，就猛喝酸楊桃汁，一天之中喝掉一千二百五十CC。人家勸我不要再喝了：「你的胃不好。」我說：「先有聲音要緊，胃痛以後再說。」一大瓶酸楊桃汁下肚以後，終於有點聲音了，禪三後果然也胃痛得每二週就得上一次醫院看醫生。這是誰在痛？是我在痛，這個清楚明白靈明覺了的妄心知道我在痛，真如並沒有在痛。祂與苦樂受不相應，本來解脫，從來不痛。所以明明白白、靈明覺了的靈知心是虛妄的。

如果這個靈覺心是從過去生來到今生，而將來也會從今生到未來生去的話，那麼，諸位！為什麼你不記得前生的事情呢？所以清楚明白的心以及靈魂不是真如，祂是生滅的。祂只有一期的生死，色身在的時候，祂在；這個色身壞了，祂跟著就壞了。未來生又是另一個新的清楚明白的心，祂是緣未來生的腦筋，而從如來藏中出生，所以來生就不記得過去世，因為這個清楚能知的心，不能從過去延續到未來。但是這個清楚明白能知能覺的心，若親證了自己的無常、空，便能解脫；但是真如是本然解脫的，祂是永無生滅的，所以真如不是靈明覺了的心。

外道所講的靈魂不是真如，因為他們所講的靈魂能知能覺，清清楚楚能做分別，而真如沒有這些分別。真如到天上去的時候，祂也不說：「我今天在忉利天或夜摩天或他化自在天，真是享福，我好有福報，」真如不這樣想，祂只是本然的存在，直接運作，只是如此。真如下了地獄的時候，因為今生的五陰五逆十惡，無惡不作，所以種子落謝在八識田裏，真如就到了地獄。有了地獄五陰，遇到寒冰地獄、火熱地獄，刀山劍樹，鐵床熔銅各種的苦刑，在受刑的時候，是那個地獄中能知能覺靈明覺了的心在受苦，真如本身並不痛苦，祂是本然解脫。所以大珠慧海禪師講：「不用求解，是無等等。」有大師憑著理解就解釋道：「本來就解脫，本然就自在了，所以禪—只要不執著，你就解脫了。」如果是這樣的話，參禪做什麼？

所以斷、常二見是不一樣的。常見把無常的清楚明白靈覺之心當作是常。我們佛門裏的善知識，常把妄知妄覺的一念不生的靈覺心當作是常，認為是不生不滅的真如，也為人家這樣印證、開眼。這個因果很大，我不敢做這種事情，因此便有人說我刁難。因為我若印證錯了，我要負因果。而這個心並不是真如，我不能印證他開悟，我若賣人情為他印證，便是害他。這個心跟外教講的靈魂沒有差別，也不能解脫。因為靈明覺了的心，是分別心，與貓狗一樣沒有語言文字而作分別。

第二：斷疑見。一個悟得真的人，因為離開斷見與常見，他知道一般人所說的不生不滅的心是生滅的，他也不落入斷見那一邊。因為他找到真實無分別的真如，那個從來就不受束縛，從來就沒有痛苦的本然存在的真如。也知道自己是虛妄的，知道是假的；這個能夠領納一切境界的心也是假的。所以他得到了解脫，離開了斷常二見。所以在他來看因果的時候，是「非有因果、非無因果」，這時疑見就斷除掉，他已經明白實相了。

斷疑見之後，「禁取見」也跟著斷除了。「禁取見」又稱為「戒禁取見」。了知十法界的實相以後，知道一切法、乃至佛法，本然空寂。一切法乃至佛法之法相全部都是假名施設，都是因五陰而有。一切法的實際本然空寂，也知道一切法及前六識都是依他而起，無有自性。

一般人說有六法界：人、天、修羅、畜生、餓鬼、地獄，但是我們還要再加四種法界：聲聞法界、緣覺法界、菩薩法界以及佛法界，總共十個法界。這十個法界的實相是什麼？就是一真法界，一真法界稱之為實相、無相，也就是真如佛性。親證了這些以後，他從見地出發去觀察一切法。什麼叫一切法？善法、惡法、染法與淨法，這是世間一切法。然後出世間的一切法，稱為佛法。這些全都是假名施設。

什麼叫善法？扶持弱小，施食飢餓的人，做這些事都是善法。惡法─譬如走進店鋪，老闆不在，乃順手牽羊，偷進口袋裏，這是惡法。在中國古時有一句話：「大偷橐駝小偷羊」那也是惡法。善惡從哪裏來？從四大所成的色身，以及從這個受想行識清楚明白覺了之心而來。再說染法，如藝術、音樂、舞蹈、貪欲、瞋恚⋯等等，讓我們執著而沈淪於世間。

至於淨法—譬如不要做惡事，不貪著世間的五欲。修學禪定，可以升禪定天，乃至無色界天。這些淨法也不離四大所成的色身及受想行識所成的清楚明白覺了的心。

佛法之中，修得聲聞法而有所證即是初果須陀洹、二果斯陀含、三果阿那含、四果阿羅漢。修得緣覺法，證得緣覺果位，當下即可通達十二因緣，又比羅漢殊勝多了。再加上菩薩的法，總共合稱為佛法。請問各位，這些佛法從哪兒來？還是從四大所成的色身及受想行識所成清楚明白的靈覺之心來。所以出世間法、佛法，也是假名施設。

當你證得真如時，你還需不需要參禪的法？不需要了，那只是個工具。就好像渡河，過到彼岸時，就不需把船揹在背上拖著到處走；船只是為了方便到彼岸，一切佛法也是這樣。這些法講：⑴聲聞解脫之法—是世尊慈悲為了我們四大五陰而施設的法，我們四大五陰藉著這個法的修行，可以證得聲聞解脫的境界。⑵緣覺的法—十二因緣。三世十二因緣、三念十二因緣等，講的是為了人間的五陰而施設的緣覺解脫法。乃至⑶菩薩明心見性的法及菩薩聲聞、菩薩緣覺的解脫法；都是為了我們的五陰而施設的法，這些法不離四大五陰靈覺領納的心。而四大五陰靈覺領納的心是虛幻的，所以這些法也是虛幻的，是因為五陰而生，所以這些法本來是空。

如果這些法本來真實的話，諸位！世間只能有佛可以開悟，別人不能開悟。為什麼？因為這法世尊已經親證用過了，別人就沒有辦法用。就好像一杯牛奶我已經喝光了，諸位還能喝到嗎？所以牛奶是真實的物體存在，它不是空性，我喝光了你就別喝了。法如果是真實的法存在，你能夠用祂且用過了，別人就不能用了。

但因為法的本際是不生不滅本然空寂，所以你能用這個法，我也能用這個法，所以世間法乃至出世間法都可以傳授。傳授了世間法之後，你學會世間各種技藝；學習出世間法以後，你得到了解脫，你明心見性了。當你證得真如佛性的時候，才知道這是我本來具有的，不是明白覺了的心，也不是能知能覺的感覺。

當你見性以後，回頭再來看這一切的法：我修學禪法時，蕭老師教我們這些法，環環相扣，一步一步地安排我們走到這兒來，都不傷腦筋。但是你回頭來想這些法時，你想一想有沒有得到這些法？沒有。因為祂本然空寂。我到這個地步以後，我還要不要用這些法呢？譬如鍛鍊無相念佛功夫的法、參究「如何是佛性？」的法、看話頭的法、參究「如何是真如？」的法，已經用不著了，已經過去了。但是你用過了這些法以後，它們還在不在？還在。因為它們不生不滅，你用它時，它只是法相出現讓你看到和使用，你用完了它還是在，它沒有消失掉。

所以一切法的實際本然空寂，可是一切法的法相卻都是依他而起，和識一樣—我們的眼、耳、鼻、舌、身、意六識，都是依他而起，沒有自性。眼、耳、鼻、舌、身這五識依意識及末那由第八識而起，第六識依第七識而由第八識現起，第七識依第八識而起，只有第八識是本然的存在，所以靈明覺了的前六識都是依他而起，沒有自性。

那麼我們說世間法、出世間法、染法、淨法、惡法都一樣，都是從識而生；從四大五陰，藉由識的運作而產生這些法相；從眼、耳、鼻、舌、身了知色、聲、香、味、觸，然後意識加以思惟、分析、判別，第七識去執取，結果產生了舒服不舒服，好看不好看，好聽不好聽各種的法相，但是五陰是虛妄的，所以這些從五陰而生的法也是虛妄、沒有自性的。

而出世間法也是一樣，因為我們學習了出世間法，所以得到解脫，但是我們在用出世間法時，這個出世間法本身不知不覺，它也永無自性。禪法不會說：「我是禪法，你現在正在用我。」沒有！你用完了，你悟了，禪法還是在世間，沒有過去。你用它的時候，有法相生住異滅，但它的本際並沒有生住異滅，本然空寂，依舊存在世間。涅槃之法也不會說：「我是涅槃之法，你現在進入涅槃是用我而入涅槃。」它沒有自性；涅槃之法的法相也是依他（四大五陰）起性，但是它的本際—真如—卻是本然空寂，不生不滅，永遠都在世間。那麼，疑見斷了的人，知道這些道理以後，戒禁取見接著就會斷除。

第三：斷戒禁取見。明心見性的人他知道真如能出生一切法，可是一切法不是真如。真如本來空寂，從來沒有任何所得，沒有任何領納。所以有禪師講：「四十年吃飯不曾嚼到一粒米，六十年行腳不曾踩著一片地。」那就是指真如。

從真如的立場來看，施設世間一切法的知見，都是從五陰而有，與真如的真實之理完全不相干。在世間法中以及世間的各種宗教之所以有各種的禁忌和戒法，其實都是因為五陰而施設。譬如中國地區，人死了以後他的子孫就要披麻戴孝。西洋人在親人死了以後，他就要在臂上別一片黑布。乃至有的原始部落的女人在她的父親或兄弟死了就要敲掉一顆牙齒。這些都是人為的施設。

從五陰來看是有生死，六十二種的外道邪見，都是因為不明真如本體而產生；例如最出名的一種外道就是奉侍火神的婆羅門，他們要照顧火種不能熄滅，火如果熄了，他就是犯戒。聽說中原現在還有這種宗教，稱為祆教。以上種種的戒禁施設，都是因為錯誤知見的執取而設立這樣的禁戒，大家就依照這樣的禁戒來行，這種見解就叫做戒禁取見。

被戒禁取見所束縛的人就不能解脫，他在世間生活就會有許多的煩惱。會有戒禁取見的緣故就是因為疑—不明白真如的實相。就是因為身見和我見不能斷除的緣故，所以產生了戒禁取見。

當我們破了初參—明白真如之後，乃至我們有些人已經過了重關—

眼見佛性之後，或者兩者俱足，或者只是破初參明心，這些人都已打破無始無明。無始無明一破，身見我見斷除，疑見也斷除，戒禁取見就跟著斷除。他就知道世間的一切法及一切禁忌的施設、一切外道的戒的施設，乃至我們佛門的一切戒的施設、都是因為五陰而生，所以乃至佛戒也是一種施設，不離五陰而設立各種禁戒。三縛結一斷就不再受這些禁戒所束縛，他以道共戒為戒，所以不取一切戒。

我們在前面所說戒的見地裏面有四種：不取相戒、不取有戒、不非戒取戒、不取佛戒。佛所制的禁戒，他尚且不受束縛，何況是外道的那一些戒呢？因此他不受一切的戒相而依道共戒而住，從此以攝心為戒，由事修上修除性障和增強定力去用功，就是悟後起修。從此永離非因計因，非道謂道，名斷戒禁取見。

非因計因—比如說我想要釣一條魚，應該用魚桿、魚線、魚鉤，到水裡面去釣才對。如果我拿了一根木棍到沙漠去，想要去釣魚，這叫非因計因。

我想要求開悟，求眼見佛性，乃至要過牢關，我應該要參禪。結果以定為禪，坐在那邊數息：一、二、三、……。我遇見很多人數息數了十幾年，現在還在數；「數息七」參加了十幾次，到現在還在參加，這叫做非因計因，因為數息不是大乘禪開悟的因。

我要吃飯，鍋裏面放的應該是米不是沙，你若把沙放進去，煮上一百劫它還是沙；用沙要想煮成飯叫做非因計因，因為沙不是飯的因。用數息要求悟不能得悟，因為數息不是悟的因。用數息法若能悟，那是聲聞法的悟，不是祖師禪、大乘禪的悟，數息不是祖師禪及大乘禪開悟的因。

乃至在那邊先修定，修到心定下來以後用意識思惟要去觀中道實相，那也是非因計因，因為中道實相不是從遠離有跟無、或遠離有跟空兩邊的中間用意識觀出來的。如果你從天台宗的那些因成假、相待假、相續假，這些東西去思惟的話，你找不到中道實相的。所以一個真正明白真如的人，他就知道要想證得真如佛性這條路應該怎麼走。他遠離了非因計因，他知曉道路是怎麼走過來的，因此他就不會非道謂道。

這個方法不是參禪的道，結果他告訴人家這就是參禪的道，那就叫做非道謂道。真正悟道的人，他知道參禪開悟這條路該怎麼走，所以他遠離了非道謂道，這也叫做斷戒禁取見。

有很多人並不瞭解明心見性之後斷了三縛結，究竟有什麼大功德。三縛結就是一切有情眾生輪轉生死的根本，根本既然已經除了，其餘的結，也就是思惑，塵沙惑，漸漸的就可以斷了，所以三縛結斷了的人永遠不入三惡道。

有位大法師不明白這個道理，在他的書裡面這麼說：「開悟了以後呢，仍然還可能到牛胎馬腹裏面去受報。」錯了！一個聲聞行的斷結的初果人，還不能明心見性，未破無始無明，尚且永不入三惡道；何況是一個明心見性而斷三縛結破無始無明的菩薩，當然更不會入三惡道。只除了一種現象，那是大菩薩因為大願的緣故而示現於六道之中；所以明心的人還不必到眼見佛性的境界，就可以永遠不入三惡道。

那麼有的人會問我說：「蕭平實！你講這句話有什麼根據？」從我個人的體驗來講，我要說的是：明心見性的人，三縛結永斷無餘。在《阿含經》乃至大乘經典裏面都說斷三縛結的人「極盡七有，天上人間往返，究盡苦邊。」怎麼還可能入三惡道呢？然後我們還要根據《阿毘曇》裏面，五百大阿羅漢研討的結論，總共有十種來跟大家報告：

在《大毗婆沙論》卷一百二十五裏面列出了十種道理，說明聲聞初果永不入三惡道，更何況是明心見性的菩薩初果呢？

第一：永斷見所斷結故。什麼是見所斷結？那就是三縛結。見惑的根本就是三縛結，三縛結的疑惑斷除了，因此以後生生世世永遠不入三惡道中。

第二：有道共戒的緣故。一個悟得五蘊空的聲聞初果尚且有道共戒，自然不犯重戒，何況是明得真如的斷三縛結的菩薩？所以悟後依道共戒而住，他從真如之理來看待世間的一切活動、一切現象。該不該做？依道共戒來決定。因為有道共戒的緣故，從此遠離了一切惡因惡緣，所以從此永不入三惡道。

第三：於諸惡趣得非擇滅。什麼是於諸惡趣非擇？惡趣就是三惡道。我們常常說，祖師也這樣說：「喜歡殺豬的人，以後會投胎為豬。喜歡殺鴨的人以後會投生為鴨。」各位可能會開個玩笑說：「那喜歡殺人的人會投生為人。」不是這樣！喜歡殺人的人呢，死後當下立刻就墮入地獄，不能以此類彼。

喜歡殺鴨的人，為什麼會生而為鴨？他今天鴨子賣完了，晚上睡覺的時候他在想，我明天早上應該再到鴨寮裏面，再捉幾隻鴨。明天應該要多殺幾隻鴨，因為明天是七月十五大日子，民間習俗家家戶戶要大祭孤魂野鬼，所以我要多殺幾隻鴨來賣。他每天想的都是這些事。到了他一口氣出不來的時候呢？他那個時候也是像在做夢的時候一樣，他就到鴨寮去了，被那個境界所拘束了就入胎了，等到出生了的時候：「呱！呱！呱！我怎麼是一隻鴨？」那時已經來不及了，所以我們要很小心。

那麼沒有悟得真如佛性的人會有一個現象—那就是非擇—他選擇錯誤的事情來做。一個明心的人不會去殺豬，如果他以前殺豬，現在一定不會殺豬了。一個明心的人，一個見性的人，他以前賣豬肉，他現在一定不賣豬肉了。雖然賣豬肉好賺，他寧可換個行業去賣菜，再也不賣豬肉了。這就是說他對惡趣非擇的錯誤心態已經滅掉了。斷三縛結的人於諸惡趣得非擇的因和緣全部滅掉，因此永不入三惡道。

第四：他如實知見善惡得失。一般凡夫眾生於善於惡不能明得很真實，於行善造惡的得失不能夠完全如實瞭解。有一種學佛的人，喜歡藉佛法斂財，他說：「我這張咒輪昨天加持過了，法力無邊。你們這些學佛的人如果有業障的話，你只要給十萬元供養，拿了這張咒輪回去隨身攜帶，保你百病不生，家庭和樂，事業順利。」加持了是不錯，但是錯在那裏？這叫稗販如來、販賣佛法。這個就是說他沒有真正如實知道善惡得失，他喜歡的是十萬元的供養，是有所得。但是在道業上他失掉了更多，並且成就黑業，因為他干預了因果。

有的時候某某師姐來找你：「我們明天有個大師來弘法。他是開悟的人，要教我們明心見性。你們大家來護持，功德無量。」因為他是幫大家開悟見性的，功德確實是大得不得了。所以古時候有的禪師一生中只度一個人；他說：「我度一個人明心見性，就超過度一千個人出家。」所以他只要度到一個，就不再度人了，因為功德真的大。

但是，我們去護持別人弘法這件事情是對？還是錯？一般的禪子佛子，沒有開眼之前根本不知道，他不能如實知見善惡得失。如果來的這個大師是個真正悟的大師，我們去護持是對的；如果來的這個大師悟得假，悟錯了，落在一念無明及無始無明之內，或把虛空粉碎當做是悟；那麼，我們去幫他就變成幫人以盲引盲。但是一般眾生不明白，沒有開眼的緣故，不能如實知照，不能如實知見。

若是真正開眼的人，他把大師講的錄音帶或者著作拿來檢查了以後：「唉！他是真正『誤』的人。」開悟的人能夠如實知見，然後就知道我不能幫他以盲引盲。若這個人是真的悟，我們就要去護持他度眾生。開眼的人，斷三縛結的人，真正明心悟得真，見佛性分明的人，他能夠如實的知見善惡得失，便可以消除掉三惡道的種子，永不入三惡道。

第五：薩迦耶見已斷已知。什麼叫薩迦耶見？那就是指身見及我見，菩薩法中則包括自性見，你們可能有人讀過奧修的書，他是不是自性見者呢？所以我們大家讀善知識的書要很小心，自性見的外道非常多，而他所講的東西和我們禪法裏面，和我們了義法裏面所講的一模一樣，但是祖師講：「毫釐有差，天地懸隔。」我們也有一句俗話：「失之毫釐，差之千里。」

薩迦耶見叫做身見，以色身及靈知心為我。什麼是自性見？那就是說，他認為「我這個色身壞掉了，我這個能知能覺壞掉了，但是我還有個神性靈性，不生不滅，這個神性靈性就是沒有語言文字，不做分別而清清楚楚明明白白的這個靈覺之心，這就是真如，祂是永恒不滅的。」這個叫做自性見外道。這種自性見的外道，不但在外道有，在佛門裏面也是比比皆是。

有大禪師跟我們講：「我們清清楚楚，了了分明這一念靈覺之心就是真如。世尊拈花微笑，迦葉尊者微笑，跟我喝這一杯茶都是一樣的，都是同樣這一念心。」這叫似是而非，這叫自性見。他不知道這個還在一念無明之中，連無始無明都還沒到。但是明心悟得真的人，斷除身見與自性見，他很清楚的知道靈明覺了、一念靈覺之心不是真如。哪一個才是真如？他非常清楚。因為斷除身見及自性見，三惡道的繫縛就斷了，所以永不入三惡道。

第六：智腹淨故。什麼是智腹淨？他所講出來的東西不必引經據典，都是他自己肚子裏面的東西。因為他智慧之腹清淨了，所以講出來的東西是正確的，都是清淨的。因為他清清楚楚自然分明的照見真如，真如不是這個清清楚楚了然分明的一念靈覺之心。因為明心悟得真，所以眼見佛性了了分明，所悟佛性不落於妄覺，因此他可以教導有緣人怎樣明白真如？怎樣眼見佛性？這些見道的理路清清楚楚，智慧之腹清淨了，所以永不入三惡道。

第七：見境過失故。有的人數息數到後來，有個境界出現了——虛空粉碎了，或者大地落沉了，他說：「我開悟了，一切是空。但是它又這麼真實的存在。」可是他不知道這是一種境界，他不知道這個境界的過失在哪裏。為什麼？如果虛空粉碎的時候這個心是真如，那麼這個境界過去了以後真如又在哪裏？其實真如不住在六塵境界裏面。

如果大地落沉的時候這一念心是真如，可是大地落沉的境界過去了以後，真如又不見了，那麼真如豈不是斷滅了嗎？真如不是斷滅的，祂是恒常的，時時刻刻在我們眼前，祂不落在境界裏面。凡是落在境界裏面的心都是妄，凡是與覺觀相應的心都是妄。

所謂看到境界的過失，是因為凡是境界都會過去，是生滅法。真如不落於一切境界之中，但是真如也不離一切境界。斷三縛結的人見到一切境界的過失，他便不會貪求境界，所以他永不入三惡道。

有的人學禪用數息法，數到後來，那個境界澄澄湛湛真是好，如果他性障微薄的話，初禪現前了，好快樂。但是我跟諸位報告，一個明心見性的人證得初禪的境界之後，他並沒有太大的歡喜，他只是有一點點的歡喜：「我終於到初禪了。」過一段時間，他還要把初禪捨掉，因為初禪的境界也有過患。

有一天到了三禪，是身心俱樂。世間之樂無過於三禪，不管你在天上人間都一樣。但是一個明心見性的人，他遲早會把三禪捨掉而向四禪前進，因為他知道這裏面的過失：「我如果執著這個境界，我就不能夠實證無餘涅槃。」三禪境界的過失他尚且見到了，何況世間一切下劣樂的境界，乃至一切惡的境界。他從真如佛性出發來看這些，可以看到一切境界的過失，所以他永不入三惡道，他不會被一切境界所引誘而入三惡道。

第八：他具有止觀的功德。經上常常講：「大龍常在定，無有不定時。」大龍就是指世尊。這是說世尊常住那伽大定。什麼叫那伽大定？那伽大定就是說這個定無出無入，無上大定。一切的定有入有出，世尊這個那伽大定無入無出。但是這個定究竟是什麼定呢？有沒有人知道？請舉手！……奇怪！竟然沒有人知道。

這就好像以前有一位師姊，人家問她：「聽說你悟了，請問須陀洹是什麼？」她答：「不知道。」那我要問問諸位這麼多明心的人，以及見性的人，真如有沒有出定或入定？真如是不是常在定？這叫做那伽大定。

所以當你悟了的時候，你知道我這個真如從來沒有入定，也從來沒有出定，這不是常在定嗎？這就是那伽大定。那麼悟得真的人呢？他看真如永遠在止的狀態，可是止的狀態是不是就無覺無知呢？不然！真如又具備各種的性用，祂又具備各種的覺觀功能，可是這些性用與覺觀不是真如，覺觀之心也不是真如。所以講：「道不屬知與不知，知是妄覺，不知是無記。」所以參禪真的難死人了。那麼悟得真如的人呢？具備這種止觀的功德，所以他永不入三惡道。

有這種止觀功德的人為什麼永不入三惡道？道理在哪裏？譬如說在大海裏面有一具死屍，水裏面有許多魚來吃他，水面上有四隻海鳥來吃他。海鳥與魚同樣是眾生，對不對？水裏面的魚、跟水面上的鳥，這兩種眾生有什麼不同？水面上的四隻鳥，表示說他是悟道的一至四果眾生，他在人間受用五欲；水裏面的魚是人間還沒悟道的眾生，他也受用五欲。但是有一條無常大魚來的時候呢？一口把死屍吃了，把水裏面吃屍的魚也吃了，可是水面上的四隻鳥，兩翼一振，飛走了。

那就是說一個悟得真如佛性而打破無始無明的人，乃至一念無明還沒有斷盡的聲聞初果，都具備這種止觀的功德。他明白：「我在人間，不可能離開五欲，因為有五陰，所以我必須要受用五欲。可是我不執著五欲。無常來的時候，我就離開它，無常來的時候我不留戀五欲。」具備這種止觀的功德，所以永遠不入三惡道。

第九：斷三縛結的人，心調柔，順涅槃故。為什麼能夠心調柔？有的人悟前脾氣很大，悟後脾氣變小了。我們有些人悟前脾氣大得不得了，我只要一句話講得稍微不小心，她就跟我大發脾氣，不理我。有時候還會跟我囉哩囉嗦，跟我賭氣。見性之後，我就常揶揄她，常常拿她過去的缺點來當眾開她玩笑，可是她現在很自在。為什麼？因為她現在的心調柔多了。

因為親證了真如的空性，發覺我這個能知能覺之心根本就是假。你要講我那個能知能覺的心，就讓你去講，你要開我的玩笑就讓你去開。我在大庭廣眾中跟她開玩笑，洩她的底，她也不生氣，轉變很大。這就是說她悟得真以後，確證身心是空，她親證這個道理，知道自己是假，所以心調柔，調柔就順涅槃。

涅槃是什麼？不要以為人死了才能證涅槃，涅者不生，槃者不滅；涅者不來，槃者不去；涅者不一，槃者不異；涅者不垢，槃者不淨；涅者非定，槃者非亂。遠離了兩邊就是涅槃，不斷不常就是涅槃。因為證得真如佛性，心調柔，順於涅槃，所以他永不入三惡道。

第十：四證淨現在前故。四證淨是什麼？在聲聞法裏面講：人生是苦、有受是苦、心是無常、諸法無我。可是菩薩法裏面又不一樣。聲聞法裏面說，一切世間的五陰和五欲皆是無常，無常即是苦，所以貪著喜愛一切世間的五欲就是苦集，若能徹底除掉世間的五欲貪愛，那麼苦就滅了，未來生就不再輪迴了，所以講苦、集、滅諦。而這些苦集要滅的方法是什麼呢？就是八正道，修八正道就是苦集滅之道—滅一切苦的道。所以聲聞法裏面講苦、空、無我、無常，是斷煩惱，斷一念無明。

可是我們菩薩法之中，一面講五陰苦、空、無常、無我，另一面卻反過來講常、講樂、講我、講淨。什麼是常？真如是常，永恒不滅，不來不去，不一不異，非斷非常，非垢非淨，非定非亂，這個是常。

聲聞只是悟得五蘊皆空，不明白有個真如，不想明白真如。但是諸位！當你證得五蘊皆空的時候，是誰證得五蘊皆空？所以真如是常。因為這個真如不生不滅，他非垢非淨，非定非亂，遠離一切境界，不受一切境界束縛，所以他是真樂。本自無縛，不必求解—他本來解脫，所以是樂。因為他不生不滅，永恒不滅，這個才是真實的我。

我們一般凡夫眾生就是認假為真，誤把能知能覺一念靈覺之心當作是真，這是認賊為父，所以「因地不真」，將來要成就佛果就迂曲了。

真如才是真正的我，這樣叫做常樂於我，因為祂遠離了一切污穢不受染污，有如虛空不受染污，所以稱之為絕對的清淨。

因此對於苦集滅道，他有不同的看法，和聲聞的看法不相同，他對於空的看法也不相同。真實的空是真實的有，真實的無我是真實的我；所謂苦之中其實有個真正的清淨的永恆的一個樂在，就是不生不滅。修道雖然是煩惱，可是真如就在這裏面，就在煩惱之中本來解脫，所以他對苦集滅道的見地和聲聞不一樣，這是菩薩四證淨現在前。

四證淨現在眼前的緣故，所以他永不入三惡道，因此《大毘婆沙論》卷125裏面又講：「諸預流者，為有現智能自審知已盡三惡道而自記耶？」有人這麼問。答：「不能。」那就是說這些斷三縛結的人他沒有辦法自己審查而知道自己確實已經永盡三惡道，不能自己受記：「我已經永不入三惡道。」然後又問：「彼云何知？」如果是這樣的話，他怎麼會知道自己永不入三惡道呢？答：「信佛語故。」他相信佛所講的話。佛說斷三縛結的人，「極盡七有，天上人間往返，究盡苦邊。」他相信佛陀說的話，所以知道自己永不入三惡道。

然後又解釋：「謂世尊說：若有多聞諸聖弟子能隨觀察，見自身中有四證淨現在眼前者，彼聖弟子應自審記，已盡地獄傍生餓鬼險惡趣坑。」又云：「預流者已得四智─謂苦集滅道智，未得盡智無生智。」斷三縛結的人因為未得盡智與無生智，所以世尊說此人須：「天上人間，極盡七有往返，究盡苦邊。」為什麼？因為七生天上人間以後得到盡智與無生智的緣故，所以究盡苦邊。

所謂諸預流者就是斷三縛結的聲聞初果，或是菩薩聲聞初果，也就是說他們已預入聖道之流，他現在智慧還不能審查自己已經永盡三惡道的種子，但是他相信佛的金口宣示，所以知道自己永不入三惡道。

在《大毗婆沙論》裏面也跟我們解釋：世尊告訴我們說如果有多聞聖弟子（那就是說多聞的，沒有多聞的不算數。多聞而且又證得聖果，最少初果以上的弟子叫聖弟子）這樣的弟子他能夠隨時觀察，看他自身之中、自心之中有四證淨現在前的話─也就是說我們剛剛所講的那些苦、空、無常、無我的道理；或者菩薩初果─包括了常樂我淨以及剛才所講的，對於聲聞法的苦、空、無常、無我的另一種看法，這些四證淨現在前的話，那麼這些聖弟子，他應該要自己審查，自己受記：「對於地獄傍生餓鬼險趣惡坑的這些惡劣的境界，我已經永遠斷盡了，我永遠不入地獄道、惡鬼道、畜生道。」

世尊又說：預流初果已經證得四智—苦集滅道四種聖諦。但因未得無生智與盡智，所以還要七生天上、七生人間之後，一切後有永盡的智慧及未來不再出生於三界的智慧才能出生，才能取證涅槃—究盡苦邊。

但是菩薩初果的入道是開悟明心，明心的人在悟後自然即有大乘無生智—真如本不生。雖然還沒有四證淨及盡智，但他只須在深入體驗真如與五陰之關係以後，再去閱讀經中四聖諦的教法，四證淨的智慧自然立刻相應現前，只有盡智尚未得到。

所以菩薩初果—明心真實的人，悟後須再求眼見佛性。眼見佛性分明之後，從此不畏生死，生生世世在人間教導眾生。眾生將會示現種種逆境來拂逆我們，也會示現種種順境使我們染著；若我們對於各種順逆境界，皆以親證的真如佛性本來無生，空有不二，及四證淨做為根本來應對，而反觀自己的習性，則性障就會越來越淡薄，定力也會更容易修。如此修行，即是《楞伽經》卷二所說的上品、中品菩薩初果，不必七次人天往返，便可獲得一切後有永盡的智慧，而究竟解脫。我們屆時已證涅槃而不入涅槃，可以生生世世在人間自度度他。所以明心見性的人不但永不入三惡道，若想取證涅槃，也會比聲聞初果快二、三倍。

第二目　五欲執著之滅除

所謂五欲是說色、聲、香、味、觸，一般人稱之為財、色、名、食、睡。五欲之所以會讓我們物質世間的眾生貪著，乃至欲界天的天人起貪著，是因為由五蘊而產生一些樂受，而這個樂受是因為五蘊暫時而有。即使五蘊的存在有幾十年，乃至幾百年，但是那一切的樂受也都只是片段而已，這一些樂受與真如並不相干。因為五蘊是虛幻，所以這一些樂受也是虛幻。

我們在受一切樂受的時候，真如並沒有所受；因為有這種見地，所以明心見性了以後，對於還沒有得到的五欲樂受不貪求，現前有五欲樂受的時候並不排斥，有就用。這個樂受過去了、失去了，也不會去煩惱。更不會像一般學佛的人一樣，為了不能夠離欲而生起煩惱，因為在五欲之中，真如佛性還是照樣自在。因為有這個見地，所以能夠漸漸地開始離開五欲的束縛，因此心得自在而獲得解脫。

凡夫、眾生、未證道的佛弟子，會為了求三界「有」的各種境界或物質，而生起煩惱；精進的佛弟子則是為求離欲卻無法行清淨行而生起煩惱——為了求遠離三界的有而生起煩惱。明心見性而不退失的人，就沒有這個煩惱，因為真如佛性在五欲之中依舊不增不減，所以明心見性的人不因不能離欲而起煩惱，也不因得不到五欲而起煩惱。

但是明心見性以後，退失悟境不見佛性了，而明心的禪悅也過去了的話，可能會產生貪欲轉盛的現象。但是智者大師說，悟道的人有道共戒的緣故，所以他必定「非婦不淫」或者「非夫不淫」。但是隨著悟後起修，漸漸的往前邁進，終究會轉為薄貪瞋癡的境界。

明心見性以後應該將《無行經》裏面的一段話先作思惟整理。《無行經》云：「貪欲即是道，瞋恚亦如是。」曾經有善知識開示，大意是說：「密教裏面，大聖歡喜雙身修法，只是一種陰和陽的表徵，不是指性行為可以悟道。」但是其實是真的有這個法——由性的行為其實也可以悟道，只是密宗的雙身法無法使人悟道罷了。如果在這裏面就不能悟道的話，那麼就表示真如佛性不是不生不滅，不是遍一切處的，所以那樣的講法，錯了。不能夠因為眾生常行淫欲而不能悟道，就說這一件事情之中不能悟道。一個真正明得心真、見得性明的人，他很清楚知道，不論什麼樣的行為之中都可以讓人明心見性，不能把性的行為排除在外。可惜的是密教除了覺囊巴，所有法王、喇嘛、活佛都是未悟的凡夫，密勒日巴對上師的大力供養就成為種毒田，終其一生不離意識境界，只好永遠當凡夫。但是諸位也不要誤會了，就說我們提倡要在這個事情上去悟道。我們嚴格禁止一切在我們這個團體裏面見性的人，用這個方法去助人明心或見性。我再說一遍：嚴格禁止。除非你見性之後，下列兩個條件具足，你才能用這個方法幫人明心見性。第一：你所度的那個人有因緣明心見性，但是他除了對與你做這件事情有興趣以外，別的事情，統統沒興趣。第二：你本身已經是菩薩摩訶薩，已斷貪欲，而且有變化身。對方若是女眾，你變為男身去度她；對方若是男眾，你變為女身去度他。你若有這樣的功夫，那我不敢禁止，因為我還要拜你為師呢。

以前釋迦世尊用過這樣的法度一個女人證得阿羅漢果，但是我們如果沒有達到那個條件，絕對不要這樣去做。雖然明知真如佛性在任何的行為裏面都很明顯的、如如不動而永恒不斷的在運作，乃至在性行為之中也是一樣。但是為避免宗門的斷絕，我們嚴格的要求在這個團體之中見道的人，不要用這個法去度人。（再版三刷補註：藏密四大派古今諸祖；迄未發現有證悟者。若有藏密上師仁波切欲以雙身修法—無上瑜伽、喜金剛、勝樂光明……—藉性行為度人開悟成佛者，悉名常見外道貪欲之徒，佛子不應被其言詞所惑。請參閱拙著《狂密與真密》四輯即知梗概。）

我們在這裏講這些話的目的只是作知見上的辨證而已；我們所說的只是在證明《無行經》所講的「貪欲即是道，瞋恚亦如是」的道理，把它解釋一下而已。但是《無行經》緊接著又有一段話說：「復不得斷，斷成增上慢。復不得隨，隨之將人向惡道。」所以見性之後要思惟《無行經》這段話。如果是出家菩薩，本來就應該斷貪欲，但是在我們這裏共修的人多是在家人，所以要記住《無行經》這句話；如果斷了貪欲，那就成了增上慢人：認為自己了不得了，斷欲了，已是聖人了。所以雖然身為在家人，有配偶而不能行離欲行，但是因緣還沒有來的時候根本就不憧憬。因緣具足的時候，該做就做，不起煩惱。已經過去了，完全不回憶、不留戀。

如果聽說貪欲即是道，那麼就「旦旦而伐」，結果就會「將人向惡道」；為什麼？因為貪著的心就會越來越重。貪著心若越來越重，接下來感情的執著就越來越深，然後兩個人就難分難捨，這就是束縛的根源，所以不能「隨」。

那麼聽到我們上面這樣講了以後，有的人就會故意來找碴。曾經有人這樣跟我講：「開悟證空的人，應該像佛陀過去生一樣布施妻財子祿，那才是真的開悟。」在古時的印度，妻財子祿都是丈夫的財產，不談人權。所以女人也是丈夫的財產，他可以隨意處置，送人也可以，布施也可以。現在是男女平權了，不一樣啦！甚至有些家庭裏面，不是講男女平等，而是講女男平等了，反過來是男人要來爭取平等了，所以你說怎樣去把妻與子布施給別人啊？即使你願意做，現在法律也不允許。

不要說把眷屬布施出去不行，即使財產要布施，你也得要考慮：我負擔得起或者負擔不起「贈與稅」？所以固然對五欲的執著，開始一步一步降低了，乃至滅除掉了，但是在不同的時間、空間，一個悟道的人對於五欲應如何看待？對於原有的妻財子祿應有什麼看法？都應當要運用智慧去做判斷，該怎麼做？自己應當明白。

第三目　捨棄怨惱

受人欺負，心裏面不快樂，這叫做怨。然後開始思惟設計方法，準備要去報復，設計完成決定要去實行叫做惱。因怨與惱就會生起報復，這怨惱瞋恨都因為「名」與「色」而有。也就是因為五陰而有，我們明白了這個道理，也親眼看見了五陰的虛幻不實，所以會開始漸漸的轉變習氣、會向無瞋有悲、無愛有慈的境界逐漸邁進。所以受到人家不合理的待遇、瞋恨怒罵的時候雖然會生起煩惱，但是一定不會有報復的心態。即使有的話，也會在一兩分鐘後，最多一二十分鐘以後，還是會打消了那個報復的念頭，這是初見道的人。

悟後起修已經有一段時間的人，絕對不會有一念的報復的心態，因為有禪悅的緣故，因為有道共戒的緣故，因為知道這一些跟真如完全不相干的緣故，因為知道這一些都是人生的一場大夢裏面的小事一樁的緣故。

有情眾生難免會有一些貪瞋癡的不好行為，但是我們要知道：「眾生原本就是這樣。」所以有時候因為過去生瞋恨的習氣很重的緣故，可能我們很容易發作起來，但是開悟者迴心返照的時候，馬上觀照到自己起瞋怒心是一種錯誤，是虛幻的，然後替對方想一下：「眾生本來如是。」這樣我們就不會再有瞋恨心了。

有的人把悟看得很玄，他說開悟以後就永遠不生氣啦。有的時候他會責備你：「喂！你不是開悟了嗎？你怎麼還生氣啊？」對不起，我們要跟他說啦：「悟了之後，三縛結才剛剛斷了，無始劫累積下來的習氣，還要靠悟後起修斷除。即使到了菩薩二果，尚且還有淡薄的貪瞋癡呢。即使成為阿羅漢，尚且還有瞋恚餘習未盡。誰告訴你說我悟了不能生氣？」不但不能夠說不能生氣，乃至於當他發覺這一件事情，生氣就能解決，不生氣就不能解決時，他甚至可以從深心裏面爆發出來，一發就不可收拾了，驚天動地，事情就解決了。但是有個好處，事情解決了以後，他一轉身又嘻嘻哈哈了，沒脾氣了。為什麼？因為人生本來就是一場戲。

從真如的立場來看，人生就是在演一場戲，所以悟後不但可以生氣，而且可以比別人氣得更厲害，但是一轉身馬上就丟掉了。不是常常生氣，是偶爾；必須生氣才能解決的話，就生氣—用智慧來處理。但是生氣是例外，平常是沒什麼脾氣的。

此外，瞋心應該要盡量斷掉，菩薩犯瞋是很大的忌諱。菩薩即使犯了邪淫戒、他的罪都遠不及犯了瞋恨的戒，因為犯了瞋恨就跟眾生絕緣。犯了邪淫戒，將來還可能度了那個人，所以世尊特別指出，菩薩對於瞋的行為必須要特別注意，不要去犯了它。那麼這一目講的是說，怨惱之心在悟後會漸漸的開始消除掉、捨離掉。

第四目　離諂媚心

一般人或多或少都會有諂媚之心，有的人比較嚴重，有的人比較輕微。我個人不敢說沒有諂媚心，但是在我學佛之前，我就是這個個性：高官富賈我絕不去找他。你越有權勢、越有錢，我越不願意親近你，這也是一種偏差。譬如在退休之前，我有個親戚，跟我所從事的行業有很大的關係，我如果去拜託他呀！可以多賺很多錢，但是我從來不去找他。反而是那一些升斗小民，我很喜歡親近，我就是這種個性。這就是說諂媚的心比較淡薄。

一個人若是悟得真，就會開始離開諂媚的心態，為什麼？因為等視有情的緣故。所以他對於天神、天主，對於人間的達官貴人、富人、大善知識、有大權位的人、有大名聲的人或者權威等等！他都沒有阿諛諂媚之心，他都不會去逢迎巴結。悟後對於世尊和諸大菩薩、緣覺、羅漢也沒有諂媚的心，可是他仍然照樣修各種的恭敬、供養。

對於貧苦的人，對於未修未證的人，對於外道，對於新學菩薩，乃至佛門內的外道，他也沒有歧視。他只是觀察因緣，看有沒有機會去度化他。也不歧視一切人，因為真如平等平等的緣故。他悟了以後就知道，其實人間有許多再來菩薩，所以不輕視一切的人，但是他也不會去諂媚那些人。

但是明心見性之後，不免會有少數的──極少數的一兩個人，仍然會對過去所親近的名師諂媚維護，不肯承認他悟得不真。那是因為過去生他們的緣的關係，因為他過去生諂媚的習性比較深重的關係。但是我相信經過一段長時間的悟後起修，這一種極少數的人悟後還留存的諂媚心，還是會漸漸的消除掉。因為他漸漸的會建立擇法眼，漸漸的會去消除自己的習氣，所以這一種心態遲早必定會除掉。

第五目　消除慢心

一般人會有慢心，都是從色受想行識來加以分別。明心見性以後則是從真如來看一切的有情眾生，所以一切的有情眾生完全平等。他從自己的體驗，也會知道一切的有情眾生到最後必定會成佛，因為未來時間無窮無盡。他也知道一切的有情眾生本來是佛，因為真如佛性本來就具足，所以他知道菩薩再來其實很多。

漸漸的他也會知道，他方世界的菩薩聽說我們這個娑婆世界修行迅速，風聞而來的也很多，只因隔陰之迷，所以暫時忘掉了。如果遇到因緣成熟的時候，他又開始修行，就會迅速見道，很快又悟了。其中可能就會有一兩個人，將來可能會成為我的老師，所以就會把慢心除掉。

慢─不離五陰，慢─不離分別心。可是在真如佛性之中，沒有分別心，沒有瞋慢這一類東西。悟後的人他會知道，慢心的習性之所以會繼續存在，是因為第七識（染污末那）我執的習氣暫時改不過來，成為一種慣性。

眾生從無量劫以來，因為所知障，也就是不明真如佛性的緣故，所以生生世世都有一個我；從五陰的我出發，去做一切的事情，真如自己不覺，隨著五陰與染污末那去長養各種慢、瞋、貪的習性種子。這一種習性，從無量劫以來就存在。如今見道斷我見後，就要從我執方面去下手，深入的去思惟、觀察、整理真如與我之間的關係，和真如的空性、「我」的虛幻。常常思惟整理以後，這一種習氣才能漸漸的消除掉。

如果不是真正悟得根本的話，也就是說，我們前面講的解悟，或者聲聞禪初門的斷身見而不斷我見的話─還有一個「我」在，只是不以色身為我。像這樣的話，慢的習性會繼續存在，甚至有些人慢的習性會比以前更為嚴重。那就是還有一個「我」在，還感覺有一個「我」：「我不以色身為我，我斷了身見，我是聖人。」這個「我」不能除掉，所以慢心就越來越重。

如果悟得真，慢跟瞋都會越來越淡薄，因為沒有一個「我」存在，只有真如的空性真實存在。但是雖然如此，還有一些微細的、深沉的慢，那就要到悟後起修一直到斷五上分結的時候，才能夠完全除盡。

第六目　修定迅速

悟後修定會很迅速的原因，是因為悟得真的人，他有覺明的現象；因為悟得真，他樂於修寂靜的緣故。

明心見性得的是什麼三昧啊？諸位有沒有思惟過這個問題？明心見性，或者說念佛門裏面的見自性彌陀，就是三三昧—空、無相、無願三昧。

真如是空，佛性也是空。既然是空，祂沒有任何的物質形像，既然是空無相，就沒有任何的所得，那我們還要起各種願求做什麼呢？既然無願—沒有願求，那就無為無作，心裡沒有造作。因為三三昧的緣故，所以能夠離開煩惱，性障漸漸的就會除掉了，所以不久之後，身體上就會開始產生變化。

有一些道場聽我們說明心見性以後一段時間，有些人身體會開始產生變化，他們就懷疑了。但是身體的產生變化，不是因為明心見性而變化，而是因為明心見性以後性障開始消除了，所以才產生變化。悟後起修漸漸的到達薄貪瞋癡的地步，然後再繼續修定，繼續除性障（性障要在悟後歷緣對境之中去除）。性障除了以後，也就是說五蓋消除了以後，初禪善根發的現象就現前了。

明心見性的人，修定之所以能夠很快的原因，就是在於覺明在前的現象，以及能夠消除性障的緣故，所以修定比一般人來得迅速。

但是有的人聽我們說，悟後有覺明現前的現象，他就說：「我也有覺明現前的現象，我也是開悟的人。」真的有這樣的人；但是我們的親教師都會跟他潑冷水：「你這個不是悟！」他就氣得要命：「明明我是真的悟，你說我不是。」臉馬上就翻過來了。剛才還笑咪咪的，這一下就變成怒目金剛。這樣一句話你就氣得不得了啦，你這個覺明現象是開悟嗎？不是，覺明現前只是開悟的許多現象之一而已。開悟有很多種的現象，不只是這一種。在未到定或初禪的定力修學成功的時候，也會有覺明現前的現象，可是那是定，那不是悟，不可以誤會。

第七目　日用能知

我們常常聽禪師說，搬柴運水，吃飯屙屎，無非是禪，所以禪在日常生活中，這話沒錯。可是問題是沒有悟得真的人，或者悟得真，但落於片段的人，他就難以體會：這個搬柴與運水，就是神通妙用。我們舉一則公案來說明：

古時候有一個人，姓韋，官銜是監軍，就像我們現在部隊裏面的政戰官一樣。這韋監軍去參訪玄沙師備禪師，談論佛法。談到一半，他就問禪師，「如何是日用而不知啊？」玄沙師備禪師就遞給他一顆果子，說：「吃果子。」等這果子吃完又問：「如何是日用而不知啊？」玄沙師備禪師講：「這就是日用而不知啊！」

我們在座的同修們聽了這則公案，有很多人忍不住笑了。老實說，這一則公案拿到一般的共修道場來講，是沒有人會笑的。你們是知道什麼叫日用而不知，那一些人卻是不知道的，笑不出來的啦。但是一個悟得真，悟得成片的人，真正是日用能知；不但能知，而且是了然分明。

一個人如果日用能知的時候，他不但會知道《金剛經》所講的：「應無所住而生其心」，他同時也會知道《維摩詰經》講的：「菩薩諸有所作，舉足下足，當知皆從道場來。」又如契經世尊云：「阿賴耶識業風所飄，遍依諸根恒相續轉。」其實這很多句都是同一句。日用能知的人，就必定完全知道這一些，那麼他能在一切的場合裏面知覺他的非知覺非不知覺的真如，明見他的佛性，所以悟得真的人，第七種功德受用是日用能知。

第八目　能生他受用功德

悟得真的人之中，有一部份人因為已經入了實相的緣故，所以他會有許多的方便善巧來利益修學禪法的人，所以他橫說豎說都從真如出發來講，還沒有悟的人就聽得滿頭霧水。他有時候指東，有時候說西；有時候就算真的就是指桑罵槐，他也有為人之處。但是沒有悟的人，沒有辦法理解他究竟在說什麼。

那麼一個真正悟得真的人，他會漸漸的巧設方便，讓有因緣可以悟的人漸漸的可以在一種施設的狀況裏面去悟入。如果不是真參實究而悟的人，他是從思惟來的，這樣的解悟的人，雖然閱讀了很多禪門的公案，然後自己以為是悟了，但是卻難免會把意識心或第七識的恒審思量心當做是真如。

如果他學悟的人一樣橫說豎說，乃至解釋公案的話，就會自相矛盾，就會錯解公案；還沒有悟的人，他是不能辨別的，就會信以為真；但是悟得真的人，他就是有這個功德受用—他一聽就知道，這個是解悟、或者是思惟來的。所以他能夠辨別其他的善知識是否真實悟得根本，因此具備了擇法眼，他就能夠從自受用功德中出生他受用功德—幫助別人真正的悟入。

但是有些人雖然悟得真，仍不能產生他受用功德，這是因為他過去生很少修學方便波羅蜜的緣故。因此並非每個人悟後都能出生他受用功德。

第九目　功德正受非於悟後一時具足

我們前面講過了很多悟的功德，但是這些功德並不是在開悟的當下就具足了，而是要在開悟以後的日常生活之中歷緣對境，然後思惟整理，而一步一步的出現。

悟後必須要經過一段時間的整理思惟以及保任的過程，然後在器世間和一切有緣的眾生相處之中，引發各種的逆境、順境、不逆不順的境界，以我們所悟的見地時時加以檢討、整理、思惟。該增進的增進、該修除的修除，然後各種的功德受用，才能在這一些過程裏面漸漸的顯發出來，所以悟的人所具有的那一些功德並不是悟的當下便一時具足。而是要經過悟後起修的過程，然後在半年，一年乃至慢的話五年到十年才能夠漸漸的具足。

若以聲聞自了漢的心態參禪，僥倖悟了，便急於斷盡一念無明，欲入無餘涅槃，而不肯以自己所證的正法布施與眾生，欲除性障就很困難，則以上所說悟後的功德便很難一一出現。不論已悟未悟，我們都必須特別注意這一點。以上講的是第三節解脫正受及諸功德正受，我們今天就談到這裏。

佛教正覺同修會〈修學佛道次第表〉

第一階段

* 以憶佛及拜佛方式修習動中定力。
* 學第一義佛法及禪法知見。
* 無相拜佛功夫成就。
* 具備一念相續功夫—動靜中皆能看話頭。
* 努力培植福德資糧，勤修三福淨業。

第二階段

* 參話頭，參公案。
* 開悟明心，一片悟境。
* 鍛鍊功夫求見佛性。
* 眼見佛性〈餘五根亦如是〉親見世界如幻，成就如幻觀。
* 學習禪門差別智。
* 深入第一義經典。
* 修除性障及隨分修學禪定。
* 修證十行位陽焰觀。

第三階段

* 學一切種智真實正理—楞伽經、解深密經、成唯識論…。
* 參究末後句。
* 解悟末後句。
* 透牢關—親自體驗所悟末後句境界，親見實相，無得無失。
* 救護一切衆生迴向正道。護持了義正法，修證十迴向位如夢觀。
* 發十無盡願，修習百法明門，親證猶如鏡像現觀。
* 修除五蓋，發起禪定。持一切善法戒。親證猶如光影現觀。
* 進修四禪八定、四無量心、五神通。進修大乘種智，求證猶如谷響現觀。

佛菩提二主要道次第概要表——二道並修，以外無別佛法

佛菩提道——大菩提道

十信位修集信心——一劫乃至一萬劫

資糧位

初住位修集布施功德（以財施為主）。

二住位修集持戒功德。

三住位修集忍辱功德。

四住位修集精進功德。

五住位修集禪定功德。

六住位修集般若功德（熏習般若中觀及斷我見，加行位也）。

外門廣修六度萬行

見道位

七住位明心般若正觀現前，親證本來自性清淨涅槃。

八住位起於一切法現觀般若中道。漸除性障。

十住位眼見佛性，世界如幻觀成就。

一至十行位，於廣行六度萬行中，依般若中道慧，現觀陰處界猶如陽焰，至第十行滿心位，陽焰觀成就。

一至十迴向位熏習一切種智；修除性障，唯留最後一分思惑不斷。第十迴向滿心位成就菩薩道如夢觀。

內門廣修六度萬行

遠波羅蜜多

初地：第十迴向位滿心時，成就道種智一分（八識心王一一親證後，領受五法、三自性、七種第一義、七種性自性、二種無我法）復由勇發十無盡願，成通達位菩薩。復又永伏性障而不具斷，能證慧解脫而不取證，由大願故留惑潤生。此地主修法施波羅蜜多及百法明門。證「猶如鏡像」現觀，故滿初地心。

二地：初地功德滿足以後，再成就道種智一分而入二地；主修戒波羅蜜多及一切種智。滿心位成就「猶如光影」現觀，戒行自然清淨。

解脫道：二乘菩提

→ 斷三縛結，成初果解脫

→ 薄貪瞋癡，成二果解脫

→ 斷五下分結，成三果解脫

入地前的四加行令煩惱障現行悉斷，成四果解脫，留惑潤生。分段生死已斷，煩惱障習氣種子開始斷除，兼斷無始無明上煩惱。

近波羅蜜多 ｜ 大波羅蜜多 ｜ 圓滿波羅蜜多

修道位 ｜ 究竟位

三地：二地滿心再證道種智一分，故入三地。此地主修忍波羅蜜多及四禪八定、四無量心、五神通。能成就俱解脫果而不取證，留惑潤生。滿心位成就「猶如谷響」現觀及無漏妙定意生身。

四地：由三地再證道種智一分故入四地。主修精進波羅蜜多，於此土及他方世界廣度有緣，無有疲倦。進修一切種智，滿心位成就「如水中月」現觀。

五地：由四地再證道種智一分故入五地。主修禪定波羅蜜多及一切種智，斷除下乘涅槃貪。滿心位成就「變化所成」現觀。

六地：由五地再證道種智一分故入六地。此地主修般若波羅蜜多——依道種智現觀十二因緣一一有支及意生身化身，皆自心眞如變化所現，「非有似有」，成就細相觀，不由加行而自然證得滅盡定，成俱解脫大乘無學。

七地：由六地「非有似有」現觀，再證道種智一分故入七地。此地主修一切種智及方便波羅蜜多，由重觀十二有支一一支中之流轉門及還滅門一切細相，成就方便善巧，念念隨入滅盡定。滿心位證得「如犍闥婆城」現觀。

七地滿心斷除故意保留之最後一分思惑時，煩惱障所攝色、受、想三陰有漏習氣種子全部斷盡。

八地：由七地極細相觀成就故再證道種智一分而入八地。此地主修一切種智及願波羅蜜多。至滿心位純無相觀任運恆起，故於相土自在，滿心位復證「如實覺知諸法相意生身」故。

九地：由八地再證道種智一分故入九地。主修力波羅蜜多及一切種智，成就四無礙，滿心位證得「種類俱生無行作意生身」。

十地：由九地再證道種智一分故入此地。此地主修一切種智——智波羅蜜多。滿心位起大法智雲，及現起大法智雲所含藏種種功德，成受職菩薩。

等覺：由十地道種智成就故入此地。此地應修一切種智，圓滿等覺地無生法忍；於百劫中修集極廣大福德，以之圓滿三十二大人相及無量隨形好。

煩惱障所攝行、識二陰無漏習氣種子任運漸斷，所知障所攝上煩惱任運漸斷。

妙覺：示現受生人間已斷盡煩惱障一切習氣種子，並斷盡所知障一切隨眠，永斷變易生死無明，成就大般涅槃，四智圓明。人間捨壽後，報身常住色究竟天利樂十方地上菩薩；以諸化身利樂有情，永無盡期，成就究竟佛道。

斷盡變易生死成就大般涅槃

圓滿成就究竟佛果

佛子**蕭平實** 謹製
（二〇〇九、〇二 修訂）
（二〇一二、〇二 增補）

佛教正覺同修會 共修現況 及 招生公告 2021/04/21

一、共修現況：（請在共修時間來電，以免無人接聽。）

台北正覺講堂 103 台北市承德路三段 277 號九樓 捷運淡水線圓山站旁
Tel..總機 02-25957295（晚上）（**分機：九樓**辦公室 10、11；知客櫃檯 12、13。 **十樓**知客櫃檯 15、16；書局櫃檯 14。 **五樓**辦公室 18；知客櫃檯 19。**二樓**辦公室 20；知客櫃檯 21。）
Fax..25954493

第一講堂 台北市承德路三段 277 號九樓

禪淨班：週一晚班、週三晚班、週四晚班、週五晚班、週六下午班、週六上午班（共修期間二年半，全程免費。皆須報名建立學籍後始可參加共修，欲報名者詳見本公告末頁。）

增上班：瑜伽師地論詳解：單週六晚班。雙週六晚班（重播班）。17.50～20.50。平實導師講解，2003 年 2 月開講至今，僅限已明心之會員參加。

禪門差別智：每月第一週日全天 平實導師主講（事冗暫停）。

解深密經詳解 本經從六度波羅蜜多談到八識心王，再詳論大乘見道所證眞如，然後論及悟後進修的相見道位所觀七眞如，以及入地後的十地所修，乃至成佛時的四智圓明一切種智境界，皆是可修可證之法，流傳至今依舊可證，顯示佛法眞是義學而非玄談，淺深次第皆所論及之第一義諦妙義。已於 2021 年三月下旬起開講，由 平實導師詳解。每逢週二晚上開講，第一至第六講堂都可同時聽聞，歡迎菩薩種性學人，攜眷共同參與此殊勝法會現場聞法，不限制聽講資格。本會學員憑上課證進入第一至第四講堂聽講，會外學人請以身分證件換證進入聽講（此爲大樓管理處安全管理規定之要求，敬請諒解）；第五及第六講堂（B1、B2）對外開放，不需出示任何證件，請由大樓側門直接進入。

第二講堂 台北市承德路三段 267 號十樓。

禪淨班：週一晚班。

進階班：週三晚班、週四晚班、週五晚班、週六早班、週六下午班。禪淨班結業後轉入共修。

解深密經詳解：平實導師講解。每週二 18.50~20.50 影像音聲即時傳輸

第三講堂 台北市承德路三段 277 號五樓。

禪淨班：週六下午班。

進階班：週一晚班、週三晚班、週四晚班、週五晚班。

解深密經詳解：平實導師講解。每週二 18.50~20.50 影像音聲即時傳輸

第四講堂 台北市承德路三段 267 號二樓。

進階班：週一晚班、週三晚班、週四晚班（禪淨班結業後轉入共修）。

解深密經詳解：平實導師講解。每週二 18.50~20.50 影像音聲即時傳輸

第五、第六講堂

念佛班 每週日晚上，第六講堂共修（B2），一切求生極樂世界的三寶弟子皆可參加，不限制共修資格。

進階班：週一晚班、週三晚班、週四晚班。

解深密經詳解：平實導師講解。每週二 18.50~20.50 影像音聲即時傳輸。第五、第六講堂爲**開放式講堂**，不需以身分證件換證即可進入聽講，台北市承德路三段 267 號地下一樓、地下二樓。每逢週二晚上講經時段開放給會外人士自由聽經，請由大樓側面梯階逕行進入聽講。**聽講者請尊重講者的著作權及肖像權，請勿錄音錄影，以免違法；若有錄音錄影被查獲者，將依法處理。**

正覺祖師堂 大溪區美華里信義路 650 巷坑底 5 之 6 號（台 3 號省道 34 公里處 妙法寺對面斜坡道進入）電話 03-3886110 傳眞 03-3881692 本堂供奉 克勤圓悟大師，專供會員每年四月、十月各三次精進禪三共修，兼作本會出家菩薩掛單常住之用。開放參訪日期請參見本會公告。教內共修團體或道場，得另申請其餘時間作團體參訪，務請事先與常住確定日期，以便安排常住菩薩接引導覽，亦免妨礙常住菩薩之日常作息及修行。

桃園正覺講堂（第一、第二講堂）：桃園市介壽路 286、288 號 10 樓（陽明運動公園對面）電話：03-3749363(請於共修時聯繫，或與台北聯繫)

禪淨班：週一晚班（1）、週一晚班（2）、週三晚班、週四晚班、週五晚班。

進階班：週四晚班、週五晚班、週六上午班。

增上班：雙週六晚班（增上重播班）。

解深密經詳解：平實導師講解。每週二晚上，以台北正覺講堂所錄 DVD 放映；歡迎會外學人共同聽講，不需出示身分證件。

新竹正覺講堂 新竹市東光路 55 號二樓之一 電話 03-5724297（晚上）

第一講堂：

禪淨班：週五晚班。

進階班：週三晚班、週四晚班、週六上午班。由禪淨班結業後轉入共修

增上班：單週六晚班。雙週六晚班（重播班）。

解深密經詳解：平實導師講解。每週二晚上，以台北正覺講堂所錄 DVD 放映。歡迎會外學人共同聽講，不需出示身分證件。

第二講堂：

禪淨班：週一晚班、週三晚班、週四晚班、週六上午班。

解深密經詳解：每週二晚上與第一講堂同步播放講經 DVD。

第三、第四講堂：裝修完畢，即將開放。

台中正覺講堂 04-23816090（晚上）

第一講堂 台中市南屯區五權西路二段 666 號 13 樓之四（國泰世華銀行樓上。鄰近縣市經第一高速公路前來者，由五權西路交流道可以快速到達，大樓旁有停車場，對面有素食館）。

禪淨班：週四晚班、週五晚班。

進階班：週一晚班、週三晚班、週六上午班（由禪淨班結業後轉入共修）。

增上班：單週六晚班。雙週六晚班（重播班）。

解深密經詳解：平實導師講解。每週二晚上，以台北正覺講堂所錄 DVD 放映。歡迎會外學人共同聽講，不需出示身分證件。

第二講堂　台中市南屯區五權西路二段 666 號 4 樓

禪淨班：週一晚班、週三晚班。

第三講堂台中市南屯區五權西路二段 666 號 4 樓

禪淨班：週一晚班。

第四講堂台中市南屯區五權西路二段 666 號 4 樓。

進階班：週一晚班、週四晚班、週六上午班，由禪淨班結業後轉入共修

解深密經詳解：每週二晚上與第一講堂同步播放講經 DVD。

嘉義正覺講堂　嘉義市友愛路 288 號八樓之一　電話：05-2318228

第一講堂：

禪淨班：週四晚班、週五晚班、週六上午班。

進階班：週一晚班、週三晚班（由禪淨班結業後轉入共修）。

增上班：單週六晚班。雙週六晚班（重播班）。

解深密經詳解：平實導師講解。每週二晚上，以台北正覺講堂所錄 DVD 放映。歡迎會外學人共同聽講，不需出示身分證件。

第二講堂　嘉義市友愛路 288 號八樓之二。

第三講堂　嘉義市友愛路 288 號四樓之七。

禪淨班：週一晚班、週三晚班。

台南正覺講堂

第一講堂　台南市西門路四段 15 號 4 樓。06-2820541（晚上）

禪淨班：週一晚班、週三晚班、週四晚班、週五晚班、週六下午班。

增上班：單週六晚班。雙週六晚班（重播班）。

第二講堂　台南市西門路四段 15 號 3 樓。

解深密經詳解：每週二晚上與第三講堂同步播放講經 DVD。

第三講堂　台南市西門路四段 15 號 3 樓。

進階班：週一晚班、週三晚班、週四晚班、週五晚班（由禪淨班結業後轉入共修）。

解深密經詳解：平實導師講解。每週二晚上，以台北正覺講堂所錄 DVD 放映。歡迎會外學人共同聽講，不需出示身分證件。。

高雄正覺講堂　高雄市新興區中正三路 45 號五樓 07-2234248（晚上）

第一講堂（五樓）：

禪淨班：週一晚班、週三晚班、週四晚班、週五晚班、週六上午班。

增上班：單週六晚班。雙週六晚班（重播班）。

解深密經詳解：平實導師講解。每週二晚上，以台北正覺講堂所錄 DVD 放映。歡迎會外學人共同聽講，不需出示身分證件。

第二講堂（四樓）：

進階班：週三晚班、週四晚班、週六上午班（由禪淨班結業後轉入共修）。

解深密經詳解：每週二晚上與第一講堂同步播放講經 DVD。

第三講堂（三樓）：

進階班：週四晚班（由禪淨班結業後轉入共修）。

香港正覺講堂

香港新界葵涌打磚坪街 93 號維京科技商業中心A 座 18 樓。

電話：(852) 23262231

英文地址：18/F, Tower A, Viking Technology & Business Centre, 93 Ta Chuen Ping Street, Kwai Chung, N.T., Hong Kong.

禪淨班：雙週六下午班、雙週日下午班、單週六下午班、單週日下午班

進階班：雙週五晚上班、雙週日早上班（由禪淨班結業後轉入共修）。

增上班：每月第一週週日，以台北增上班課程錄成 DVD 放映之。

增上重播班：每月第一週週六，以台北增上班課程錄成 DVD 放映之。

大法鼓經詳解：平實導師講解。每週六、日 19:00～21:00，以台北正覺講堂所錄 DVD 放映；歡迎會外學人共同聽講，不需出示身分證件。

美國洛杉磯正覺講堂　☆已遷移新址☆

825 S. Lemon Ave Diamond Bar, CA 91789 U.S.A.

Tel. (909) 595-5222（請於週六 9:00~18:00 之間聯繫）

Cell. (626) 454-0607

禪淨班：每逢週末 16：00~18：00 上課。

進階班：每逢週末上午 10：00~12：00 上課。

解深密經詳解：平實導師講解。每週六下午 13：30~15：30 以台北所錄 DVD 放映。歡迎各界人士共享第一義諦無上法益，不需報名。

二、招生公告　本會台北講堂及全省各講堂、香港講堂，每逢四月、十月下旬開新班，每週共修一次（每次二小時。開課日起三個月內仍可插班）；但美國洛杉磯共修處之禪淨班得隨時插班共修。各班共修期間皆為二年半，全程免費，欲參加者請向本會函索報名表（各共修處皆於共修時間方有人執事，非共修時間請勿電詢或前來洽詢、請書），或直接從本會官方網站(http://www.enlighten.org.tw/newsflash/class)或成佛之道網站下載報名表。共修期滿時，若經報名禪三審核通過者，可參加四天三夜之禪三精進共修，有機會明心、取證如來藏，發起般若實相智慧，成為實義菩薩，脫離凡夫菩薩位。

三、新春禮佛祈福 農曆年假期間停止共修：自農曆新年前七天起停止共修與弘法，正月 8 日起回復共修、弘法事務。新春期間正月初一～初七 9.00～17.00 開放台北講堂、正月初一~初三開放新竹、台中、嘉義、台南、高雄講堂，以及大溪禪三道場（正覺祖師堂），方便會員供佛、祈福及會外人士請書。美國洛杉磯共修處之休假時間，請逕詢該共修處。

密宗四大派修雙身法，是外道性力派的邪法；又以生滅的識陰作為常住法，是常見外道，是假的藏傳佛教。

西藏覺囊巴以他空見弘揚第八識如來藏勝法，才是真藏傳佛教

佛教正覺同修會　弘法行事表

2021/04/21

1、**禪淨班**　以無相念佛及拜佛方式修習動中定力，實證一心不亂功夫。傳授解脫道正理及第一義諦佛法，以及參禪知見。共修期間：二年六個月。每逢四月、十月開新班，詳見招生公告表。

2、**進階班**　禪淨班畢業後得轉入此班，進修更深入的佛法，期能證悟明心。各地講堂各有多班，繼續深入佛法、增長定力，悟後得轉入增上班修學道種智，期能證得無生法忍。

3、**增上班 瑜伽師地論**詳解　詳解論中所言凡夫地至佛地等 17 師之修證境界與理論，從凡夫地、聲聞地……宣演到諸地所證無生法忍、一切種智之眞實正理。由平實導師開講，每逢一、三、五週之週末晚上開示，僅限已明心之會員參加。2003 年二月開講至今，預定 2021 年講畢。

4、**解深密經**詳解　本經所說妙法極爲甚深難解，非唯論及佛法中心主旨的八識心王及般若實證之標的，亦論及眞見道之後轉入相見道位中應該修學之法，即是七眞如之觀行內涵，然後始可入地。亦論及見道之後，如何與解脫及佛菩提智相應，兼論十地進修之道，末論如來法身及四智圓明的一切種智境界。如是眞見道、相見道、諸地修行之義，傳至今時仍然可證，顯示佛法眞是義學而非玄談或思想，有實證之標的與內容，非諸思惟研究者之所能到，乃是離言絕句之第八識第一義諦妙義。已於 2021 年三月下旬開講，由平實導師詳解。不限制聽講資格。

5、**精進禪三**　主三和尚：平實導師。於四天三夜中，以克勤圓悟大師及大慧宗杲之禪風，施設機鋒與小參、公案密意之開示，幫助會員剋期取證，親證不生不滅之眞實心——人人本有之如來藏。每年四月、十月各舉辦三個梯次；平實導師主持。僅限本會會員參加禪淨班共修期滿，報名審核通過者，方可參加。並選擇會中定力、慧力、福德三條件皆已具足之已明心會員，給以指引，令得眼見自己無形無相之佛性遍佈山河大地，眞實而無障礙，得以肉眼現觀世界身心悉皆如幻，具足成就如幻觀，圓滿十住菩薩之證境。

6、**阿含經**詳解　選擇重要之阿含部經典，依無餘涅槃之實際而加以詳解，令大眾得以現觀諸法緣起性空，亦復不墮斷滅見中，顯示經中所隱說之涅槃實際—如來藏—確實已於四阿含中隱說；令大眾得以聞後觀行，確實斷除我見乃至我執，證得**見到**眞現觀，乃至**身證**……等眞現觀；已得大乘或二乘見道者，亦可由此聞熏及聞後之觀行，除斷我所之貪著，成就慧解脫果。由平實導師詳解。不限制聽講資格。

7、**成唯識論**詳解　詳解一切種智眞實正理，詳細剖析一切種智之微細深妙廣大正理；並加以舉例說明，使已悟之會員深入體驗所證如來藏之微密行相；及證驗見分相分與所生一切法，皆由如來藏—阿賴耶識—直接或展轉而生，因此證知一切法無我，證知無餘涅槃之本際。將於增上班《瑜伽師地論》講畢後，由平實導師重講。僅限已明心之會員參加。

8、**精選如來藏系經典**詳解　精選如來藏系經典一部，詳細解說，以此完全印證會員所悟如來藏之眞實，得入不退轉住。另行擇期詳細解說之，由平實導師講解。僅限已明心之會員參加。

9、**禪門差別智**　藉禪宗公案之微細淆訛難知難解之處，加以宣說及剖析，以增進明心、見性之功德，啓發差別智，建立擇法眼。每月第一週日全天，由平實導師開示，僅限破參明心後，復又眼見佛性者參加（事冗暫停）。

10、**枯木禪**　先講智者大師的《小止觀》，後說《釋禪波羅蜜》，詳解四禪八定之修證理論與實修方法，細述一般學人修定之邪見與岔路，及對禪定證境之誤會，消除枉用功夫、浪費生命之現象。已悟般若者，可以藉此而實修初禪，進入大乘通教及聲聞教的三果心解脫境界，配合應有的大福德及後得無分別智、十無盡願，即可進入初地心中。親教師：平實導師。未來緣熟時將於正覺寺開講。不限制聽講資格。

註：本會例行年假，自 2004 年起，改爲每年農曆新年前七天開始停息弘法事務及共修課程，農曆正月 8 日回復所有共修及弘法事務。新春期間（每日 9.00~17.00）開放台北講堂，方便會員禮佛祈福及會外人士請書。大溪區的正覺祖師堂，開放參訪時間，詳見〈正覺電子報〉或成佛之道網站。本表得因時節因緣需要而隨時修改之，不另作通知。

佛教正覺同修會　贈閱書籍 目錄　　2018/10/20

1.**無相念佛**　平實導師著　回郵 36 元
2.**念佛三昧修學次第**　平實導師述著　回郵 52 元
3.**正法眼藏—護法集**　平實導師述著　回郵 76 元
4.**真假開悟簡易辨正法&佛子之省思**　平實導師著　回郵 26 元
5.**生命實相之辨正**　平實導師著　回郵 31 元
6.**如何契入念佛法門**（附：印順法師否定極樂世界）平實導師著　回郵 26 元
7.**平實書箋**—答元覽居士書　平實導師著　回郵 52 元
8.**三乘唯識**—如來藏系經律彙編　平實導師編　回郵 80 元
（精裝本　長 27 cm　寬 21 cm　高 7.5 cm　重 2.8 公斤）
9.**三時繫念全集**—修正本　回郵掛號 52 元（長 26.5 cm×寬 19 cm）
10.**明心與初地**　平實導師述　回郵 31 元
11.**邪見與佛法**　平實導師述著　回郵 36 元
12.**甘露法雨**　平實導師述　回郵 36 元
13.**我與無我**　平實導師述　回郵 36 元
14.**學佛之心態**—修正錯誤之學佛心態始能與正法相應 孫正德老師著 回郵52元
附錄：平實導師著**《略說八、九識並存…等之過失》**
15.**大乘無我觀**—《悟前與悟後》別說　平實導師述著　回郵 36 元
16.**佛教之危機**—中國台灣地區現代佛教之真相（附錄：公案拈提六則）
平實導師著　回郵 52 元
17.**燈　影**—燈下黑（覆「求教後學」來函等）　平實導師著　回郵 76 元
18.**護法與毀法**—覆上平居士與徐恒志居士網站毀法二文
張正圜老師著　回郵 76 元
19.**淨土聖道**—兼評**選擇本願念佛**　正德老師著　**由正覺同修會購贈** 回郵 52 元
20.**辨唯識性相**—對「紫蓮心海《辯唯識性相》書中否定阿賴耶識」之回應
正覺同修會 台南共修處法義組 著　回郵 52 元
21.**假如來藏**—對法蓮法師《如來藏與阿賴耶識》書中否定阿賴耶識之回應
正覺同修會 台南共修處法義組 著　回郵 76 元
22.**入不二門**—公案拈提集錦 第一輯（於平實導師公案拈提諸書中選錄約二十則，
合輯為一冊流通之）平實導師著　回郵 52 元
23.**真假邪說**—西藏密宗索達吉喇嘛《破除邪說論》真是邪說
釋正安法師著　上、下冊回郵各 52 元
24.**真假開悟**—真如、如來藏、阿賴耶識間之關係　平實導師述著　回郵 76 元
25.**真假禪和**—辨正釋傳聖之謗法謬說　孫正德老師著　回郵 76 元
26.**眼見佛性**—駁慧廣法師眼見佛性的含義文中謬說
游正光老師著　回郵 52 元

27.**普門自在**—公案拈提集錦 第二輯（於平實導師公案拈提諸書中選錄約二十則，合輯為一冊流通之）平實導師著　回郵52元

28.**印順法師的悲哀**—以現代禪的質疑為線索　恒毓博士著　回郵52元

29.**識蘊真義**—現觀識蘊內涵、取證初果、親斷三縛結之具體行門。
—依《成唯識論》及《唯識述記》正義，略顯安慧《大乘廣五蘊論》之邪謬
平實導師著　回郵76元

30.**正覺電子報** 各期紙版本　免附回郵　每次最多函索三期或三本。
（已無存書之較早各期，不另增印贈閱）

31.**現代人應有的宗教觀**　蔡正禮老師 著　回郵31元

32.**遠惑趣道**—正覺電子報般若信箱問答錄　第一輯　回郵52元

33.**遠惑趣道**—正覺電子報般若信箱問答錄　第二輯　回郵52元

34.**確保您的權益**—器官捐贈應注意自我保護　游正光老師 著　回郵31元

35.**正覺教團電視弘法三乘菩提 DVD 光碟（一）**
由正覺教團多位親教師共同講述錄製 DVD 8 片，MP3 一片，共 9 片。有二大講題：一為「三乘菩提之意涵」，二為「學佛的正知見」。內容精闢，深入淺出，精彩絕倫，幫助大眾快速建立三乘法道的正知見，免被外道邪見所誤導。有志修學三乘佛法之學人不可不看。（製作工本費 100 元，回郵 52 元）

36.**正覺教團電視弘法 DVD 專輯（二）**
總有二大講題：一為「三乘菩提之念佛法門」，一為「學佛正知見（第二篇）」，由正覺教團多位親教師輪番講述，內容詳細闡述如何修學念佛法門、實證念佛三昧，以及學佛應具有的正確知見，可以幫助發願往生西方極樂淨土之學人，得以把握往生，更可令學人快速建立三乘法道的正知見，免於被外道邪見所誤導。有志修學三乘佛法之學人不可不看。（一套 17 片，工本費 160 元。回郵 76 元）

37.**喇嘛性世界**—揭開假藏傳佛教譚崔瑜伽的面紗　張善思 等人合著
由正覺同修會購贈　回郵52元

38.**假藏傳佛教的神話**—性、謊言、喇嘛教　張正玄教授編著
由正覺同修會購贈　回郵52元

39.**隨　緣**—理隨緣與事隨緣　平實導師述　回郵52元。

40.**學佛的覺醒**　正枝居士 著　回郵52元

41.**導師之真實義**　蔡正禮老師 著　回郵31元

42.**淺談達賴喇嘛之雙身法**—兼論解讀「密續」之達文西密碼
吳明芷居士 著　回郵31元

43.**魔界轉世**　張正玄居士 著　回郵31元

44.**一貫道與開悟**　蔡正禮老師 著　回郵31元

45.**博愛**—愛盡天下女人　正覺教育基金會 編印　回郵36元

46.**意識虛妄經教彙編**—實證解脫道的關鍵經文　正覺同修會編印　回郵36元

47.**邪箭囈語**—破斥藏密外道多識仁波切《破魔金剛箭雨論》之邪說
陸正元老師著　上、下冊回郵各 52 元

48.**真假沙門**—依 佛聖教闡釋佛教僧寶之定義
蔡正禮老師著　俟正覺電子報連載後結集出版

49.**真假禪宗**—藉評論釋性廣《印順導師對變質禪法之批判
及對禪宗之肯定》以顯示真假禪宗
附論一：凡夫知見 無助於佛法之信解行證
附論二：世間與出世間一切法皆從如來藏實際而生而顯
余正偉老師著　俟正覺電子報連載後結集出版　回郵未定

★ 上列贈書之郵資，係台灣本島地區郵資，大陸、港、澳地區及外國地區，請另計酌增（大陸、港、澳、國外地區之郵票不許通用）。尚未出版之書，請勿先寄來郵資，以免增加作業煩擾。

★ 本目錄若有變動，唯於後印之書籍及「成佛之道」網站上修正公佈之，不另行個別通知。

函索書籍請寄：佛教正覺同修會　103 台北市承德路 3 段 277 號 9 樓
台灣地區函索書籍者請附寄郵票，無時間購買郵票者可以等值現金抵用，但不接受郵政劃撥、支票、匯票。大陸地區得以人民幣計算，國外地區請以美元計算（請勿寄來當地郵票，在台灣地區不能使用）。欲以掛號寄遞者，請另附掛號郵資。

親自索閱：正覺同修會各共修處。　★請於共修時間前往取書，餘時無人在道場，請勿前往索取；共修時間與地點，詳見書末正覺同修會共修現況表（以近期之共修現況表為準）。

註：正智出版社發售之局版書，請向各大書局購閱。若書局之書架上已經售出而無陳列者，請向書局櫃台指定洽購；若書局不便代購者，請於正覺同修會共修時間前往各共修處請購，正智出版社已派人於共修時間送書前往各共修處流通。 郵政劃撥購書及 大陸地區 購書，請詳別頁正智出版社發售書籍目錄最後頁之說明。

成佛之道 網站：http://www.a202.idv.tw　正覺同修會已出版之結緣書籍，多已登載於 成佛之道 網站，若住外國、或住處遙遠，不便取得正覺同修會贈閱書籍者，可以從本網站閱讀及下載。　書局版之《宗通與說通》亦已上網，台灣讀者可向書局洽購，售價 300 元。《狂密與眞密》第一輯~第四輯，亦於 2003.5.1.全部於本網站登載完畢；台灣地區讀者請向書局洽購，每輯約 400 頁，售價 300 元（網站下載紙張費用較貴，容易散失，難以保存，亦較不精美）。

＊＊假藏傳佛教修雙身法，非佛教＊＊

正智出版社 籌募弘法基金發售書籍目錄 2020/11/14

1.**宗門正眼**—公案拈提 第一輯 重拈 平實導師著 500元
因重寫內容大幅度增加故，字體必須改小，並增爲576頁 主文546頁。比初版更精彩、更有內容。初版《禪門摩尼寶聚》之讀者，可寄回本公司免費調換新版書。免附回郵，亦無截止期限。（2007年起，每冊附贈本公司精製公案拈提〈超意境〉CD一片。市售價格280元，多購多贈。）
2.**禪淨圓融** 平實導師著 200元（第一版舊書可換新版書。）
3.**真實如來藏** 平實導師著 400元
4.**禪—悟前與悟後** 平實導師著 上、下冊，每冊250元
5.**宗門法眼**—公案拈提 第二輯 平實導師著 500元
（2007年起，每冊附贈本公司精製公案拈提〈超意境〉CD一片）
6.**楞伽經詳解** 平實導師著 全套共10輯 每輯250元
7.**宗門道眼**—公案拈提 第三輯 平實導師著 500元
（2007年起，每冊附贈本公司精製公案拈提〈超意境〉CD一片）
8.**宗門血脈**—公案拈提 第四輯 平實導師著 500元
（2007年起，每冊附贈本公司精製公案拈提〈超意境〉CD一片）
9.**宗通與說通**—成佛之道 平實導師著 主文381頁 全書400頁售價300元
10.**宗門正道**—公案拈提 第五輯 平實導師著 500元
（2007年起，每冊附贈本公司精製公案拈提〈超意境〉CD一片）
11.**狂密與真密** 一～四輯 平實導師著 西藏密宗是人間最邪淫的宗教，本質不是佛教，只是披著佛教外衣的印度教性力派流毒的喇嘛教。此書中將西藏密宗密傳之男女雙身合修樂空雙運所有祕密與修法，毫無保留完全公開，並將全部喇嘛們所不知道的部分也一併公開。內容比大辣出版社喧騰一時的《西藏慾經》更詳細。並且函蓋藏密的所有祕密及其錯誤的中觀見、如來藏見……等，藏密的所有法義都在書中詳述、分析、辨正。每輯主文三百餘頁 每輯全書約400頁 售價每輯300元
12.**宗門正義**—公案拈提 第六輯 平實導師著 500元
（2007年起，每冊附贈本公司精製公案拈提〈超意境〉CD一片）
13.**心經密意**—心經與解脫道、佛菩提道、祖師公案之關係與密意 平實導師述 300元
14.**宗門密意**—公案拈提 第七輯 平實導師著 500元
（2007年起，每冊附贈本公司精製公案拈提〈超意境〉CD一片）
15.**淨土聖道**—兼評「選擇本願念佛」 正德老師著 200元
16.**起信論講記** 平實導師述著 共六輯 每輯三百餘頁 售價各250元
17.**優婆塞戒經講記** 平實導師述著 共八輯 每輯三百餘頁 售價各250元
18.**真假活佛**—略論附佛外道盧勝彥之邪說（對前岳靈犀網站主張「盧勝彥是證悟者」之修正） 正犀居士（岳靈犀）著 流通價140元
19.**阿含正義**—唯識學探源 平實導師著 共七輯 每輯300元

20.**超意境** CD 以平實導師公案拈提書中超越意境之頌詞，加上曲風優美的旋律，錄成令人嚮往的超意境歌曲，其中包括正覺發願文及平實導師親自譜成的黃梅調歌曲一首。詞曲雋永，殊堪翫味，可供學禪者吟詠，有助於見道。內附設計精美的彩色小冊，解說每一首詞的背景本事。每片 280 元。【每購買公案拈提書籍一冊，即贈送一片。】

21.**菩薩底憂鬱** CD 將菩薩情懷及禪宗公案寫成新詞，並製作成超越意境的優美歌曲。 1.主題曲〈菩薩底憂鬱〉，描述地後菩薩能離三界生死而迴向繼續生在人間，但因尚未斷盡習氣種子而有極深沈之憂鬱，非三賢位菩薩及二乘聖者所知，此憂鬱在七地滿心位方才斷盡；本曲之詞中所說義理極深，昔來所未曾見；此曲係以優美的情歌風格寫詞及作曲，聞者得以激發嚮往諸地菩薩境界之大心，詞、曲都非常優美，難得一見；其中勝妙義理之解說，已印在附贈之彩色小冊中。 2.以各輯公案拈提中直示禪門入處之頌文，作成各種不同曲風之超意境歌曲，值得玩味、參究；聆聽公案拈提之優美歌曲時，請同時閱讀內附之印刷精美說明小冊，可以領會超越三界的證悟境界；未悟者可以因此引發求悟之意向及疑情，眞發菩提心而邁向求悟之途，乃至因此眞實悟入般若，成眞菩薩。 3.正覺總持咒新曲，總持佛法大意；總持咒之義理，已加以解說並印在隨附之小冊中。本 CD 共有十首歌曲，長達 63 分鐘。每盒各附贈二張購書優惠券。每片 280 元。

22.**禪意無限** CD 平實導師以公案拈提書中偈頌寫成不同風格曲子，與他人所寫不同風格曲子共同錄製出版，幫助參禪人進入禪門超越意識之境界。盒中附贈彩色印製的精美解說小冊，以供聆聽時閱讀，令參禪人得以發起參禪之疑情，即有機會證悟本來面目而發起實相智慧，實證大乘菩提般若，能如實證知般若經中的眞實意。本 CD 共有十首歌曲，長達 69 分鐘，每盒各附贈二張購書優惠券。每片 280 元。

23.**我的菩提路**第一輯　釋悟圓、釋善藏等人合著　售價 300 元

24.**我的菩提路**第二輯　郭正益等人合著　售價 300 元（停售，俟改版後另行發售）

25.**我的菩提路**第三輯　王美伶等人合著　售價 300 元

26.**我的菩提路**第四輯　陳晏平等人合著　售價 300 元

27.**我的菩提路**第五輯　林慈慧等人合著　售價 300 元

28.**我的菩提路**第六輯　劉惠莉等人合著　售價 300 元

29.**我的菩提路**第七輯　余正偉等人合著　售價 300 元　預定 2021/6/30 出版

30.**鈍鳥與靈龜**—考證後代凡夫對大慧宗杲禪師的無根誹謗。
平實導師著 共 458 頁 售價 350 元

31.**維摩詰經講記** 平實導師述 共六輯 每輯三百餘頁 售價各 250 元

32.**真假外道**—破劉東亮、杜大威、釋證嚴常見外道見　正光老師著　200 元

33.**勝鬘經講記**—兼論印順《勝鬘經講記》對於《勝鬘經》之誤解。
平實導師述　共六輯　每輯三百餘頁　售價250 元

34.**楞嚴經講記** 平實導師述 共**15**輯，每輯三百餘頁 售價300元
35.**明心與眼見佛性**—駁慧廣〈蕭氏「眼見佛性」與「明心」之非〉文中謬說
正光老師著 共448頁 售價300元
36.**見性與看話頭** 黃正倖老師 著，本書是禪宗參禪的方法論。
內文375頁，全書416頁，售價300元。
37.**達賴真面目**—玩盡天下女人 白正偉老師 等著 中英對照彩色精裝大本800元
38.**喇嘛性世界**—揭開假藏傳佛教譚崔瑜伽的面紗 張善思 等人著 200元
39.**假藏傳佛教的神話**—性、謊言、喇嘛教 正玄教授編著 200元
40.**金剛經宗通** 平實導師述 共九輯 每輯售價250元。
41.**空行母**—性別、身分定位，以及藏傳佛教。
珍妮·坎貝爾著 呂艾倫 中譯 售價250元
42.**末代達賴**—性交教主的悲歌 張善思、呂艾倫、辛燕編著 售價250元
43.**霧峰無霧**—給哥哥的信 辨正釋印順對佛法的無量誤解
游宗明 老師著 售價250元
44.**霧峰無霧**—第二輯—救護佛子向正道 細說釋印順對佛法的各類誤解
游宗明 老師著 售價250元
45.**第七意識與第八意識？**—穿越時空「超意識」
平實導師述 每冊300元
46.**黯淡的達賴**—失去光彩的諾貝爾和平獎
正覺教育基金會編著 每冊250元
47.**童女迦葉考**—論呂凱文〈佛教輪迴思想的論述分析〉之謬。
平實導師 著 定價180元
48.**人間佛教**—實證者必定不悖三乘菩提
平實導師 述，定價400元
49.**實相經宗通** 平實導師述 共八輯 每輯250元
50.**真心告訴您(一)**—達賴喇嘛在幹什麼？
正覺教育基金會編著 售價250元
51.**中觀金鑑**—詳述應成派中觀的起源與其破法本質
孫正德老師著 分為上、中、下三冊，每冊250元
52.**藏傳佛教要義**—《狂密與真密》之簡體字版 平實導師 著 上、下冊
僅在大陸流通 每冊300元
53.**法華經講義** 平實導師述 共二十五輯 每輯300元
已於2015/05/31起開始出版，每二個月出版一輯
54.**西藏「活佛轉世」制度**—附佛、造神、世俗法
許正豐、張正玄老師合著 定價150元
55.**廣論三部曲** 郭正益老師著 定價150元
56.**真心告訴您(二)**—達賴喇嘛是佛教僧侶嗎？
—補祝達賴喇嘛八十大壽
正覺教育基金會編著 售價300元

57.**次法**—實證佛法前應有的條件
張善思居士著　分爲上、下二冊，每冊 250 元
58.**涅槃**—解說四種涅槃之實證及內涵　平實導師著 上、下冊 各 350 元
59.**山法**—西藏關於他空與佛藏之根本論
篤補巴・喜饒堅贊著　　傑弗里・霍普金斯英譯
張火慶教授、張志成、呂艾倫等中譯　精裝大本 1200 元
60.**佛藏經講義**　平實導師述　2019 年 7 月 31 日開始出版　共 21 輯
每二個月出版一輯，每輯 300 元。
61.**假鋒虛焰金剛乘**—揭示顯密正理，兼破索達吉師徒《般若鋒兮金剛焰》
釋正安法師著 簡體字版 即將出版 售價未定
62.**廣論之平議**—宗喀巴《菩提道次第廣論》之平議　正雄居士著
約二或三輯　俟正覺電子報連載後結集出版　書價未定
63.**大法鼓經講義**　平實導師講述　《佛藏經講義》出版後發行，每輯 300 元
64.**不退轉法輪經講義**　平實導師講述　《大法鼓經講義》出版後發行
65.**八識規矩頌**詳解　○○居士 註解　出版日期另訂　書價未定。
66.**中觀正義**—註解平實導師《中論正義頌》。
○○法師（居士）著　出版日期未定　書價未定
67.**中論正義**—釋龍樹菩薩《中論》頌正理。
孫正德老師著　出版日期未定　書價未定
68.**中國佛教史**—依中國佛教正法史實而論。 ○○老師 著　書價未定。
69.**印度佛教史**—法義與考證。依法義史實評論印順《印度佛教思想史、佛教史地考論》之謬說　正偉老師著　出版日期未定　書價未定
70.**阿含經講記**—將選錄四阿含中數部重要經典全經講解之，講後整理出版。
平實導師述　約二輯　每輯 300 元　出版日期未定
71.**實積經講記**　平實導師述　每輯三百餘頁 優惠價 300 元 出版日期未定
72.**解深密經講義**　平實導師述 約四輯　將於重講後整理出版
73.**成唯識論略解**　平實導師著　五～六輯　每輯300 元　出版日期未定
74.**修習止觀坐禪法要講記**　平實導師述　每輯三百餘頁
將於正覺寺建成後重講、以講記逐輯出版　出版日期未定
75.**無門關**—《無門關》公案拈提　平實導師著　出版日期未定
76.**中觀再論**—兼述印順《中觀今論》謬誤之平議。正光老師著 出版日期未定
77.**輪迴與超度**—佛教超度法會之真義。
○○法師（居士）著　出版日期未定　書價未定
78.**《釋摩訶衍論》平議**—對偽稱龍樹所造《釋摩訶衍論》之平議
○○法師（居士）著　出版日期未定　書價未定
79.**正覺發願文**註解—以真實大願為因 得證菩提
正德老師著　出版日期未定　書價未定
80.**正覺總持咒**—佛法之總持　正圜老師著　出版日期未定　書價未定
81.**三自性**—依四食、五蘊、十二因緣、十八界法，說三性三無性。
作者未定　出版日期未定

82.**道品**—從三自性說大小乘三十七道品　　作者未定　出版日期未定
83.**大乘緣起觀**—依四聖諦七真如現觀十二緣起 作者未定　出版日期未定
84.**三德**—論解脫德、法身德、般若德。　　作者未定　出版日期未定
85.**真假如來藏**—對印順《如來藏之研究》謬說之平議　作者未定 出版日期未定
86.**大乘道次第**　　作者未定　出版日期未定　書價未定
87.**四緣**—依如來藏故有四緣。　作者未定　出版日期未定
88.**空之探究**—印順《空之探究》謬誤之平議　作者未定 出版日期未定
89.**十法義**—論阿含經中十法之正義　　作者未定　出版日期未定
90.**外道見**—論述外道六十二見　　作者未定　　出版日期未定

正智出版社有限公司　書籍介紹

禪淨圓融：言淨土諸祖所未曾言，示諸宗祖師所未曾示；禪淨圓融，另闢成佛捷徑，兼顧自力他力，闡釋淨土門之速行易行道，亦同時揭櫫聖教門之速行易行道；令廣大淨土行者得免緩行難證之苦，亦令聖道門行者得以藉著淨土速行道而加快成佛之時劫。乃前無古人之超勝見地，非一般弘揚禪淨法門典籍也，先讀為快。平實導師著　200元。

宗門正眼—公案拈提第一輯：繼承克勤圜悟大師碧巖錄宗旨之禪門鉅作。先則舉示當代大法師之邪說，消弭當代禪門大師鄉愿之心態，摧破當今禪門「世俗禪」之妄談；次則旁通教法，表顯宗門正理；繼以道之次第，消弭古今狂禪；後藉言語及文字機鋒，直示宗門入處。悲智雙運，禪味十足，數百年來難得一睹之禪門鉅著也。平實導師著　500元（原初版書《禪門摩尼寶聚》，改版後補充為五百餘頁新書，總計多達二十四萬字，內容更精彩，並改名為《宗門正眼》，讀者原購初版《禪門摩尼寶聚》皆可寄回本公司免費換新，免附回郵，亦無截止期限）（2007年起，凡購買公案拈提第一輯至第七輯，每購一輯皆贈送本公司精製公案拈提〈超意境〉CD一片，市售價格280元，多購多贈）。

禪—悟前與悟後：本書能建立學人悟道之信心與正確知見，圓滿具足而有次第地詳述禪悟之功夫與禪悟之內容，指陳參禪中細微淆訛之處，能使學人明自真心、見自本性。若未能悟入，亦能以正確知見辨別古今中外一切大師究係真悟？或屬錯悟？便有能力揀擇，捨名師而選明師，後時必有悟道之緣。一旦悟道，遲者七次人天往返，便出三界，速者一生取辦。學人欲求開悟者，不可不讀。　平實導師著。上、下冊共500元，單冊250元。

真實如來藏：如來藏眞實存在，乃宇宙萬有之本體，並非印順法師、達賴喇嘛等人所說之「唯有名相、無此心體」。如來藏是涅槃之本際，是一切有智之人竭盡心智、不斷探索而不能得之生命實相；是古今中外許多大師自以爲悟而當面錯過之生命實相。如來藏即是阿賴耶識，乃是一切有情本自具足、不生不滅之眞實心。當代中外大師於此書出版之前所未能言者，作者於本書中盡情流露、詳細闡釋。眞悟者讀之，必能增益悟境、智慧增上；錯悟者讀之，必能檢討自己之錯誤，免犯大妄語業；未悟者讀之，能知參禪之理路，亦能以之檢查一切名師是否眞悟。此書是一切哲學家、宗教家、學佛者及欲昇華心智之人必讀之鉅著。　平實導師著　售價400元。

宗門法眼—公案拈提第二輯：列舉實例，闡釋土城廣欽老和尚之悟處；並直示這位不識字的老和尚妙智橫生之根由，繼而剖析禪宗歷代大德之開悟公案，解析當代密宗高僧卡盧仁波切之錯悟證據，並例舉當代顯宗高僧、大居士之錯悟證據（凡健在者，爲免影響其名聞利養，皆隱其名）。藉辨正當代名師之邪見，向廣大佛子指陳禪悟之正道，彰顯宗門法眼。悲勇兼出，強捋虎鬚；慈智雙運，巧探驪龍；摩尼寶珠在手，直示宗門入處，禪味十足；若非大悟徹底，不能爲之。禪門精奇人物，允宜人手一冊，供作參究及悟後印證之圭臬。本書於2008年4月改版，增寫爲大約500頁篇幅，以利學人研讀參究時更易悟入宗門正法，以前所購初版首刷及初版二刷舊書，皆可免費換取新書。平實導師著　500元（2007年起，凡購買公案拈提第一輯至第七輯，每購一輯皆贈送本公司精製公案拈提〈超意境〉CD一片，市售價格280元，多購多贈）。

宗門道眼—公案拈提第三輯：繼宗門法眼之後，再以金剛之作略、慈悲之胸懷、犀利之筆觸，舉示寒山、拾得、布袋三大士之悟處，消弭當代錯悟者對於寒山大士……等之誤會及誹謗。　亦舉出民初以來與虛雲和尚齊名之蜀郡鹽亭袁煥仙夫子——南懷瑾老師之師，其「悟處」何在？並蒐羅許多眞悟祖師之證悟公案，顯宗禪宗歷代祖師之睿智，指陳部分祖師、奧修及當代顯密大師之謬悟，作爲殷鑑，幫助禪子建立及修正參禪之方向及知見。假使讀者閱此書已，一時尚未能悟，亦可一面加功用行，一面以此宗門道眼辨別眞假善知識，避開錯誤之印證及歧路，可免大妄語業之長劫慘痛果報。欲修禪宗之禪者，務請細讀。平實導師著　售價500元（2007年起，凡購買公案拈提第一輯至第七輯，每購一輯皆贈送本公司精製公案拈提〈超意境〉CD一片，市售價格280元，多購多贈）。

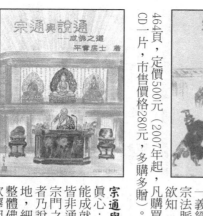

楞伽經詳解：本經是禪宗見道者印證所悟眞僞之根本經典，亦是禪宗見道者悟後起修之依據經典；故達摩祖師於印證二祖慧可大師之後，將此經典連同佛鉢祖衣一併交付二祖，令其依此經典佛示金言、進入修道位，修學一切種智。由此可知此經對於眞悟之人修學佛道，是非常重要之一部經典。此經能破外道邪說，亦破佛門中錯悟名師之謬說，亦破禪宗部分祖師之狂禪：不讀經典、一向主張「一悟即成究竟佛」之謬執。並開示愚夫所行禪、觀察義禪、攀緣如禪、如來禪等差別，令行者對於三乘禪法差異有所分辨；亦糾正禪宗祖師古來對於如來禪之誤解，嗣後可免以訛傳訛之弊。此經亦是法相唯識宗之根本經典，禪者悟後欲修一切種智而入初地者，必須詳讀。平實導師著，全套共十輯，已全部出版完畢，每輯主文約320頁，每冊約352頁，定價250元。

宗門血脈—公案拈提第四輯：末法怪象—許多修行人自以爲悟，每將無念靈知認作眞實；崇尚二乘法諸師及其徒衆，則將外於如來藏之緣起性空—無因論之無常空、斷滅空、一切法空—錯認爲 佛所說之般若空性。這兩種現象已於當今海峽兩岸及美加地區顯密大師之中普遍存在；人人自以爲悟，心高氣壯，便敢寫書解釋祖師證悟之公案，大多出於意識思惟所得，言不及義，錯誤百出，因此誤導廣大佛子同陷大妄語之地獄業中而不能自知。彼等書中所說之悟處，其實處處違背第一義經典之聖言量。彼等諸人不論是否身披袈裟，都非佛法宗門血脈，或雖有禪宗法脈之傳承，亦只徒具形式；猶如螟蛉，非眞血脈，未悟得根本眞實故。禪子欲知 佛、祖之眞血脈者，請讀此書，便知分曉。平實導師著，主文452頁，全書464頁，定價500元（2007年起，凡購買公案拈提第一輯至第七輯，每購一輯皆贈送本公司精製公案拈提〈超意境〉CD一片，市售價格280元，多購多贈）。

宗通與說通：古今中外，錯誤之人如麻似粟，每以常見外道所說之靈知心，認作眞心；或妄想虛空之勝性能量爲眞如，或錯認物質四大元素藉冥性（靈知心本體）能成就吾人色身及知覺，或認初禪至四禪中之了知心爲不生不滅之涅槃心。此等皆非通宗者之見地。復有錯悟之人一向主張「宗門與教門不相干」，此即尚未通達宗門之人也。其實宗門與教門互通不二，宗門所證者乃是眞如與佛性，教門所說者乃說宗門證悟之眞如佛性，故教門與宗門不二。本書作者以宗教二門互通之見地，細說「宗通與說通」，從初見道至悟後起修之道、細說分明；並將諸宗諸派在整體佛教中之地位與次第，加以明確之教判，學人讀之即可了知佛法之梗概也。欲擇明師學法之前，允宜先讀。平實導師著，主文共381頁，全書392頁，只售成本價300元。

宗門正道—公案拈提第五輯：修學大乘佛法有二果須證—解脫果及大菩提果。二乘人不證大菩提果，唯證解脫果；此果之智慧，名爲聲聞菩提、緣覺菩提。大乘佛子所證二果之菩提果爲佛菩提，故名大菩提果，其慧名爲一切種智—函蓋二乘解脫果。然此大乘二果修證，須經由禪宗之宗門證悟方能相應。而宗門證悟極難，自古已然；其所以難者，咎在古今佛教界普遍存在三種邪見：1.以修定認作佛法，2.以無因論之緣起性空—否定涅槃本際如來藏以後之一切法空作爲佛法，3.以常見外道邪見（離語言妄念之靈知性）作爲佛法。如是邪見，或因自身正見未立所致，或因邪師之邪教導所致，或因無始劫來虛妄熏習所致。若不破除此三種邪見，永劫不悟宗門眞義、不入大乘正道，唯能外門廣修菩薩行。平實導師於此書中，有極爲詳細之說明，有志佛子欲摧邪見、入於內門修菩薩行者，當閱此書。主文共496頁，全書512頁。售價500元（2007年起，凡購買公案拈提第一輯至第七輯，每購一輯皆贈送本公司精製公案拈提〈超意境〉CD一片，市售價格280元，多購多贈）。

狂密與眞密：密教之修學，皆由有相之觀行法門而入，其最終目標仍不離顯教經典所說第一義諦之修證；若離顯教第一義經典、或違背顯教第一義經典，即非佛教。西藏密教之觀行法，如灌頂、觀想、遷識法、寶瓶氣、大聖歡喜雙身修法、喜金剛、無上瑜伽、大樂光明、樂空雙運等，皆是印度教兩性生生不息思想之轉化，自始至終皆以如何能運用交合淫樂之法達到全身受樂爲其中心思想，純屬欲界五欲的貪愛，不能令人超出欲界輪迴，更不能令人斷除我見；何況大乘之明心與見性，更無論矣！故密宗之法絕非佛法也。而其明光大手印、大圓滿法教，又皆同以常見外道所說離語言妄念之無念靈知心錯認爲佛地之眞如，不能直指不生不滅之眞如。西藏密宗所有法王與徒眾，都尚未開頂門眼，不能辨別眞僞，以依人不依法、依密續不依經典故，不肯將其上師喇嘛所說對照第一義經典，純依密續之藏密祖師所說爲準，因此而誇大其證德與證量，動輒謂彼祖師上師爲究竟佛、爲地上菩薩；如今台海兩岸亦有自謂其師證量高於 釋迦文佛者，然觀其師所述，猶未見道，仍在觀行即佛階段，尚未到禪宗相似即佛、分證即佛階位，竟敢標榜爲究竟佛及地上法王，誑惑初機學人。凡此怪象皆是狂密，不同於眞密之修行者。近年狂密盛行，密宗行者被誤導者極眾，動輒自謂已證佛地眞如，自視爲究竟佛，陷於大妄語業中而不知自省，反謗顯宗眞修實證者之證量粗淺；或如義雲高與釋性圓…等人，於報紙上公然誹謗眞實證道者爲「騙子、無道人、人妖、癩蛤蟆…」等，造下誹謗大乘勝義僧之大惡業；或以外道法中有爲有作之甘露、魔術……等法，誑騙初機學人，狂言彼外道法爲眞佛法。如是怪象，在西藏密宗及附藏密之外道中，不一而足，舉之不盡，學人宜應愼思明辨，以免上當後又犯毀破菩薩戒之重罪。密宗學人若欲遠離邪知邪見者，請閱此書，即能了知密宗之邪謬，從此遠離邪見與邪修，轉入眞正之佛道。平實導師著 共四輯 每輯約400頁（主文約340頁）每輯售價300元。

宗門正義—公案拈提第六輯：佛教有六大危機，乃是藏密化、世俗化、膚淺化、學術化、宗門密意失傳、悟後進修諸地之次第混淆；其中尤以宗門密意之失傳，爲當代佛教最大之危機。由宗門密意失傳故，易令 世尊本懷普被錯解，易令 世尊正法被轉易爲外道法，以及加以淺化、世俗化，是故宗門密意之廣泛弘傳與具緣佛弟子，極爲重要。然而欲令宗門密意之廣泛弘傳予具緣之佛弟子者，必須同時配合錯誤知見之解析、普令佛弟子知之，然後輔以公案解析之直示入處，方能令具緣之佛弟子悟入。而此二者，皆須以公案拈提之方式爲之，方易成其功、竟其業，是故平實導師續作宗門正義一書，以利學人。 全書500餘頁，售價500元（2007年起，凡購買公案拈提第一輯至第七輯，每購一輯皆贈送本公司精製公案拈提〈超意境〉CD一片，市售價格280元，多購多贈）。

心經密意—心經與解脫道、佛菩提道、祖師公案之關係與密意。 二乘菩提所證之解脫道，實依第八識心之斷除煩惱障現行而立解脫之名；大乘菩提所證之佛菩提道，實依親證第八識如來藏之涅槃性、清淨自性、及其中道性而立般若之名；禪宗祖師公案所證之眞心，即是此第八識如來藏；是故三乘佛法所修所證之三乘菩提，皆依此如來藏心而立名也。此第八識心，即是《心經》所說之心也。證得此如來藏已，即能漸入大乘佛菩提道，亦可因證知此心而了知二乘無學所不能知之無餘涅槃本際，是故《心經》之密意，與三乘佛菩提之關係極爲密切、不可分割，三乘佛法皆依此心而立名故。今者平實導師以其所證解脫道之無生智及佛菩提之般若種智，將《心經》與解脫道、佛菩提道、祖師公案之關係與密意，以演講之方式，用淺顯之語句和盤托出，發前人所未言，呈三乘菩提之眞義，令人藉此《心經密意》一舉而窺三乘菩提之堂奧，迥異諸方言不及義之說；欲求眞實佛智者、不可不讀！主文317頁，連同跋文及序文…等共384頁，售價300元。

宗門密意—公案拈提第七輯：佛教之世俗化，將導致學人以信仰作爲學佛，則將以感應及世間法之庇祐，作爲學佛之主要目標，不能了知學佛之主要目標爲親證三乘菩提。大乘菩提則以般若實相智慧爲主要修習目標，以二乘菩提解脫道爲附帶修習之標的；是故學習大乘法者，應以禪宗之證悟爲要務，能親入大乘菩提之實相般若智慧中故，般若實相智慧非二乘聖人所能知故。此書則以台灣世俗化佛教之三大法師，說法似是而非之實例，配合眞悟祖師之公案解析，提示證悟般若之關節，令學人易得悟入。平實導師著，全書五百餘頁，售價500元（2007年起，凡購買公案拈提第一輯至第七輯，每購一輯皆贈送本公司精製公案拈提〈超意境〉CD一片，市售價格280元，多購多贈）。

淨土聖道—兼評選擇本願念佛：佛法甚深極廣，般若玄微，非諸二乘聖僧所能知之，一切凡夫更無論矣！所謂一切證量皆歸淨土是也！是故大乘法中「聖道之淨土、淨土之聖道」，其義甚深，難可了知；乃至眞悟之人，初心亦難知也。今有正德老師眞實證悟後，復能深探淨土與聖道之緊密關係，憐憫衆生之誤會淨土實義，亦欲利益廣大淨土行人同入聖道，同獲淨土中之聖道門要義，乃振奮心神、書以成文，今得刊行天下。主文279頁，連同序文等共301頁，總有十一萬六千餘字，正德老師著，成本價200元。

起信論講記：詳解大乘起信論心生滅門與心眞如門之眞實意旨，消除以往大師與學人對起信論所說心生滅門之誤解，由是而得了知眞心如來藏之非常非斷中道正理；亦因此一講解，令此論以往隱晦而被誤解之眞實義，得以如實顯示，令大乘佛菩提道之正理得以顯揚光大；初機學者亦可藉此正論所顯示之法義，對大乘法理生起正信，從此得以眞發菩提心，眞入大乘法中修學，世世常修菩薩正行。平實導師演述，共六輯，都已出版，每輯三百餘頁，售價各250元。

優婆塞戒經講記：本經詳述在家菩薩修學大乘佛法，應如何受持菩薩戒？對人間善行應如何看待？對三寶應如何護持？應如何正確地修集此世後世證法之福德？應如何修集後世「行菩薩道之資糧」？並詳述第一義諦之正義：五蘊非我非異我、自作自受、異作異受、不作不受……等深妙法義，乃是修學大乘佛法、行菩薩行之在家菩薩所應當了知者。出家菩薩今世或未來世登地已，捨報之後多數將如華嚴經中諸大菩薩，以在家菩薩身而修行菩薩行，故亦應以此經所述正理而修之，配合《楞伽經、解深密經、楞嚴經、華嚴經》等道次第正理，方得漸次成就佛道；故此經是一切大乘行者皆應證知之正法。平實導師講述，每輯三百餘頁，售價各250元；共八輯，已全部出版。

真假活佛—略論附佛外道盧勝彥之邪說：人人身中都有眞活佛，永生不滅而有大神用，但衆生都不了知，所以常被身外的西藏密宗假活佛籠罩欺瞞。本來就眞實存在的眞活佛，才是眞正的密宗無上密！諾那活佛因此而說禪宗是大密宗，但藏密的所有活佛都不知道、也不曾實證自身中的眞活佛。本書詳實宣示眞活佛的道理，舉證盧勝彥的「佛法」不是眞佛法，也顯示盧勝彥是假活佛，直接的闡釋第一義佛法見道的眞實正理。眞佛宗的所有上師與學人們，都應該詳細閱讀，包括盧勝彥個人在內。正犀居士著，優惠價140元。

阿含正義—唯識學探源：廣說四大部《阿含經》諸經中隱說之眞正義理，一一舉示佛陀本懷，令阿含時期初轉法輪根本經典之眞義，如實顯現於佛子眼前。並提示末法大師對於阿含眞義誤解之實例，一一比對之，證實唯識增上慧學確於原始佛法之阿含諸經中已隱覆密意而略說之，證實 世尊確於原始佛法中已曾密意而說第八識如來藏之總相；亦證實 世尊在四阿含中已說此藏識是名色十八界之因、之本—證明如來藏是能生萬法之根本心。佛子可據此修正以往受諸大師（譬如西藏密宗應成派中觀師：印順、昭慧、性廣、大願、達賴、宗喀巴、寂天、月稱、……等人）誤導之邪見，建立正見，轉入正道乃至親證初果而無困難；書中並詳說三果所證的心解脫，以及四果慧解脫的親證，都是如實可行的具體知見與行門。全書共七輯，已出版完畢。平實導師著，每輯三百餘頁，售價300元。

超意境CD：以平實導師公案拈提書中超越意境之頌詞，加上曲風優美的旋律，錄成令人嚮往的超意境歌曲，其中包括正覺發願文及平實導師親自譜成的黃梅調歌曲一首。詞曲雋永，殊堪翫味，可供學禪者吟詠，有助於見道。內附設計精美的彩色小冊，解說每一首詞的背景本事。每片280元。【每購買公案拈提書籍一冊，即贈送一片。】

我的菩提路第一輯：凡夫及二乘聖人不能實證的佛菩提證悟，末法時代的今天仍然有人能得實證，由正覺同修會釋悟圓、釋善藏法師等二十餘位實證如來藏者所寫的見道報告，已爲當代學人見證宗門正法之絲縷不絕，證明大乘義學的法脈仍然存在，爲末法時代求悟般若之學人照耀出光明的坦途。由二十餘位大乘見道者所繕，敘述各種不同的學法、見道因緣與過程，參禪求悟者必讀。全書三百餘頁，售價300元。

我的菩提路第二輯：由郭正益老師等人合著，書中詳述彼等諸人歷經各處道場學法，一一修學而加以檢擇之不同過程以後，因閱讀正覺同修會、正智出版社書籍而發起抉擇分，轉入正覺同修會中修學；乃至學法及見道之過程，都一一詳述之。（本書暫停發售，俟改版重新發售流通。）

我的菩提路第三輯：由王美伶老師等人合著。自從正覺同修會成立以來，每年夏初、冬初都舉辦精進禪三共修，藉以助益會中同修們得以證悟明心發起般若實相智慧；凡已實證而被平實導師印證者，皆書具見道報告用以證明佛法之眞實可證而非玄學，證明佛法並非純屬思想、理論而無實質，是故每年都能有人證明正覺同修會的「實證佛教」主張並非虛語。特別是眼見佛性一法，自古以來中國禪宗祖師實證者極寡，較之明心開悟的證境更難令人信受；至2017年初，正覺同修會中的證悟明心者已近五百人，然而其中眼見佛性者至今唯十餘人爾，可謂難能可貴，是故明心後欲冀眼見佛性者實屬不易。黃正倖老師是懸絕七年無人見性後的第一人，她於2009年的見性報告刊於本書的第二輯中，爲大眾證明佛性確實可以眼見；其後七年之中求見性者都屬解悟佛性而無人眼見，幸而又經七年後的2016冬初，以及2017夏初的禪三，復有三人眼見佛性，希冀鼓舞四眾佛子求見佛性之大心，今則具載一則於書末，顯示求見佛性之事實經歷，供養現代佛教界欲得見性之四眾弟子。全書四百頁，售價300元，已於2017年6月30日發行。

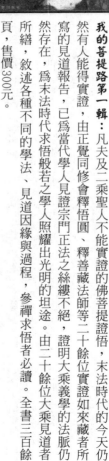

我的菩提路第四輯：由陳晏平等人著。中國禪宗祖師往往有所謂「見性」之言，所言多屬看見如來藏具有能令人發起成佛之自性，並非《大般涅槃經》中 如來所說之眼見佛性。眼見佛性者，於親見佛性之時，即能於山河大地眼見自己佛性，亦能於他人身上眼見自己佛性及對方之佛性，如是境界無法為尚未實證者解釋；勉強說之，縱使眞實明心證悟之人聞之，亦只能以自身明心之境界想像之，但不論如何想像多屬非量，能有正確之比量者亦是稀有，故說眼見佛性極為困難。眼見佛性之人若所見極分明時，在所見佛性之境界下所眼見之山河大地、自己五蘊身心皆是虛幻，自有異於明心者之解脫功德受用，此後永不思證二乘涅槃，必定邁向成佛之道而進入第十住位中，已超第一阿僧祇劫三分有一，可謂之為超劫精進也。今又有明心之後眼見佛性之人出於人間，將其明心及後來見性之報告，連同其餘證悟明心者之精彩報告一同收錄於此書中，供養眞求佛法實證之四眾佛子。全書380頁，售價300元，已於2018年6月30日發行。

我的菩提路第五輯：林慈慧老師等人著，本輯中所舉學人從相似正法中來到正覺同修會的過程，各人都有不同，發生的因緣亦是各有差別，然而都會指向同一個目標——證實生命實相的源底，確證自己生從何來、死往何去的事實，所以最後都證明佛法眞實而可親證，絕非玄學；本書將彼等諸人的始修及末後證悟之實例，羅列出來以供學人參考。本期亦有一位會裡的老師，是從1995年即開始追隨 平實導師修學，1997年明心後持續進修不斷，直到2017年眼見佛性之實例，足可證明《大般涅槃經》中世尊開示眼見佛性之法正眞無訛，第十住位的實證在末法時代的今天仍有可能，如今一併具載於書中以供學人參考，並供養現代佛教界欲得見性之四眾弟子。全書四百頁，售價300元，已於2019年12月31日發行。

我的菩提路第六輯：劉惠莉老師等人著，本輯中舉示劉老師明心多年以後的眼見佛性實錄，供末法時代學人了知明心之異於見性本質，足可證明《大般涅槃經》中世尊開示眼見佛性之法正眞無訛。亦列舉多篇學人從各道場來到正覺學法之不同過程，以及如何發覺邪見之異於正法的所在，最後終能在正覺禪三中悟入的實況，以證明佛教正法仍在末法時代的人間繼續弘揚的事實，鼓舞一切眞實學法的菩薩大眾思之：我等諸人亦可有因緣證悟，絕非空想白思。約四百頁，售價300元，已於2020年6月30日發行。

鈍鳥與靈龜：鈍鳥及靈龜二物，被宗門證悟者說爲二種人：前者是精修禪定而無智慧者，也是以定爲禪的愚癡禪人；後者是或有禪定、或無禪定的宗門證悟者，凡已證悟者皆是靈龜。但後者被人虛造事實，用以嘲笑大慧宗杲禪師，說他雖是靈龜，卻不免被天童禪師預記「患背」痛苦而亡：「鈍鳥離巢易，靈龜脫殼難。」藉以貶低大慧宗杲的證量。同時將天童禪師實證如來藏的證量，曲解爲意識境界的離念靈知。自從大慧禪師入滅以後，錯悟凡夫對他的不實毀謗就一直存在著，不曾止息，並且捏造的假事實也隨著年月的增加而越來越多，終至編成「鈍鳥與靈龜」的假公案、假故事。本書是考證大慧與天童之間的不朽情誼，顯現這件假公案的虛妄不實；更見大慧宗杲面對惡勢力時的正直不阿，亦顯示大慧對天童禪師的至情深義，將使後人對大慧宗杲的誣謗至此而止，不再有人誤犯毀謗賢聖的惡業。書中亦舉證宗門的所悟確以第八識如來藏爲標的，詳讀之後必可改正以前被錯悟大師誤導的參禪知見，日後必定有助於實證禪宗的開悟境界，得階大乘眞見道位中，即是實證般若之賢聖。全書459頁，售價350元。

維摩詰經講記：本經係 世尊在世時，由等覺菩薩維摩詰居士藉疾病而演說之大乘菩提無上妙義，所說函蓋甚廣，然極簡略，是故今時諸方大師與學人讀之悉皆錯解，何況能知其中隱含之深妙正義，是故普遍無法爲人解說；若強爲人說，則成依文解義而有諸多過失。今由平實導師公開宣講之後，詳實解釋其中密意，令維摩詰菩薩所說大乘不可思議解脫之深妙正法得以正確宣流於人間，利益當代學人及與諸方大師。書中詳實演述大乘佛法深妙不共二乘之智慧境界，顯示諸法之中絕待之實相境界，建立大乘菩薩妙道於永遠不敗不壞之地，以此成就護法偉功，欲冀永利娑婆人天。已經宣講圓滿整理成書流通，以利諸方大師及諸學人。全書共六輯，每輯三百餘頁，售價各250元。

真假外道：本書具體舉證佛門中的常見外道知見實例，並加以教證及理證上的辨正，幫助讀者輕鬆而快速的了知常見外道的錯誤知見，進而遠離佛門內外的常見外道知見，因此即能改正修學方向而快速實證佛法。 游正光老師著 。成本價200元。

勝鬘經講記：如來藏爲三乘菩提之所依，若離如來藏心體及其含藏之一切種子，即無三界有情及一切世間法，亦無二乘菩提緣起性空之出世間法；本經詳說無始無明、一念無明皆依如來藏而有之正理，藉著詳解煩惱障與所知障間之關係，令學人深入了知二乘菩提與佛菩提相異之妙理；聞後即可了知佛菩提之特勝處及三乘修道之方向與原理，邁向攝受正法而速成佛道的境界中。平實導師講述，共六輯，每輯三百餘頁，售價各250元。

楞嚴經講記：楞嚴經係密教部之重要經典，亦是顯教中普受重視之經典；經中宣說明心與見性之內涵極爲詳細，將一切法都會歸如來藏及佛性—妙眞如性；亦闡釋佛菩提道修學過程中之種種魔境，以及外道誤會涅槃之狀況，旁及三界世間之起源。然因言句深澀難解，法義亦復深妙寬廣，學人讀之普難通達，是故讀者大多誤會，不能如實理解佛所說之明心與見性內涵，亦因是故多有悟錯之人引爲開悟之證言，成就大妄語罪。今由平實導師詳細講解之後，整理成文，以易讀易懂之語體文刊行天下，以利學人。全書十五輯，全部出版完畢。每輯三百餘頁，售價每輯300元。

明心與眼見佛性：本書細述明心與眼見佛性之異同，同時顯示了中國禪宗破初參明心與重關眼見佛性二關之間的關聯；書中又藉法義辨正而旁述其他許多勝妙法義，讀後必能遠離佛門長久以來積非成是的錯誤知見，令讀者在佛法的實證上有極大助益。也藉慧廣法師的謬論來教導佛門學人回歸正知正見，遠離古今禪門錯悟者所墮的意識境界，非唯有助於斷我見，也對未來的開悟明心實證第八識如來藏有所助益，是故學禪者都應細讀之。游正光老師著　共448頁　售價300元。

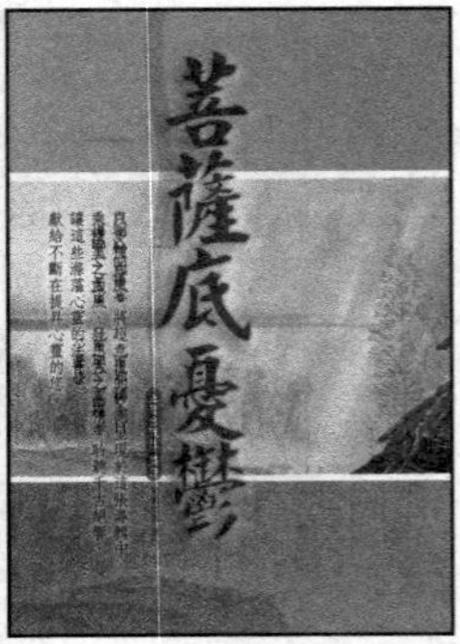

菩薩底憂鬱CD：將菩薩情懷及禪宗公案寫成新詞，並製作成超越意境的優美歌曲。1.主題曲〈菩薩底憂鬱〉，描述地後菩薩能離三界生死而迴向繼續生在人間，但因尚未斷盡習氣種子而有極深沈之憂鬱，非三賢位菩薩及二乘聖者所知，此憂鬱在七地滿心位方才斷盡；本曲之詞中所說義理極深，昔來所未曾見；此曲係以優美的情歌風格寫詞及作曲，聞者得以激發嚮往諸地菩薩境界之大心，詞、曲都非常優美，難得一見；其中勝妙義理之解說，已印在附贈之彩色小冊中。2.以各輯公案拈提中直示禪門入處之頌文，作成各種不同曲風之超意境歌曲，值得玩味、參究；聆聽公案拈提之優美歌曲時，請同時閱讀內附之印刷精美說明小冊，可以領會超越三界的證悟境界；未悟者可以因此引發求悟之意向及疑情，眞發菩提心而邁向求悟之途，乃至因此眞實悟入般若，成眞菩薩。3.正覺總持咒新曲，總持佛法大意；總持咒之義理，已加以解說並印在隨附之小冊中。本CD共有十首歌曲，長達63分鐘，附贈二張購書優惠券。每片280元。

金剛經宗通：三界唯心，萬法唯識，是成佛之修證內容，是諸地菩薩之所修；般若則是成佛之道（實證三界唯心、萬法唯識）的入門，若未證悟實相般若，即無成佛之可能，必將永在外門廣行菩薩六度，永在凡夫位中。然而實相般若的發起，全賴實證萬法的眞相；若欲證知萬法的眞相，則必須探究萬法之所從來，則須實證自心如來—金剛心如來藏，然後現觀這個金剛心的金剛性、眞實性、如如性、清淨性、涅槃性、能生萬法的自性性、本住性，名為證眞如；進而現觀三界六道唯是此金剛心所成，人間萬法須藉八識心王和合運作方能現起。如是實證《華嚴經》的「三界唯心、萬法唯識」以後，由此等現觀而發起實相般若智慧，繼續進修第十住位的如幻觀、第十行位的陽焰觀、第十迴向位的如夢觀，再生起增上意樂而勇發十無盡願，方能滿足三賢位的實證，轉入初地；自知成佛之道而無偏倚，從此按部就班、次第進修乃至成佛。第八識自心如來是般若智慧之所依，般若智慧的修證則要從實證金剛心自心如來開始；《金剛經》則是解說自心如來之經典，是一切三賢位菩薩所應進修之實相般若經典。這一套書，是將平實導師宣講的《金剛經宗通》內容，整理成文字而流通之；書中所說義理，迴異古今諸家依文解義之說，指出大乘見道方向與理路，有益於禪宗學人求開悟見道，及轉入內門廣修六度萬行。已於2013年9月出版完畢，總共9輯，每輯約三百餘頁，售價各250元。

禪意無限CD：平實導師以公案拈提書中偈頌寫成不同風格曲子，與他人所寫不同風格曲子共同錄製出版，幫助參禪人進入禪門超越意識之境界。盒中附贈彩色印製的精美解說小冊，以供聆聽時閱讀，令參禪人得以發起參禪之疑情，即有機會證悟本來面目，實證大乘菩提般若。本CD共有十首歌曲，長達69分鐘，每盒各附贈二張購書優惠券。每片280元。

空行母—性別、身分定位，以及藏傳佛教：本書作者爲蘇格蘭哲學家，因爲嚮往佛教深妙的哲學內涵，於是進入當年盛行於歐美的假藏傳佛教密宗，擔任卡盧仁波切的翻譯工作多年以後，被邀請成爲卡盧的空行母（又名佛母、明妃），開始了她在密宗裡的實修過程；後來發覺在密宗雙身法中的修行，其實無法使自己成佛，也發覺密宗對女性岐視而處處貶抑，並剝奪女性在雙身法中擔任一半角色時應有的身分定位。當她發覺自己只是雙身法中被喇嘛利用的工具，沒有獲得絲毫應有的尊重與基本定位時，發現了密宗的父權社會控制女性的本質；於是作者傷心地離開了卡盧仁波切與密宗，但是卻被恐嚇不許講出她在密宗裡的經歷，也不許她說出自己對密宗的教義與教制下對女性剝削的本質，否則將被咒殺死亡。後來她去加拿大定居，十餘年後方才擺脫這個恐嚇陰影，下定決心將親身經歷的實情及觀察到的事實寫下來並且出版，公諸於世。出版之後，她被流亡的達賴集團人士大力攻訐，誣指她爲精神狀態失常、說謊……等。但有智之士並未被達賴集團的政治操作及各國政府政治運作吹捧達賴的表相所欺，使她的書銷售無阻而又再版。正智出版社鑑於作者此書是親身經歷的事實，所說具有針對「藏傳佛教」而作學術研究的價值，也有使人認清假藏傳佛教剝削佛母、明妃的男性本位實質，因此洽請作者同意中譯而出版於華人地區。珍妮·坎貝爾女士著，呂艾倫 中譯，每冊250元。

霧峰無霧—給哥哥的信 本書作者藉兄弟之間信件往來論義，略述佛法大義；並以多篇短文辨義，舉出釋印順對佛法的無量誤解證據，並一一給予簡單而清晰的辨正，令人一讀即知。久讀、多讀之後即能認清楚釋印順的六識論見解，與眞實佛法之牴觸是多麼嚴重；於是在久讀、多讀之後，於不知不覺之間提升了對佛法的極深入理解，正知正見就在不知不覺間建立起來了。當三乘佛法的正知見建立起來之後，對於三乘菩提的見道條件便將隨之具足，於是聲聞解脫道的見道也就水到渠成；接著大乘見道的因緣也將次第成熟，未來自然也會有親見大乘菩提之道的因緣，悟入大乘實相般若也將自然成功，自能通達般若系列諸經而成實義菩薩。作者居住於南投縣霧峰鄉，自喻見道之後不復再見霧峰之霧，故鄉原野美景一一明見，於是立此書名為《霧峰無霧》；讀者若欲撥霧見月，可以此書為緣。游宗明 老師著 已於2015年出版 售價250元。

霧峰無霧—第二輯—救護佛子向正道 本書作者藉釋印順著作中之各種錯謬法義提出辨正，以詳實的文義一一提出理論上及實證上之解析，列舉釋印順對佛法的無量誤解證據，藉此教導佛門大師與學人釐清佛法義理，遠離岐途轉入正道，然後知所進修，久之便能見道明心而入大乘勝義僧數。被釋印順誤導的大師與學人極多，很難救轉，是故作者大發悲心深入解說其錯謬之所在，佐以各種義理辨正而令讀者在不知不覺之間轉歸正道。如是久讀之後欲得斷身見、證初果，即不為難事；乃至久之亦得大乘見道而得證眞如，脫離空有二邊而住中道，實相般若智慧生起，於佛法不再茫然，漸漸亦知悟後進修之道。屆此之時，對於大乘般若等深妙法之迷雲暗霧亦將一掃而空，生命及宇宙萬物之故鄉原野美景一一明見，是故本書仍名《霧峰無霧》，為第二輯；讀者若欲撥雲見日、離霧見月，可以此書為緣。游宗明 老師著 已於2019年出版 售價250元。

假藏傳佛教的神話—性、謊言、喇嘛教：本書編著者是由一首名爲「阿姊鼓」的歌曲爲緣起，展開了序幕，揭開假藏傳佛教—喇嘛教—的神秘面紗。其重點是蒐集、摘錄網路上質疑「喇嘛教」的帖子，以揭穿「假藏傳佛教的神話」爲主題，串聯成書，並附加彩色插圖以及說明，讓讀者們瞭解西藏密宗及相關人事如何被操作爲「神話」的過程，以及神話背後的眞相。作者：張正玄教授。售價200元。

達賴真面目—玩盡天下女人：假使您不想戴綠帽子，請記得詳細閱讀此書；假使您不想讓好朋友戴綠帽子，請您將此書介紹給您的好朋友。假使您想保護家中的女性，也想要保護好朋友的女眷，請記得將此書送給家中的女性和好友的女眷都來閱讀。本書爲印刷精美的大本彩色中英對照精裝本，爲您揭開達賴喇嘛的眞面目，內容精彩不容錯過，爲利益社會大眾，特別以優惠價格嘉惠所有讀者。編著者：白志偉等。大開版雪銅紙彩色精裝本。售價800元。

童女迦葉考—論呂凱文〈佛教輪迴思想的論述分析〉之謬：童女迦葉是佛世率領五百大比丘遊行於人間的歷史事實，是以童貞行而依止菩薩戒弘化於人間的大菩薩，不依別解脫戒（聲聞戒）來弘化於人間。這是大乘佛教與聲聞佛教同時存在於佛世的歷史明證，證明大乘佛教不是從聲聞法中分裂出來的部派佛教的產物，卻是聲聞佛教分裂出來的部派佛教聲聞凡夫僧所不樂見的史實；於是古今聲聞法中的凡夫都欲加以扭曲而作詭說，更是末法時代高聲大呼「大乘非佛說」的六識論聲聞凡夫極力想要扭曲的佛教史實之一，於是想方設法扭曲迦葉菩薩爲聲聞僧，以及扭曲迦葉童女爲比丘僧等荒謬不實之論著便陸續出現，古時聲聞僧寫作的《分別功德論》是最具體之事例，現代之代表作則是呂凱文先生的〈佛教輪迴思想的論述分析〉論文。鑑於如是假藉學術考證以籠罩大眾之不實謬論，未來仍將繼續造作及流竄於佛教界，繼續扼殺大乘佛教學人法身慧命，必須舉證辨正之，遂成此書。平實導師 著，每冊180元。

末代達賴—性交教主的悲歌：簡介從藏傳偽佛教（喇嘛教）的修行核心—性力派男女雙修，探討達賴喇嘛及藏傳偽佛教的修行內涵。書中引用外國知名學者著作、世界各地新聞報導，包含：歷代達賴喇嘛的祕史、達賴六世修雙身法的事蹟，以及《時輪續》中的性交灌頂儀式……等；達賴喇嘛書中開示的雙修法、達賴喇嘛的黑暗政治手段；達賴喇嘛所領導的寺院爆發喇嘛性侵兒童；新聞報導《西藏生死書》作者索甲仁波切性侵女信徒、澳洲喇嘛秋達公開道歉、美國最大假藏傳佛教組織領導人邱陽創巴仁波切的性氾濫，等等事件背後眞相的揭露。作者：張善思、呂艾倫、辛燕。售價250元。

黯淡的達賴—失去光彩的諾貝爾和平獎：本書舉出很多證據與論述，詳述達賴喇嘛不爲世人所知的一面，顯示達賴喇嘛並不是眞正的和平使者，而是假借諾貝爾和平獎的光環來欺騙世人；透過本書的說明與舉證，讀者可以更清楚的瞭解，達賴喇嘛是結合暴力、黑暗、淫欲於喇嘛教裡的集團首領，其政治行爲與宗教主張，早已讓諾貝爾和平獎的光環染污了。　本書由財團法人正覺教育基金會寫作、編輯，由正覺出版社印行，每冊250元。

第七意識與第八意識？—穿越時空「超意識」：「三界唯心，萬法唯識」是佛教中應該實證的聖教，也是《華嚴經》中明載而可以實證的法界實相。唯心者，三界一切境界、一切諸法唯是一心所成就，即是每一個有情的第八識如來藏，不是意識心。唯識者，即是人類各各都具足的八識心王——眼識、耳鼻舌身意識、意根、阿賴耶識，第八阿賴耶識又名如來藏，人類五陰相應的萬法，莫不由八識心王共同運作而成就，故說萬法唯識。依聖教量及現量、比量，都可以證明意識是二法因緣生，是由第八識藉意根與法塵二法爲因緣而出生，又是夜夜斷滅不存之生滅心，即無可能反過來出生第七識意根、第八識如來藏，當知不可能從生滅性的意識心中，細分出恆審思量的第七識意根，更無可能細分出恆而不審的第八識如來藏。本書是將演講內容整理成文字，細說如是內容，並已在〈正覺電子報〉連載完畢，今彙集成書以廣流通，欲幫助佛門有緣人斷除意識我見，跳脫於識陰之外而取證聲聞初果；嗣後修學禪宗時即得不墮外道神我之中，得以求證第八識金剛心而發起般若實智。平實導師 述，每冊300元。

中觀金鑑—詳述應成派中觀的起源與其破法本質：學佛人往往迷於中觀學派之不同學說，被應成派與自續派所迷惑；修學般若中觀二十年後自以爲實證般若中觀了，卻仍不曾入門，甫聞實證般若中觀者之所說，則茫無所知，迷惑不解；隨後信心盡失，不知如何實證佛法；凡此，皆因惑於這二派中觀學說所致。自續派中觀所說同於常見，以意識境界立爲第八識如來藏之境界，應成派所說則同於斷見，但又同立意識爲常住法，故亦具足斷常二見。今者孫正德老師有鑑於此，乃將起源於密宗的應成派中觀學說，追本溯源，詳考其來源之外，亦一一舉證其立論內容，詳加辨正，令密宗雙身法祖師以識陰境界而造之應成派中觀學說本質，詳細呈現於學人眼前，令其維護雙身法之目的無所遁形。若欲遠離密宗此二大派中觀謬說，欲於三乘菩提有所進道者，允宜具足閱讀並細加思惟，反覆讀之以後將可捨棄邪道返歸正道，則於般若之實證即有可能，證後自能現觀如來藏之中道境界而成就中觀。本書分上、中、下三冊，每冊250元，全部出版完畢。

人間佛教—實證者必定不悖三乘菩提：「大乘非佛說」的講法似乎流傳已久，卻只是日本人企圖擺脫中國正統佛教的影響，而在明治維新時期才開始提出來的說法；台灣佛教、大陸佛教的淺學無智之人，由於未曾實證佛法而迷信日本人錯誤的學術考證，錯認爲這些別有用心的日本佛學考證的講法爲天竺佛教的眞實歷史；甚至還有更激進的反對佛教者提出「釋迦牟尼佛並非眞實存在，只是後人捏造的假歷史人物」，竟然也有少數佛教徒願意跟著「學術」的假光環而信受不疑，亦導致部分台灣佛教界人士，造作了反對中國大乘佛教而推崇南洋小乘佛教的行爲，使台灣佛教的信仰者難以檢擇，亦導致一般大陸人士開始轉入基督教的盲目迷信中。在這些佛教及外教人士之中，也就有一分人根據此邪說而大聲主張「大乘非佛說」的謬論，這些人以「人間佛教」的名義來抵制中國正統佛教，公然宣稱中國的大乘佛教是由聲聞部派佛教的凡夫僧所創造出來的。這樣的說法流傳於台灣及大陸佛教界凡夫僧之中已久，卻非眞正的佛教歷史中曾經發生過的事，只是繼承六識論的聲聞法中凡夫僧，以及別有居心的日本佛教界，依自己的意識境界立場，純憑臆想而編造出來的妄想說法，卻已經影響許多無智之凡夫僧俗信受不移。本書則是從佛教的經藏法義實質及實證的現量內涵本質立論，證明大乘佛法本是佛說，是從《阿含正義》尚未說過的不同面向來討論「人間佛教」的議題，證明「大乘眞佛說」。閱讀本書可以斷除六識論邪見，迴入三乘菩提正道發起實證的因緣；也能斷除禪宗學人學禪時普遍存在之錯誤知見，對於建立參禪時的正知見有很深的著墨。平實導師 述，內文488頁，全書528頁，定價400元。

喇嘛性世界—揭開假藏傳佛教譚崔瑜伽的面紗：這個世界中的喇嘛，號稱來自世外桃源的香格里拉，穿著或紅或黃的喇嘛長袍，散布於我們的身邊傳教灌頂，吸引了無數的人嚮往學習；這些喇嘛虔誠地爲大眾祈福，手中拿著寶杵（金剛）與寶鈴（蓮花），口中唸著咒語：「唵．嘛呢．叭咪．吽……」，咒語的意思是說：「我至誠歸命金剛杵上的寶珠伸向蓮花寶穴之中」！「喇嘛性世界」是什麼樣的「世界」呢？本書將爲您呈現喇嘛世界的面貌。當您發現眞相以後，您將會唸：「噢！喇嘛．性．世界，譚崔性交嘛！」作者：張善思、呂艾倫。售價200元。

見性與看話頭：黃正倖老師的《見性與看話頭》於《正覺電子報》連載完畢，今結集出版。書中詳說禪宗看話頭的詳細方法，並細說看話頭與眼見佛性的關係，以及眼見佛性者求見佛性前必須具備的條件。本書是禪宗實修者追求明心開悟時參禪的方法書，也是求見佛性者作功夫時必讀的方法書，內容兼顧眼見佛性的理論與實修之方法，是依實修之體驗配合理論而詳述，條理分明而且極爲詳實、周全、深入。本書內文375頁，全書416頁，售價300元。

實相經宗通：學佛之目的在於實證一切法界背後之實相，禪宗稱之爲本來面目或本地風光，佛菩提道中稱之爲實相法界；此實相法界即是金剛藏，又名佛法之祕密藏，即是能生有情五陰、十八界及宇宙萬有（山河大地、諸天、三惡道世間）的第八識如來藏，又名阿賴耶識心，即是禪宗祖師所說的眞如心，此心即是三界萬有背後的實相。證得此第八識心時，自能瞭解般若諸經中隱說的種種密意，即得發起實相般若——實相智慧。每見學佛人修學佛法二十年後仍對實相般若茫然無知，亦不知如何入門，茫無所趣；更因不知三乘菩提的互異互同，是故越是久學者對佛法越覺茫然，都肇因於尚未瞭解佛法的全貌，亦未瞭解佛法的修證內容即是第八識心所致。本書對於修學佛法者所應實證的實相境界提出明確解析，並提示趣入佛菩提道的入手處，有心親證實相般若的佛法實修者，宜詳讀之，於佛菩提道之實證即有下手處。平實導師述著，共八輯，已於2016年出版完畢，每輯成本價250元。

真心告訴您(一)——達賴喇嘛在幹什麼?這是一本報導篇章的選集，更是「破邪顯正」的暮鼓晨鐘。「破邪」是戳破假象，說明達賴喇嘛及其所率領的密宗四大派法王、喇嘛們，弘傳的佛法是仿冒的佛法；他們是假藏傳佛教，是坦特羅(譚崔性交)外道法和藏地崇奉鬼神的苯教混合成的「喇嘛教」，推廣的是以所謂「無上瑜伽」的男女雙身法冒充佛法的假佛教，詐財騙色誤導眾生，常常造成信徒家庭破碎、家中兒少失怙的嚴重後果。「顯正」是揭櫫眞相，指出眞正的藏傳佛教只有一個，就是覺囊巴，傳的是 釋迦牟尼佛演繹的第八識如來藏妙法，稱爲他空見大中觀。正覺教育基金會即以此古今輝映的如來藏正法正知見，在眞心新聞網中逐次報導出來，將箇中原委「眞心告訴您」，如今結集成書，與想要知道密宗眞相的您分享。售價250元。

法華經講義：此書爲平實導師始從2009/7/21演述至2014/1/14之講經錄音整理所成。世尊一代時教，總分五時三教，即是華嚴時、聲聞緣覺教、般若教、種智唯識教、法華時；依此五時三教區分爲藏、通、別、圓四教。本經是最後一時的圓教經典，圓滿收攝一切法教於本經中，是故最後的圓教聖訓中，特地指出無有三乘菩提，其實唯有一佛乘；皆因眾生愚迷故，方便區分爲三乘菩提以助眾生證道。世尊於此經中特地說明如來示現於人間的唯一大事因緣，便是爲有緣眾生「開、示、悟、入」諸佛的所知所見——第八識如來藏妙眞如心，並於諸品中隱說「妙法蓮花」如來藏心的密意。然因此經所說甚深難解，眞義隱晦，古來難得有人能窺堂奧；平實導師以知如是密意故，特爲末法佛門四眾演述《妙法蓮華經》中各品蘊含之密意，使古來未曾被古德註解出來的「此經」密意，如實顯示於當代學人眼前。乃至〈藥王菩薩本事品〉、〈妙音菩薩品〉、〈觀世音菩薩普門品〉、〈普賢菩薩勸發品〉中的微細密意，亦皆一併詳述之，可謂開前人所未曾言之密意，示前人所未見之妙法。最後乃至以〈法華大義〉而總其成，全經妙旨貫通始終，而依佛旨圓攝於一心如來藏妙心，厥爲曠古未有之大說也。平實導師述，共有25輯，已於2019/05/31出版完畢。每輯300元。

西藏「活佛轉世」制度—附佛、造神、世俗法：歷來關於喇嘛教活佛轉世的研究，多針對歷史及文化兩部分，於其所以成立的理論基礎，較少系統化的探討。尤其是此制度是否依據「佛法」而施設？是否合乎佛法眞實義？現有的文獻大多含糊其詞，或人云亦云，不曾有明確的闡釋與如實的見解。因此本文先從活佛轉世的由來，探索此制度的起源、背景與功能，並進而從活佛的尋訪與認證之過程，發掘活佛轉世的特徵，以確認「活佛轉世」在佛法中應具足何種果德。定價150元。

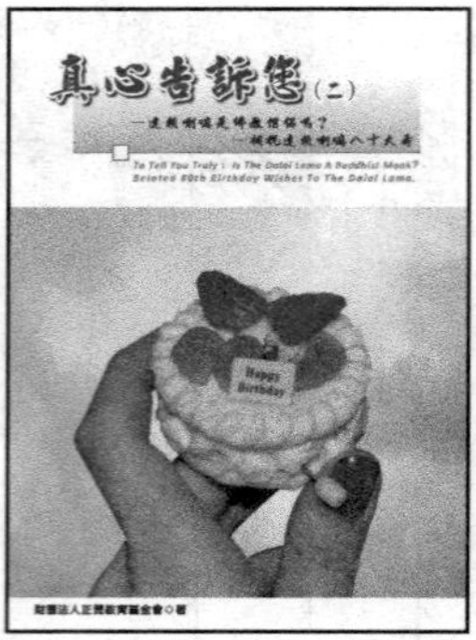

真心告訴您(二)—達賴喇嘛是佛教僧侶嗎？補祝達賴喇嘛八十大壽：這是一本針對當今達賴喇嘛所領導的喇嘛教，冒用佛教名相、於師徒間或師兄姊間，實修男女邪淫，而從佛法三乘菩提的現量與聖教量，揭發其謊言與邪術，證明達賴及其喇嘛教是仿冒佛教的外道，是「假藏傳佛教」。藏密四大派教義雖有「八識論」與「六識論」的表面差異，然其實修之內容，皆共許「無上瑜伽」四部灌頂爲究竟「成佛」之法門，也就是共以男女雙修之邪淫法爲「即身成佛」之密要，雖美其名曰「欲貪爲道」之「金剛乘」，並誇稱其成就超越於（應身佛）釋迦牟尼佛所傳之顯教般若乘之上；然詳考其理論，則或以意識離念時之粗細心爲第八識如來藏，或以中脈裡的明點爲第八識如來藏，或如宗喀巴與達賴堅決主張第六意識爲常恆不變之眞心者，分別墮於外道之常見與斷見中；全然違背 佛說能生五蘊之如來藏的實質。售價300元。

涅槃—解說四種涅槃之實證及內涵：眞正學佛之人，首要即是見道，由見道故方有涅槃之實證，證涅槃者方能出生死，但涅槃有四種：二乘聖者的有餘涅槃、無餘涅槃，以及大乘聖者的本來自性清淨涅槃、佛地的無住處涅槃。大乘聖者實證本來自性清淨涅槃，入地前再取證二乘涅槃，然後起惑潤生捨離二乘涅槃，繼續進修而在七地心前斷盡三界愛之習氣種子，依七地無生法忍之具足而證得念念入滅盡定；八地後進斷異熟生死，直至妙覺地下生人間成佛，具足四種涅槃，方是眞正成佛。此理古來少人言，以致誤會涅槃正理者比比皆是，今於此書中廣說四種涅槃、如何實證之理、實證前應有之條件，實屬本世紀佛教界極重要之著作，令人對涅槃有正確無訛之認識，然後可以依之實行而得實證。本書共有上下二冊，每冊各四百餘頁，對涅槃詳加解說，每冊各350元。

佛藏經講義：本經說明爲何佛菩提難以實證之原因，都因往昔無數阿僧祇劫前的邪見，引生此世求證時之業障而難以實證。即以諸法實相詳細解說，繼之以念佛品、念法品、念僧品，說明諸佛與法之實質；然後以淨戒品之說明，期待佛弟子四眾堅持清淨戒而轉化心性，並以往古品的實例說明，教導四眾務必滅除邪見轉入正見中，然後以了戒品的說明和囑累品的付囑，期望末法時代的佛門四眾弟子皆能清淨知見而得以實證。平實導師於此經中有極深入的解說，總共21輯，每輯300元，於2019/07/31開始發行。

我的菩提路第七輯：余正偉老師等人著，本輯中舉示余老師明心二十餘年以後的眼見佛性實錄，供末法時代學人了知明心異於見性之本質，並且舉示其見性後與平實導師互相討論眼見佛性之諸多疑訛處；除了證明《大般涅槃經》中 世尊開示眼見佛性之法正眞無訛以外，亦得一解明心後尚未見性者之所未知處，甚爲精彩。此外亦列舉多篇學人從各不同宗教進入正覺學法之不同過程，以及發覺諸方道場邪見之內容與過程，最終得於正覺精進禪三中悟入的實況，足供末法精進學人借鑑，以彼鑑己而生信心，得以投入了義正法中修學及實證。凡此，皆足以證明不唯明心所證之第七住位般若智慧及解脫功德仍可實證，乃至第十住位的實證與當場發起如幻觀之實證，於末法時代的今天皆仍有可能。本書約四百頁，售價300元，將於2021年6月30日發行。

大法鼓經講義：本經解說佛法的總成：法、非法。由開解法、非法二義，說明了義佛法與世間戲論法的差異，指出佛法實證之標的即是法——第八識如來藏；並顯示實證後的智慧，如實擊大法鼓、演深妙法，演說如來祕密教法，非二乘定性及諸凡夫所能得聞，唯有具足菩薩性者方能得聞。正聞之後即得依於 世尊大願而拔除邪見，入於正法而得實證；深解不了義經之方便說，亦能實解了義經所說之眞實義，得以證法——如來藏，而得發起根本無分別智，乃至進修而發起後得無分別智；並堅持布施及受持清淨戒而轉化心性，得以現觀眞我如來藏之各種層面。此爲第一義諦聖教，於末法最後餘四十年時，一切世間樂見離車童子將繼續護持此經所說正法。平實導師於此經中有極深入的解說，總共約六輯，每輯300元，於《佛藏經講義》出版完畢後開始發行，每二個月發行一輯。

解深密經講義：本經係 世尊晚年第三轉法輪，宣說地上菩薩所應熏修之唯識正義經典，經中所說義理乃是大乘一切種智增上慧學，以阿陀那識—如來藏—阿賴耶識爲主體。禪宗之證悟者，若欲修證初地無生法忍乃至八地無生法忍者，必須修學《楞伽經、解深密經》所說之八識心王一切種智；此二經所說正法，方是眞正成佛之道；印順法師否定第八識如來藏之後所說萬法緣起性空之法，是以誤會後之二乘解脫道取代大乘眞正成佛之道，尚且不符二乘解脫道正理，亦已墮於斷滅見中，不可謂爲成佛之道也。平實導師曾於本會郭故理事長往生時，於喪宅中從首七開始宣講，於每一七各宣講三小時，至第十七而快速略講圓滿，作爲郭老之往生佛事功德，迴向郭老早證八地、速返娑婆住持正法。茲爲今時後世學人故，將擇期重講《解深密經》，以淺顯之語句講畢後，將會整理成文，用供證悟者進道；亦令諸方未悟者，據此經中佛語正義，修正邪見，依之速能入道。平實導師述著，全書輯數未定，每輯三百餘頁，將於未來重講完畢後逐輯出版。

修習止觀坐禪法要講記：修學四禪八定之人，往往錯會禪定之修學知見，欲以無止盡之坐禪而證禪定境界，卻不知修除性障之行門才是修證四禪八定不可或缺之要素，故智者大師云「性障初禪」；性障不除，初禪永不現前，云何修證二禪等？又：行者學定，若唯知數息，而不解六妙門之方便善巧者，欲求一心入定，未到地定極難可得，智者大師名之爲「事障未來」：障礙未到地定之修證。又禪定之修證，不可違背二乘菩提及第一義法，否則縱使具足四禪八定，亦不能實證涅槃而出三界。此諸知見，智者大師於《修習止觀坐禪法要》中皆有闡釋。作者平實導師以其第一義之見地及禪定之實證證量，曾加以詳細解析。將俟正覺寺竣工啓用後重講，不限制聽講者資格；講後將以語體文整理出版。欲修習世間定及增上定之學者，宜細讀之。平實導師述著。

阿含經講記—小乘解脫道之修證：數百年來，南傳佛法所說證果之不實，所說解脫道之虛妄，所弘解脫道法義之世俗化，皆已少人知之；從南洋傳入台灣與大陸之後，所說法義虛謬之事，亦復少人知之；今時台灣全島印順系統之法師居士，多不知南傳佛法數百年來所說解脫道之義理已然偏斜、已然世俗化、已非眞正之二乘解脫正道，猶極力推崇與弘揚。彼等南傳佛法近代所謂之證果者皆非眞實證果者，譬如阿迦曼、葛印卡、帕奧禪師、一行禪師……等人，悉皆未斷我見故。近年更有台灣南部大願法師，高抬南傳佛法之二乘修證行門爲「捷徑究竟解脫之道」者，然而南傳佛法縱使眞修實證，得成阿羅漢，至高唯是二乘菩提解脫之道，絕非究竟解脫，無餘涅槃中之實際尚未得證故，法界之實相尚未了知故，習氣種子待除故，一切種智未實證故，焉得謂爲「究竟解脫」？即使南傳佛法近代眞有實證之阿羅漢，尚且不及三賢位中之七住明心菩薩本來自性清淨涅槃智慧境界，則不能知此賢位菩薩所證之無餘涅槃實際，仍非大乘佛法中之見道者，何況普未實證聲聞果乃至未斷我見之人？謬充證果已屬逾越，更何況是誤會二乘菩提之後，以未斷我見之凡夫知見所說之二乘菩提解脫偏斜法道，焉可高抬爲「究竟解脫」？而且自稱「捷徑之道」？又妄言解脫之道即是成佛之道，完全否定般若實智、否定三乘菩提所依之如來藏心體，此理大大不通也！平實導師爲令修學二乘菩提欲證解脫果者，普得迴入二乘菩提正見、正道中，是故選錄四阿含諸經中，對於二乘解脫道法義有具足圓滿說明之經典，預定未來十年內將會加以詳細講解，令學佛人得以了知二乘解脫道之修證理路與行門，庶免被人誤導之後，未證言證，梵行未立，干犯道禁自稱阿羅漢或成佛，成大妄語，欲升反墮。本書首重斷除我見，以助行者斷除我見而實證初果爲著眼之目標，若能根據此書內容，配合平實導師所著《識蘊眞義》《阿含正義》內涵而作實地觀行，實證初果非爲難事，行者可以藉此三書自行確認聲聞初果爲實際可得現觀成就之事。此書中除依二乘經典所說加以宣示外，亦依斷除我見等之證量，及大乘法中道種智之證量，對於意識心之體性加以細述，令諸二乘學人必定得斷我見、常見，免除三縛結之繫縛。次則宣示斷除我執之理，欲令升進而得薄貪瞋痴，乃至斷五下分結…等。平實導師將擇期講述，然後整理成書。共二冊，每冊三百餘頁。每輯300元。

＊喇嘛教修外道雙身法，墮識陰境界，非佛教＊

＊弘揚如來藏他空見的覺囊派才是真正藏傳佛教＊

總經銷： 聯合發行股份有限公司

231 新北市新店區寶橋路 235 巷 6 弄 6 號 4F

Tel.02－2917-8022（代表號） Fax.02－2915-6275（代表號）

零售：1.**全台連鎖經銷書局：**

三民書局、誠品書局、何嘉仁書店

敦煌書店、紀伊國屋、金石堂書局、建宏書局

諾貝爾圖書城、墊腳石圖書文化廣場

2.**台北市：**佛化人生 **大安區**羅斯福路 3 段 325 號 6 樓之 4 台電大樓對面

3.**新北市：**春大地書店 **蘆洲區**中正路 117 號

4.**桃園市：**御書堂 **龍潭區**中正路 123 號

5.**新竹市：**大學書局 **東區**建功路 10 號

6.**台中市：**瑞成書局 **東區**雙十路 1 段 4 之 33 號

佛教詠春書局 **南屯區**永春東路 884 號

文春書店 **霧峰區**中正路 1087 號

7.**彰化市：**心泉佛教文化中心 南瑤路 286 號

8.**高雄市：**政大書城 **前鎮區**中華五路 789 號 2 樓（高雄夢時代店）

明儀書局 **三民區**明福街 2 號

青年書局 **苓雅區**青年一路 141 號

9.**台東市：**東普佛教文物流通處 博愛路 282 號

10.**其餘鄉鎮市經銷書局：**請電詢總經銷**聯合**公司。

11.**大陸地區請洽：**

香港：樂文書店

旺角店 :香港九龍旺角西洋菜街 62 號 3 樓

電話 : (852) 2390 3723 email: luckwinbooks@gmail.com

銅鑼灣店 :香港銅鑼灣駱克道 506 號 2 樓

電話 : (852) 2881 1150 email: luckwinbs@gmail.com

廈門：廈門外圖臺灣書店有限公司

地址：廈門市思明區湖濱南路809 號 廈門外圖書城3 樓 郵編：361004

電話：0592-5061658（臺灣地區請撥打 86-592-5061658）

E-mail：JKB118＠188.COM

12.**美國：世界日報圖書部：**紐約圖書部 電話 7187468889#6262

洛杉磯圖書部 電話 3232616972#202

13.**國內外地區網路購書：**

正智出版社 書香園地 http://books.enlighten.org.tw/

（書籍簡介、經銷書局可直接聯結下列網路書局購書）

三民 網路書局 http://www.sanmin.com.tw

誠品 網路書局 http://www.eslitebooks.com

博客來 網路書局 http://www.books.com.tw

金石堂 網路書局　http://www.kingstone.com.tw
聯合 網路書局　http:// www.nh.com.tw

附註：1.請儘量向各經銷書局購買：郵政劃撥需要八天才能寄到（本公司在您劃撥後第四天才能接到劃撥單，次日寄出後第二天您才能收到書籍，此六天中可能會遇到週休二日，是故共需八天才能收到書籍）若想要早日收到書籍者，請劃撥完畢後，將劃撥收據貼在紙上，旁邊寫上您的姓名、住址、郵區、電話、買書詳細內容，直接傳真到本公司 02-28344822，並來電 02-28316727、28327495 確認是否已收到您的傳真，即可提前收到書籍。 2.因台灣每月皆有五十餘種宗教類書籍上架，書局書架空間有限，故唯有新書方有機會上架，通常每次只能有一本新書上架；本公司出版新書，大多上架不久便已售出，若書局未再叫貨補充者，書架上即無新書陳列，則請直接向書局櫃台訂購。 3.若書局不便代購時，可於晚上共修時間向正覺同修會各共修處請購（共修時間及地點，詳閱**共修現況表**。每年例行年假期間請勿前往請書，年假期間請見共修現況表）。 4.郵購：郵政劃撥帳號 19068241。 5.正覺同修會會員購書都以八折計價（戶籍台北市者為一般會員，外縣市為護持會員）都可獲得優待，欲一次購買全部書籍者，可以考慮入會，節省書費。入會費一千元（第一年初加入時才需要繳），年費二千元。**6.尚未出版之書籍，請勿預先郵寄書款與本公司，謝謝您！** 7.若欲一次購齊本公司書籍，或同時取得正覺同修會贈閱之全部書籍者，請於正覺同修會共修時間，親到各共修處請購及索取；**台北市讀者**請洽：103 台北市承德路三段 267 號 10 樓（捷運淡水線 圓山站旁）請書時間：週一至週五為 18.00~21.00，第一、三、五週週六為 10.00~21.00，雙週之週六為 10.00~18.00 請購處專線電話：25957295-分機 14（於請書時間方有人接聽）。

敬告大陸讀者：

大陸讀者購書、索書捷徑（尚未在大陸出版的書籍，以下二個途徑都可以購得，電子書另包括結緣書籍）：

1.廈門外國圖書公司：廈門市思明區湖濱南路 809 號 廈門外圖書城 3F
郵編：361004　電話：0592-5061658　網址：http://www.xibc.com.cn/

2.電子書：正智出版社有限公司及正覺同修會在台灣印行的各種局版書、結緣書，已有『**正覺電子書**』陸續上線中，提供讀者於手機、平板電腦上購書、下載、閱讀正智出版社、正覺同修會及正覺教育基金會所出版之電子書，詳細訊息敬請參閱『正覺電子書』專頁：http://books.enlighten.org.tw/ebook

關於平實導師的書訊，請上網查閱：

成佛之道　http://www.a202.idv.tw
正智出版社 書香園地　http://books.enlighten.org.tw/

★ 正智出版社有限公司售書之稅後盈餘，全部捐助財團法人正覺寺籌備處、佛教正覺同修會、正覺教育基金會，供作弘法及購建道場之用；懇請諸方大德支持，功德無量。

★ 聲　明 ★

本社於 2015/01/01 開始調整本目錄中部分書籍之售價，以因應各項成本的持續增加。

＊ 喇嘛教修外道雙身法、墮識陰境界，非佛教 ＊

＊ 弘揚如來藏他空見的覺囊派才是真正藏傳佛教 ＊

售後服務—換書啓事（免附回郵）　2017/12/05

《楞伽經詳解》第三輯初版免費調換新書啓事：茲因 平實導師弘法早期尚未回復往世全部證量，有些法義接受他人的說法，寫書當時並未察覺而有二處（同一種法義）跟著誤說，如今發現已將之修正。茲爲顧及讀者權益，已開始免費調換新書；敬請所有讀者將以前所購第三輯（不論第幾刷），攜回或寄回本公司免費換新；郵寄者之回郵由本公司負擔，不需寄來郵票。因此而造成讀者閱讀、以及換書的不便，在此向所有讀者致上萬分的歉意，祈請讀者大眾見諒！

《楞嚴經講記》第 14 輯初版首刷本免費調換新書啓事：本講記第 14 輯出版前因 平實導師諸事繁忙，未將之重新閱讀而只改正校對時發現的錯別字，故未能發覺十年前所說法義有部分錯誤，於第 15 輯付印前重閱時才發覺第 14 輯中有部分錯誤尚未改正。今已重新審閱修改並已重印完成，煩請所有讀者將以前所購第 14 輯初版首刷本，寄回本公司免費換新（初版二刷本無錯誤），本公司將於寄回新書時同時附上您寄書來換新時的郵資，並在此向所有讀者致上最誠懇的歉意。

《心經密意》初版書免費調換二版新書啓事：本書係演講錄音整理成書，講時因時間所限，省略部分段落未講。後於再版時補寫增加 13 頁，維持原價流通之。茲爲顧及初版讀者權益，自 2003/9/30 開始免費調換新書，原有初版一刷、二刷書籍，皆可寄來本公司換書。

《宗門法眼》已經增寫改版爲 464 頁新書，2008 年 6 月中旬出版。讀者原有初版之第一刷、第二刷書本，都可以寄回本公司免費調換改版新書。改版後之公案及錯悟事例維持不變，但將內容加以增說，較改版前更具有廣度與深度，將更能助益讀者參究實相。

換書者**免附回郵**，亦無截止期限；舊書請寄：111 台北郵政 73-151 號信箱 或 103 台北市承德路三段 267 號 10 樓 正智出版社有限公司。舊書若有塗鴨、殘缺、破損者，仍可換取新書；但缺頁之舊書至少應仍有五分之三頁數，方可換書。所有讀者不必顧念本公司是否有盈餘之問題，都請踴躍寄來換書；本公司成立之目的不是營利，只要能眞實利益學人，即已達到成立及運作之目的。若以郵寄方式換書者，免附回郵；並於寄回新書時，由本公司附上您寄來書籍時耗用的郵資。造成您不便之處，再次致上萬分的歉意。

正智出版社有限公司 啓

國立中央圖書館出版品預行編目資料

禪－悟前與悟後／平實導師講述；張鈴音等整理
－－再版，【台北市】；三寶弟子，民
冊；　　公分

ISBN 957-98597-9-5（上冊：平裝）
ISBN 957-97840-0-0（下冊：平裝）

1. 禪宗

禪——悟前與悟後《上冊》

作　　者：平實導師
文稿整理：張鈴音 等 22 人
校　　對：張正圜 等四人
出 版 者：正智出版社有限公司
電話：○二 28327495　28316727（白天）
傳眞：○二 28344822
一一一台北郵政 73-151 號信箱
郵政劃撥帳號：一九○六八二四一
正覺講堂：總機○二 25957295（夜間）
總 經 銷：聯合發行股份有限公司
231 新北市新店區寶橋路 235 巷 6 弄 6 號 4 樓
電話：○二 29178022（代表號）
傳眞：○二 29156275
初　　版：公元一九九七年十二月　二千冊
改版十四刷：公元二○二一年五月　二千冊
定　　價：二五○元